Inhalt

Zur Einführung

0

Die Fülle der Informationen, die heute in allen Bereichen unseres gesellschaftlichen Lebens zu verarbeiten, zu speichern, zu verteilen und darzustellen ist, bedingt neue Technologien, die eng mit der Mikrorechentechnik verbunden sind. Der Information wird heute schon ein solcher Stellenwert beigemessen, daß sie als Ressource bezeichnet wird, deren Bedeutung mit der von Energie und Rohstoffen auf eine Stufe zu stellen ist. Diese wichtige Ressource industriell nutzbar zu machen, ist eine wichtige Herausforderung, um das Tempo der wissenschaftlich-technischen Revolution ständig zu erhöhen und mitzubestimmen. Schätzungen zufolge ist international jährlich mit etwa fünf Millionen neuen wissenschaftlichen und technischen Publikationen zu rechnen. Dieses Beispiel verdeutlicht jenen Aspekt des Computereinsatzes, der darauf gerichtet ist, diese Informationen und Erkenntnisse auszuwerten, sie zu speichern und durch einen gezielten Zugriff deren schnelle Nutzung in der Praxis zu gewährleisten.

Realistische Einschätzungen gehen davon aus, daß bis in die 90er Jahre über 50 % aller heutigen Berufe mit der Informatik, vor allem aber mit Bürocomputern in Berührung kommen. Die damit verbundenen neuen Technologien führen nicht nur zu einer erheblichen Steigerung der Arbeitsproduktivität, sondern auch zu starken Veränderungen im Prozeß und im Charakter der Arbeit. Der Mensch muß sich auf diese neuen Bedingungen einstellen, denn der Computer tut nur das, was der Mensch ihm vorschreibt.

Die Kommunikation Mensch–Computer geschieht über Verhaltensbeschreibungen, die in einer dem Computer verständlichen Programmiersprache durch den Menschen darzustellen sind. Entsprechend den jeweiligen Aufgabenstellungen wurde eine Vielzahl von Computersprachen entwickelt.

Die Computersprache BASIC zeichnet sich gegenüber anderen, wie beispielsweise FORTRAN, ALGOL, COBOL, PASCAL, die zur Lösung mathematischer, naturwissenschaftlich-technischer oder ökonomischer Problemstellungen geeignet sind, dadurch aus, daß sie leicht und schnell erlernbar, von jedermann anwendbar ist und mit ihrer Hilfe vielfältige Problemstellungen auch komplexer Art lösbar sind. Diese Eigenschaften sind ausschlaggebend für den hohen Verbreitungsgrad dieser Computersprache.

Die Entwicklung leistungsfähiger Computer, wie die Bürocomputer A 5110, A 5120, 1715 und Kleincomputer KC 85/1, KC 85/2 bedingen, daß derzeit die Anzahl der BASIC-Programmierer stark steigt. Dementsprechend wächst auch der Bedarf an Fachliteratur. Dieses Buch soll helfen, den Umgang mit dieser Programmiersprache zu unterstützen und die Arbeit beim Programmieren zu erleichtern. Es wendet sich dabei an einen breiten Leserkreis.

Der Einsteiger wird mit den Grundzügen der Computersprache vertraut gemacht (Kapitel 1) und an einem ausführlichen Beispiel in die Technik des Programmierens eingeführt (Kapitel 3). In Kapitel 6 findet er einige Programmbeispiele, die einen Überblick liefern, auf welch vielfältigen Gebieten die Programmiersprache BASIC Verwendung findet. Es sei ausdrücklich betont,

daß dieses Kapitel keinesfalls den Anspruch auf Vollständigkeit oder Originalität erhebt und nicht als Programmsammlung verstanden werden darf, sondern ausschließlich Denkanstöße bzw. Anregungen zum eigenen kreativen Arbeiten vermitteln will.
Der Fortgeschrittene wird sicher die in Kapitel 5 enzyklopädisch angeordnete Beschreibung von über 270 BASIC-Befehlen als Nachschlagewerk schätzen lernen. Helfen soll dies insbesondere bei sprachraumübergreifenden Problemen, beim Umschreiben von fremden Programmen auf den eigenen Computer sowie bei ganz Vergeßlichen, die eben nur einmal nachschlagen wollen, wie dieser oder jener Befehl funktioniert. Die Syntaxdiagramme veranschaulichen dabei den Befehlsaufbau.
Darüber hinaus dienen die Ausführungen in den Kapiteln 2 und 4 der Entwicklung eines Sprachverständnisses sowie dem systematischen Herangehen an Programmierprobleme.
Was will dieses Buch erreichen? Nun, wenn der Einsteiger die ersten Schritte an BASIC erfährt, der Fortgeschrittene es als Nachschlagewerk benutzt und bei einigen Lesern sich so etwas wie ein Sprachgefühl auszubilden beginnt und wenn jede der genannten Gruppen diese Monographie als Verursacher benennt, so können sich Autor und Verlag glücklich schätzen.
Wie sollte man aber eine solche Publikation bezeichnen, die den Anspruch eines Lehrbuches leugnet, keine Enzyklopädie der Sprache BASIC sein will und auch keine Programmsammlung, aber von jedem etwas enthält? Ganz einfach: WISSENSSPEICHER BASIC.
Dieses Buch will ein Beitrag zum aktuellen Stand und zum Verständnis der Computer-Programmiersprache BASIC sein.
An dieser Stelle sei angemerkt, was dieses Buch nicht sein will und nicht sein kann:

- Das Buch will kein Lehrbuch der Programmierkunde sein. Da es hierüber bereits gute Publikationen gibt, ist dieser Aspekt zwar im Kapitel 3 an einem Beispiel berücksichtigt, seine explizite Darstellung jedoch zugunsten einer möglichst umfangreichen Sprachraumdarstellung eingeschränkt worden.
- Das Buch erhebt keinen Anspruch auf eine umfassende Darstellung des Sprachraumes von BASIC. Das ist auch auf Grund der dynamischen Sprachentwicklung auf diesem Gebiet nicht möglich. So wurde bewußt auf die Darstellung spezieller und maschinenbezogener Befehle verzichtet. Hier sollte jeder Leser auf die Bedienungsanleitung seines Computers zurückgreifen.
- Mancher Leser wird vermissen, daß einige Grafik-Befehle nicht allumfassend erläutert werden bzw. Grafikbeispiele an sich fehlen. Niemand bedauert das mehr als der Autor selbst. Fällt doch damit eine der lukrativen und spektakulären Anwendungen von BASIC unter den Tisch.
  Aber gerade in der Behandlung und Erstellung von Grafiken zeigt sich (leider) die Vielfalt dieser Sprache und die der auf dem Markt befindlichen Geräte. Es galt hier eine Entscheidung zugunsten der Systemneutralität zu treffen. Dieser Anforderung wurden nicht nur einige Grafikbefehle, sondern auch fast alle Spielknüppel- bzw. Sound-Befehle „geopfert". Hier empfiehlt der Autor wiederum, daß der Leser die Bedienungsanleitung zu

Rate ziehen sollte, um sich mit den Möglichkeiten seines Computermodells vertraut zu machen.

- Das gilt im Prinzip für jeden in dieser Publikation genannten Befehl. Bitte vertrauen Sie nicht blindlings darauf, daß die Wirkung eines in dieser Monografie beschriebenen Befehls mit der auf Ihrem Computer installierten Version – auch bei Namensgleichheit – übereinstimmt. BASIC hält diesbezüglich leider Überraschungen parat, und selbstverständlich konnten nicht alle vorhandenen Versionen beschrieben werden. Besonders „verdächtige" Befehle dieser Art sind im Kapitel 5 mit entsprechenden Hinweisen versehen.

Abschließend seien dem Autor einige persönliche Worte gestattet: Selbstverständlich war am Gelingen dieses Buches nicht nur der Autor allein beteiligt. Stellvertretend für das Kollektiv des Volkseigenen Verlages Volk und Wissen soll an dieser Stelle Frau Dr. M. Siegmund und Herrn K. Sommer gedankt werden. Aus dem Kreis der Fachkollegen und -berater sollen hier die Kollegen Prof. Dr. sc. Dr.-Ing. D. Blandow und Doz. Dr. sc. R. Stösser genannt sein. Für Hilfestellung bei der Programmerstellung und -kontrolle ist Herrn Prof. Dr. H. Boeck und Herrn D. Boeck sowie S. Heblik zu danken. Schließlich seien die vielseitige technisch-organisatorische Hilfe der Kollegen R. Drebes und K.-P. Griese sowie die große persönliche und materiell-technische Unterstützung von R. und R. Heitzer nicht vergessen.

Ferner sei darauf hingewiesen, daß die im Kapitel 6 genannten Verfasser die Träger der Rechte an den Programmbeispielen sind und jegliche kommerzielle Nutzung dieser Veröffentlichungen untersagt ist.

Der Leser darf davon ausgehen, daß sowohl Autor als auch der Verlag bei der Zusammenstellung der Texte und Abbildungen mit größter Sorgfalt vorgegangen sind. Trotzdem können auf Grund der Problematik Fehler nicht vollständig ausgeschlossen werden.

Für Verbesserungsvorschläge und Hinweise sind Verlag und Autor jederzeit dankbar.

Berlin, im Juni 1985 — Dr. rer. nat. Peter Heblik

Allgemeine Grundlagen 1

1.1. BASIC: Entwicklung, gegenwärtiger Stand, Trend

Die Entwicklung von Rechnern (Computern)

Prozesse, in deren Verlauf Informationen übertragen oder verarbeitet werden, wirken spürbar in unser Leben hinein. In immer mehr Bereichen begegnen uns Computer. Daß Informationsverarbeitung produktiv werden kann, hat seine Ursache in der rasanten Entwicklung von Wissenschaft und Technik. Elektrische Rechenautomaten gibt es bereits seit den vierziger Jahren unseres Jahrhunderts. So die beiden Relais-Rechner „Z 3" (1941) und „Automatic Sequence Controlled Calculator" (1944) sowie den ersten elektronischen Rechner „ENIAC" (1946).

Die weitergehende technische Entwicklung zielte einerseits auf eine Vergrößerung der Arbeitsgeschwindigkeit sowie des Informationsspeichers, andererseits auf eine Verkleinerung des Gerätevolumens, des Energiebedarfes sowie des Bedienaufwandes.

Der Erfolg blieb nicht aus. Kaum eine technische Errungenschaft hat unser Dasein in den letzten Jahren so verändert wie der Computer. Einen starken Schub erhielt diese Entwicklung, seit es Geräte gibt, die leistungsfähig, klein und finanziell erschwinglich sind. Der Computer beanspruchte nun seinerseits keine ganzen Gebäudekomplexe mehr (wie die „Saurier" der frühen 60er Jahre) und auch keine Spezialisten zum Betrieb. Er mauserte sich zum Computer für jedermann. Das hatte Konsequenzen:

Nicht jedermann konnte auf Anhieb mit dem Computer „sprechen". Die auf den „Sauriern" gesprochenen Sprachen wie ALGOL, FORTRAN oder andere waren nicht geeignet, die bei vielen Benutzern vorhandene Hemmschwelle im Umgang mit dem neuen Zeitgenossen abzubauen.

Die Entwicklungsgeschichte von BASIC

Solche Überlegungen mögen JOHN G. KEMENY und THOMAS E. KURTZ vom Dartmouth College in den USA in den frühen 60er Jahren bewogen haben, die Sprache BASIC (**B**eginners **A**ll Purpose **S**ymbolic **I**nstruction **C**ode) zu entwickeln, die innerhalb kürzester Zeit zu einer der populärsten Programmiersprachen geworden ist.

BASIC hat eine sehr bewegte Entwicklungsgeschichte hinter sich. Anfänglich bestand die Sprache aus wenigen, einfachen und fest umrissenen Elementen. Der starke Verbreitungsgrad forderte jedoch seinen Tribut. Es bildete sich eine Vielzahl von BASIC-Dialekten heraus. Durch den Konkurrenzkampf

auf dem Computermarkt in den hochindustrialisierten Ländern wurde durch sich gegenseitig übertrumpfende Hersteller unvernünftigerweise dieser Prozeß noch angeheizt, so daß gegenwärtig – nach vorsichtigen Schätzungen – 60 bis 70 BASIC-Dialekte existieren, die sich teilweise so stark voneinander unterscheiden, daß einer den anderen nicht mehr versteht. Dieses babylonische Sprachgewirr schadete der Sprache unmittelbar. Die anfängliche klare Gliederung zerfranste zusehends, es entstanden semantische Unsauberkeiten, und die Sprache selbst stagnierte, weil sie unkontrolliert wuchs.
Die frühen 80er Jahre brachten dann eine Renaissance von BASIC. Exoten verschwanden teilweise vom Markt, es bildete sich so etwas wie ein Fast-Standard heraus: Der Dialekt schrumpfte sich gesund. Im Ergebnis dieses Trends erstellte ein internationales Standardbüro (ANSI – American National Standards Institute) 1982 einen Standard-Entwurf für BASIC. [3]
Selbstverständlich ist dieser Prozeß noch lange nicht abgeschlossen. Es sei an dieser Stelle ausdrücklich auf die Verantwortung der Hersteller von Computern hingewiesen, die nicht nur eine bedürfnisdeckende, sondern auch eine erzieherische Aufgabe haben. Von einem Käufer kann niemand verlangen, daß er als Anfänger beim Kauf eines Gerätes auf eine saubere Sprachimplementierung im Computer achtet.

1.2. Verbreitungsgrad und Anwendungsgebiete

Der Verbreitungsgrad von BASIC (etwa 80 % aller Klein- bzw. Personalcomputer kennen diese Sprache) ist auf zwei wesentliche Merkmale zurückzuführen, die der Fachmann Portabilität und Transparenz nennt.

Portabilität

> Unter Portabilität von BASIC-Programmen wird deren relativ problemlose Übertragbarkeit auf unterschiedliche Gerätesysteme verstanden.

Ein BASIC-Programm, einmal geschrieben, wird von allen BASIC „sprechenden" Computern, egal ob groß oder klein, im Prinzip verstanden (wir wollen an dieser Stelle einmal die Dialektunterschiede außer acht lassen). Hat zum Beispiel Ihr Kollege mit einem Computer des Typs „X" ein Statistikprogramm geschrieben und Sie ein Programm zur Kontenüberwachung auf einem Computer des Typs „Z", so können beide Programme – abgesehen von einigen kleinen Änderungen – ohne nennenswerte Probleme ausgetauscht werden.

Transparenz

> Unter Transparenz von BASIC-Programmen wird deren leicht zu überschauender Aufbau und Inhalt verstanden.

Wörtlich übersetzt heißt Transparenz soviel wie „Durchsichtigkeit“ und hat in unserem Sinne auch etwas damit zu tun. Den Aufbau von BASIC-Programmen kann man leicht durchschauen, das heißt, man versteht (fast) auf Anhieb, was gemeint ist.
Und noch ein nicht zu unterschätzender Vorteil von BASIC sei an dieser Stelle genannt: die leichte Erlernbarkeit. Mit etwa 20 % aller im Kapitel 5 genannten BASIC-Befehle lassen sich ungefähr 80 % Ihrer Probleme formulieren. Im Unterschied zu einigen anderen Computersprachen muß man nicht vorher alles lernen, um eine Bagatelle zu programmieren. Sie können je nach dem Schwierigkeitsgrad Ihrer Programmprobleme den Umfang Ihres Sprachschatzes selbst bestimmen und umgekehrt. Das gerade macht BASIC zur idealen „Einsteigersprache“. Und wo findet BASIC nicht überall Verwendung! Das breite Spektrum der Anwenderprogramme reicht von der Lösung finanztechnischer Belange über Dateiverwaltungen bis hin zu Simulationsprogrammen für das Flugtraining. Es gibt eigentlich kein Programm, das nicht in der Sprache BASIC geschrieben werden kann.

1.3. Die Nachteile von BASIC

Bei aller Euphorie sollte man nicht das Augenmaß für die Dinge selbst verlieren. Natürlich hat BASIC neben seinen vielen Vorteilen auch einige ernst zu nehmende Nachteile aufzuweisen. Aufrufe bzw. Ansprünge von bzw. zu bestimmten Programmstellen lassen sich nur umständlich über Zeilennummern (siehe S. 25, 32) durchführen und leider nicht symbolisch mit einem Namen. Das ist insofern umständlich, da man bei Vorwärtssprüngen meist noch gar nicht weiß, wie die anzuspringende Zeilennummer lautet. Hier macht – wie immer – nur die Übung den Meister.
Des weiteren ist die Sprache BASIC nicht strukturiert, das heißt, ein Problem läßt sich nur schwer in einzelne Blöcke fassen, welche nacheinander bzw. untereinander abgearbeitet werden können. Das Fassen von in sich geschlossenen Einzelproblemen in separate Blöcke hat jedoch große Vorteile für eine übersichtliche und logisch klar gegliederte Programmstruktur. Entgeht Ihnen doch sonst die Möglichkeit, einzelne Blöcke getrennt zu schreiben und auch separat in ihrem Ablauf zu testen. Das führt bei undisziplinierter BASIC-Programmierung zu einem unschönen Programmierstil: dem sogenannten „Spaghetticode“. Er heißt so, weil der Hauptpfad des Programms, der rote Faden also, etwa so verschlungen ist, wie ein Knäuel Spaghetti. Einige Kritiker der Sprache BASIC geben für diesen zugegebenermaßen indiskutablen Programmierstil der Sprache BASIC die Schuld. Wenn aber dieser Vergleich gestattet ist, so weist eine solche Einschätzung Parallelen auf zu einem Verkehrsunfall, an dem die Vorfahrtregeln, nicht aber die Verkehrsteilnehmer schuld sind ...
Die Praxis belegt die These, daß sich auch in BASIC klar, logisch und übersichtlich programmieren läßt. Strukturiertes Programmieren ist sinnvoll, stellt jedoch nur die Regeln für das Gliedern des Programms auf. Bei solchen Programmiersprachen, die zu strukturiertem Programmieren zwingen, muß

der Programmierer sich zwangsläufig an einen guten Stil halten. BASIC verlangt das nicht. BASIC setzt einen guten Programmierstil voraus, fordert also Selbstdisziplin anstelle Zwang. [11]
Dessen ungeachtet hat BASIC aber auch seine Grenzen. Programmlängen ab etwa 1000 Zeilen sind meist schon sehr unübersichtlich. Allerdings dürfte das mit dieser Länge formulierte Problem schon sehr anspruchsvoll sein und zeigen, daß Sie als Programmierer längst kein heuriger Hase mehr sind.
Aus alldem geht hervor, daß BASIC eine Sprache für Einsteiger und Normalverbraucher ist. Für viele die Erfüllung, für andere das erste Treppchen auf der Stufenleiter der Informatik ...

1.4. Implementierungsformen von BASIC

Die Formen der Implementierung beschreiben u. a. die Art und Weise der Abarbeitung der Programme. Dabei wird unterschieden zwischen Interpreter und Compiler (Sprachraumunterschiede werden im Kapitel 4 behandelt).

Interpreter

Interpreter heißt wörtlich „Übersetzer" und ist es in unserem Falle auch der Arbeitsweise nach. Ein BASIC-Interpreter holt sich eine Programmzeile und übersetzt sie in die dem Computer verständlichen Maschinenbefehle, die dieser dann abarbeitet. Danach holt sich der Interpreter die nächste Zeile, übersetzt sie, läßt sie abarbeiten und so fort.
Frühere (ältere) Interpreter speicherten jeden eingegebenen Befehl eines Programms so ab, wie er eingegeben wurde, das heißt, der Befehl `PRINT` (siehe dort) belegte schon 5 Bytes Speicherplatz. Bei der Programmabarbeitung mußten nun lange Befehlslisten durchforstet werden, um festzustellen, welcher Befehl abzuarbeiten ist. Das kostete Speicherplatz und Rechenzeit. Deshalb formen die meisten heute üblichen Interpreter bei der Programmeingabe die Befehlsworte in ein signifikantes Byte um, welches stellvertretend als scheinbarer Befehl (englisch: token = pro forma) im Speicher abgelegt wird. Der Speicherplatz- und Zeitgewinn dieses Verfahrens ist überzeugend. [4]
Da BASIC-Interpreter die gebräuchlichste Anwendungsform dieser Sprache darstellen, wollen wir im weiteren ausschließlich von Interpretern reden.
Wenn Sie wissen wollen, wie Ihr Computer die von Ihnen gegebenen Anweisungen interpretativ verarbeitet, so betrachten Sie die Bilder auf Seite 11. Dort ist unter starker Verallgemeinerung die prinzipielle Wirkungsweise der Arbeit eines BASIC-Interpreters dargestellt.

Compiler

Ein BASIC-Compiler übersetzt das Programm sofort Zeile für Zeile und sammelt (englisch: to compile) dieses im Speicher als Einheit. Erst nach vollständiger Compilierung des BASIC-Programms erfolgt der eigentliche Programmstart.

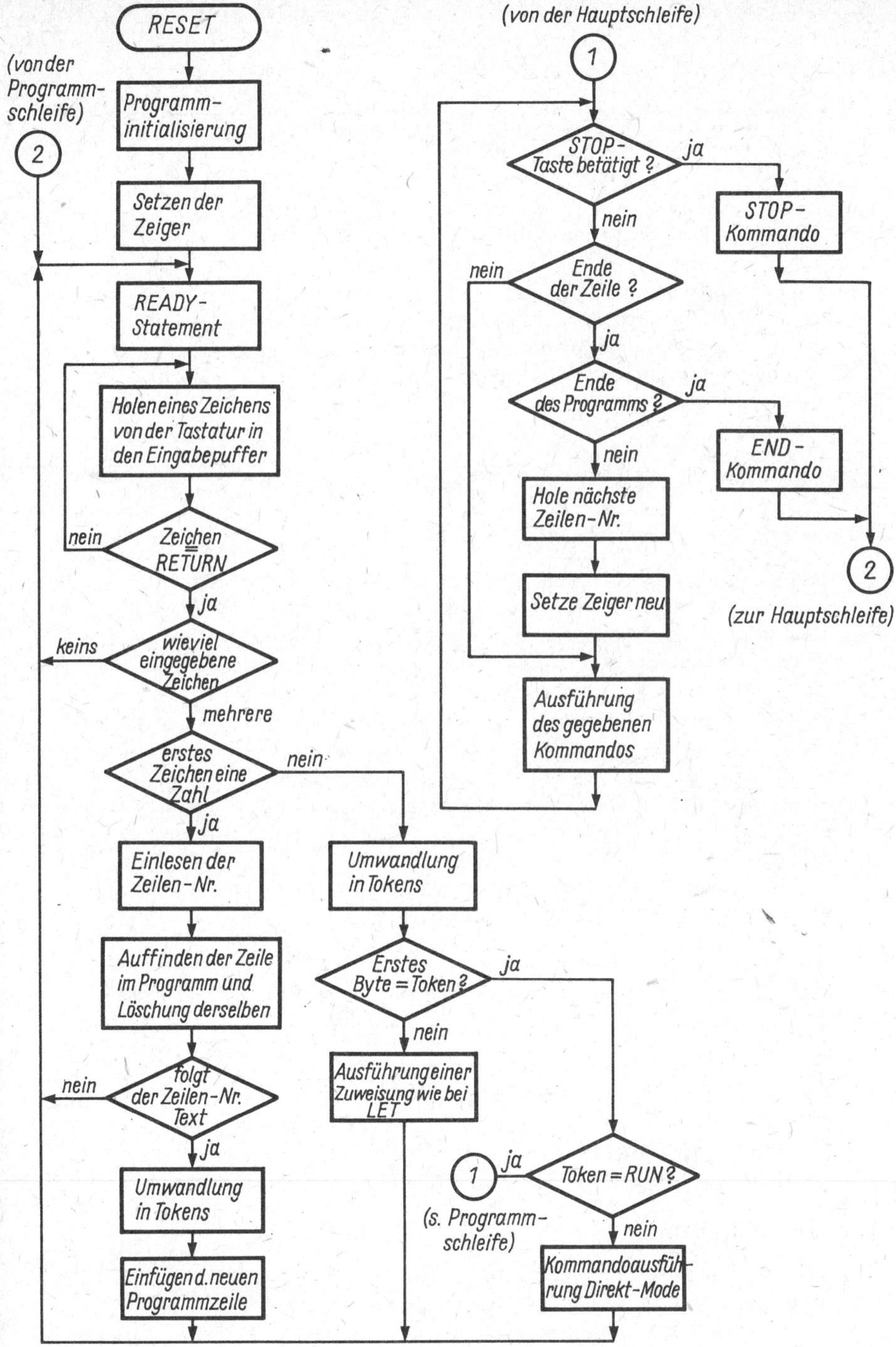

(von der Hauptschleife)
1
STOP-Taste betätigt ?
ja
STOP-Kommando
nein
Ende der Zeile ?
nein
ja
Ende des Programms ?
ja
END-Kommando
nein
Hole nächste Zeilen-Nr.
Setze Zeiger neu
Ausführung des gegebenen Kommandos
2
(zur Hauptschleife)
RESET
(von der Programm-schleife)
2
Programm-initialisierung
Setzen der Zeiger
READY-Statement
Holen eines Zeichens von der Tastatur in den Eingabepuffer
nein
Zeichen = RETURN
ja
keins
wieviel eingegebene Zeichen
mehrere
erstes Zeichen eine Zahl
nein
ja
Einlesen der Zeilen-Nr.
Umwandlung in Tokens
Auffinden der Zeile im Programm und Löschung derselben
Erstes Byte = Token ?
ja
nein
Ausführung einer Zuweisung wie bei LET
nein
folgt der Zeilen-Nr. Text
ja
Umwandlung in Tokens
1
ja
Token = RUN ?
(s. Programm-schleife)
nein
Einfügen d. neuen Programmzeile
Kommandoausführung Direkt-Mode

Prinzipieller Sprachaufbau 2

Jetzt wollen wir uns gemeinsam an ein Kapitel wagen, das zugegebenermaßen ein bißchen trocken, aber keinesfalls kompliziert ist. Es soll im wesentlichen das Verständnis für die Regeln der Computersprache wecken. Sie werden sehen, so schwierig ist das gar nicht.

2.1. Die Semantik von BASIC

Worte – Regeln – Anweisungen

Wenn Sie das Wörterbuch zur Hand nehmen und unter dem Wort „Semantik" nachschlagen, so werden Sie in etwa lesen: ... Lehre von der Bedeutung der Wortinhalte ... Wortbedeutungslehre ...
Was ist darunter zu verstehen? Nun, wenn Sie Worte wie „Haus", „Garten" oder „Auto" hören, so verknüpfen Sie automatisch damit ganz bestimmte Vorstellungen. Handelt es sich um einen Satz, so wird die Sache noch klarer: „Das Auto parkt am Haus, neben dem Garten". Natürlich muß die richtige Wortstellung und die richtige Grammatik eingehalten werden. Mit der Aussage: „Das Garten am Auto parkt im Haus", kann man nicht einmal eine Büttenrede untermalen ...
Und genauso verhält es sich mit einer Computersprache. Auch dort gibt es genau festgelegte Begriffe (Worte), die nach genau dafür festgelegten Regeln zu sinnvollen Anweisungen für den Computer verknüpft werden.

> Die Bedeutung der Begriffe nennt man „Semantik". Die Verknüpfungsregeln werden als „Syntax" bezeichnet.

Verwenden Sie falsche Begriffe oder die falsche Syntax, so wird Ihr Computer mit mindestens so viel Unverständnis reagieren, wie Sie vorhin bei dem verstümmelten Satz mit dem parkenden Garten ...
Und damit ist das große Geheimnis der Programmierung schon gelüftet.

Wir lernen „Vokabeln"

Wenn Sie jetzt bereit sind, einige „Vokabeln" zu lernen und deren Inhalt zu erfassen, dann haben Sie schon das Wesentliche drauf.
Dabei ist es nicht zweckmäßig, etwas „auswendig" zu lernen. Vielmehr sol-

len Sie versuchen, den **Inhalt** und das **Wesen** dieser Begriffe zu verstehen, so daß Sie immer, wenn Sie einmal bei der Lektüre darauf stoßen, sofort das nötige Maß an Verständnis aufbringen.

Das Syntaxdiagramm

> Ein Syntaxdiagramm zeigt alle erlaubten Kombinationen, welche einen ordnungsgemäßen Programmablauf ermöglichen.

Die in diesem Buch vorhandenen Syntaxdiagramme stellen die Vorschriften zu den jeweiligen Programmelementen bzw. Definitionen logisch und übersichtlich dar.
Wie sind Syntaxdiagramme aufgebaut?

- Ein Rechteck zeigt ein Element (siehe S. 14), das durch ein weiteres Diagramm näher beschrieben wird.
- Ein Kreis zeigt ein reserviertes Wort oder Zeichen, das in diesem Zusammenhang vorgeschrieben ist.
- Pfeile zeigen die Richtung, in der das beschriebene Element „zusammengebaut" wird.
  Ebenso zeigen sie auf alternative Routen der Konstruktion.
- Als gemeinsame Vereinbarung soll gelten, daß die reservierten Worte immer mit Großbuchstaben gekennzeichnet werden, um deren zwingende Form hervorzuheben. Symbole, deren Inhalte nur von Bedeutung sind, nicht aber deren Name, werden mit Kleinbuchstaben geschrieben.

Wir wählen zur Erläuterung die DATA- Anweisung (siehe dort). Das Syntaxdiagramm stellt sich wie folgt dar:

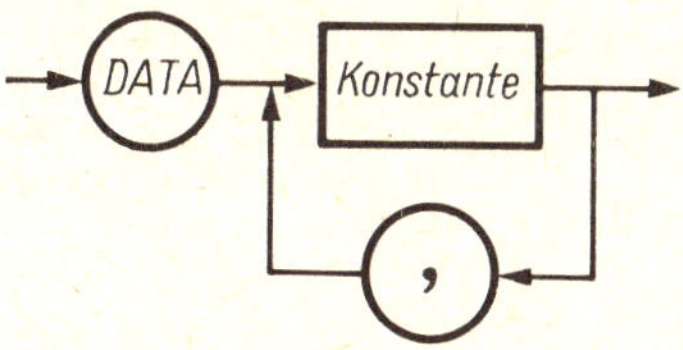

Wie liest man ein solches Diagramm? Wir beginnen von links und bemerken das reservierte Wort (Großbuchstaben-Schreibweise) DATA. Als nächstes fordert die Syntax, daß eine Konstante folgt. Danach verzweigt der Weg.
Möglichkeit 1 (rechter Pfad bis Pfeilende)

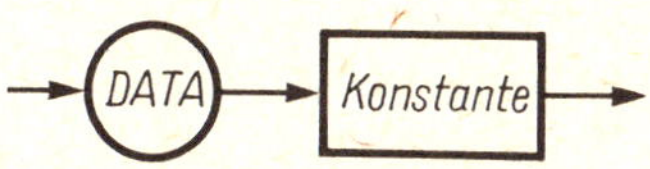

Es wurde nur eine DATA- Konstante definiert. Die Syntax ist abgearbeitet. Sie könnte unter der Annahme, daß die Konstante 3.14 als DATA- Konstante definiert wurde, so aussehen:

→ 2/1

```
DATA 3.14
```

Möglichkeit 2 (Pfad nach unten und links)
Es sollen weitere DATA- Konstanten definiert werden. Dann fordert die Syntax (siehe Kreis) als Trennzeichen zwingend ein Komma:

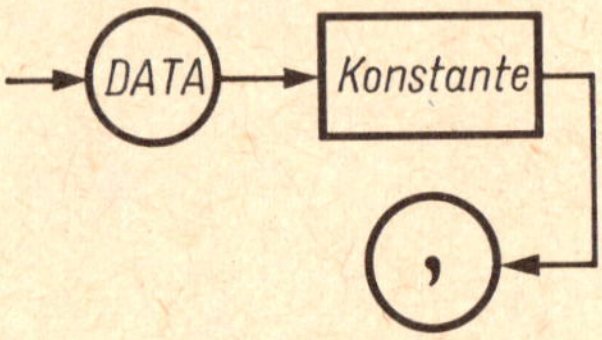

und die nächste Konstante.

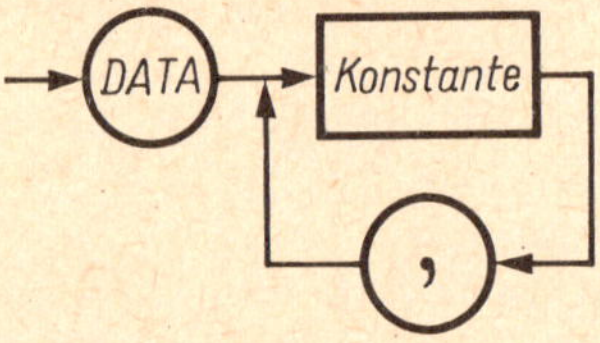

Dieser Vorgang kann sich so lange wiederholen, bis wie bei der 1. Möglichkeit die DATA-Anweisung beendet ist. Unter der Annahme, daß die Integer-Zahlen von 1 bis 5 als DATA- Konstanten definiert werden sollen, würde demgemäß die dazugehörige Sequenz wie folgt aussehen:

```
DATA 1,2,3,4,5
```

Programm

Ein Programm ist die algorithmische Beschreibung von Informationsverarbeitungsprozessen. Es läßt sich in zwei wesentliche Bestandteile gliedern:
- Angabe und Kennzeichnung der Objekte des Informationsverarbeitungsprozesses;
- Beschreibung der mit diesen Objekten ausgeführten (auszuführenden) Aktionen.

Die Objekte (Elemente) bestehen aus einem Bezeichner (siehe dort), der das Objekt kennzeichnet, und ihrem Wert, welcher das Objekt inhaltlich repräsentiert.
Es werden zwei hauptsächliche Arten von Objekten unterschieden: Konstanten (siehe dort) und Variable (siehe dort).

Während Konstanten als Objekte in ihrem Wert nicht verändert werden, sind die Variablen in ihrem Wert durch gewisse Manipulationen veränderbar. Stark verallgemeinert haben vier Aktionen wesentlichen Anteil bei Informationsverarbeitungsprozessen.

1. Erzeugung neuer Werte aus alten
z. B. durch Grundrechenarten, Boole'sche Logik usw. Diese Aktionen werden in BASIC durch Befehle dargestellt.
2. Belegung einer Variablen mit einem Wert
Der Wertzuweisungsoperator (siehe Operator) in BASIC ist das Gleichheitszeichen = (z. B. A = 3).
3. Steuerung der Reihenfolge von Aktionen
Diese Aktivitäten werden in BASIC durch Sprung-, Schleifen-, Unterprogramm-Aufrufe oder ähnliche Befehle (siehe dort) dargestellt, um z. B. die Auswahl einer von mehreren Aktionen oder die mehrfache Ausführung einer Aktion zu bewirken.
4. Kommunikation mit externen Geräten
Hier werden die Werte der Objekte auf/von Medien transportiert/verlagert. BASIC bietet hierbei speziell eine Reihe von Befehlen.

Bezeichner

Bezeichner sind Programmelemente, die aus alphanumerischen Zeichen bestehen und vom Programmierer festgelegte Elemente bezeichnen.

Die sogenannten „reservierten Worte" oder „Befehle" sind ebenfalls Bezeichner, die durch BASIC festgeschrieben sind und nicht anderweitig benutzt werden dürfen.
Das erste Zeichen eines Bezeichners muß immer ein Buchstabe sein, Leerzeichen sind innerhalb des Bezeichners nicht erlaubt.

```
C1 = 3.14
```

„bezeichnet" die Konstante (siehe dort) 3.14 als C1

```
VZ$ = "Tante Anna"
```

„bezeichnet“ die Zeichenkette (String) „Tante Anna“ als VZ$

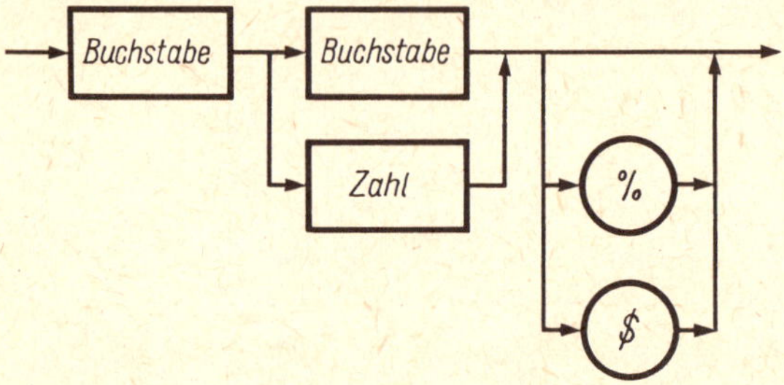

Wird der Bezeichner von einem Prozentzeichen % gefolgt, so bezeichnet er in den meisten BASIC-Dialekten einen Integer-Wert (siehe Datentyp). Wird der Bezeichner von einem Dollarzeichen $ gefolgt, so bezeichnet er in den meisten BASIC-Dialekten eine Zeichenkette (String).

Hinweis: In jeder BASIC-Version ist (eventuell durch Ausprobieren) zu ermitteln, wieviel signifikante Zeichen für einen Bezeichner akzeptiert werden.

Ausdruck

Ein Ausdruck ist eine Kombination von Operanden (siehe dort) und Operatoren (siehe dort), die zusammen einen bestimmten Wert ergeben. Die Operanden werden mit logischen, relationalen (vergleichenden) oder arithmetischen Operatoren und Ausdrücken verknüpft. Der erhaltene Wert eines Ausdrucks kann beibehalten werden, indem er einer Variablen zugeordnet wird. Entsprechend den numerischen, logischen und alphanumerischen Variablen und Konstanten gibt es auch numerische, logische und alphanumerische Ausdrücke und die dazugehörigen Operatoren.

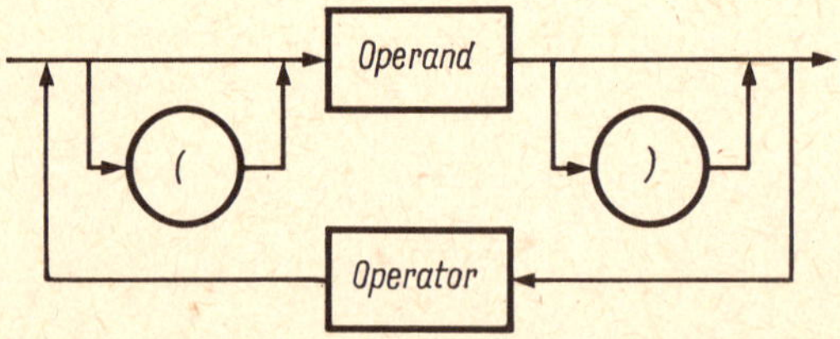

■
```
A = SIN(C) + 14
```

Dieser Ausdruck weist der Variablen A den Wert der Summe vom SIN (Sinus) der Variablen C und 14 zu. Die Operanden sind also die Variablen A und C sowie die Konstante 14. Die Operatoren sind das Additionszeichen + und der Zuweisungsoperator =. Als Funktion tritt `SIN` (Sinus) auf.

Operand

Ein Operand ist entweder eine Variable (siehe dort), eine Konstante (siehe dort), ein Funktionsaufruf (siehe dort) oder ein Ausdruck (siehe dort) in runden Klammern. Er dient der Repräsentation von Mengen gemäß ihrem Datentyp (siehe dort).

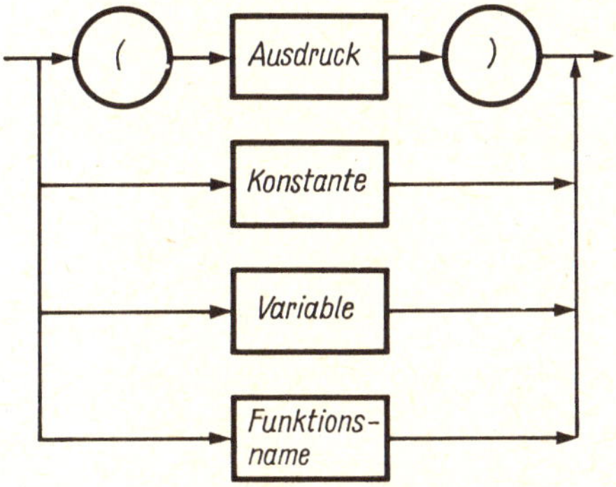


```
C = A * B
```

Darin sind die Variablen C, A und B die Operanden, welche durch die Operatoren * (Multiplikationszeichen) und = (Gleichheitszeichen) so verknüpft werden, daß der Variablen C der Wert des Produktes von A und B zugewiesen wird.

Operator

Ein Operator bezeichnet die Behandlungsvorschrift (Verknüpfung) von Operanden (siehe dort). Gemäß ihrer Bedeutung führen Operatoren einwertige oder zweiwertige Operationen an den Operanden aus. Operatoren besitzen eine Hierarchie, d. h., sie werden unter Beibehaltung einer bestimmten Reihenfolge abgearbeitet.
Man unterscheidet logische, relationale (vergleichende) und arithmetische Operatoren.

→ 2/1

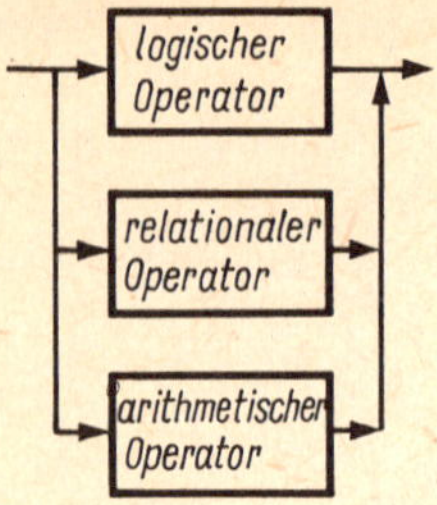

Gebräuchliche Operatoren und ihre hierarchische Stellung untereinander

Operator	Typ	Wertigkeit	Bemerkung
((...))[1]	---	höchste Wertigkeit	geschachtelte Klammerpaare
^	arithmetisch		Potenzieren
* /	arithmetisch	↓	Multiplikation, Division
+ −	arithmetisch		Addition, Subtraktion, einwertiger Operator + (Plus) oder − (Minus)
<	vergleichend		kleiner als
<=	vergleichend		kleiner gleich
>	vergleichend		größer als
>=	vergleichend		größer gleich
=	vergleichend		gleich
< >	vergleichend		ungleich
NOT	logisch		logisches NICHT
AND	logisch		logisches UND
OR	logisch	niedrigste Wertigkeit	logisches ODER
XOR	logisch		logisches Exklusiv-ODER

Falls mehrere gleichwertige Operationen durchgeführt werden sollen, dann erfolgt die Bewertung innerhalb einer Befehlszeile von links nach rechts.

Datentyp

> Ein Datentyp kennzeichnet ein Datum oder einen Wert als in seinem Definitionsbereich festgeschriebene Größe mit festgelegten Eigenschaften.

1 Klammern sind keine Operatoren, aber sie verändern den Vorrang, also die Operationswertigkeit, und sind deshalb an dieser Stelle der Vollständigkeit halber mit aufgeführt.

Ein Datentyp kann entweder eine Konstante (siehe dort) oder eine Variable (siehe dort) kennzeichnen. Der wesentliche Unterschied zwischen einer Konstanten und einer Variablen besteht darin, daß die Konstante den Wert repräsentiert, den sie besitzt, während eine Variable nur den Wert kennzeichnet, den sie momentan repräsentiert. BASIC unterscheidet prinzipiell zwei Datentypen: numerische Daten und String-Daten.

Numerische Daten
Die numerischen Daten repräsentieren arithmetische oder logische Größen. Sie teilen sich in zwei Datenklassen.

Integer-Daten
Integer ist der Begriff, der üblicherweise für die ganzen Zahlen benutzt wird. Integer-Daten werden wesentlich effizienter und schneller verarbeitet als Real-Daten, da der Rechner meist auf Grund seiner internen Struktur Integer direkt verarbeitet. Darüber hinaus wird für die Speicherung einer Integer-Zahl wesentlich ($^1/_4$ bis $^1/_{16}$) weniger Speicherplatz benötigt. Man sollte daher so oft als möglich Integer-Daten benutzen, um so die Rechenzeit und den Speicherplatzbedarf gering zu halten. Das bei 8-bit-Mikrorechnern geläufige interne Verarbeitungsformat beträgt zwei Bytes (16 bit), wobei das höchstwertige Bit (MSB) das Vorzeichen (0 – positiv, 1 – negativ) angibt.

Real-Daten
Real ist der Begriff, der für rationale Zahlen geläufig ist.
Eine Real-Zahl belegt je nach Rechengenauigkeit des Computers bis zu acht Bytes Speicher. Der Wertebereich des Zahlenraumes sollte bei Benutzung nicht über- bzw. unterschritten werden, da fast alle Computer zwar den Überlauffehler anzeigen, jedoch manchmal mit der höchsten (niedrigsten) Zahl kommentarlos weiterarbeiten.

String-Daten
String-Daten sind Zeichenketten (englisch: string) variabler Länge, welche durch Anführungszeichen eingeschlossen werden.

```
AV$ = "Tante Anna"
```

Der sogenannte Nullstring stellt eine Zeichenkette ohne Inhalt mit der Länge Null dar.

```
N$ = ""
```

Der von einem String eingenommene Speicherplatz wird dynamisch angelegt (reserviert) und wieder freigegeben, wenn der Platz nicht mehr benötigt wird.

→ 2/1

Konstante

Eine Konstante ist ein Programmelement, welches sich während des gesamten Programmablaufes nicht ändert. Eine Konstante kann von jedem Datentyp (siehe dort) sein.

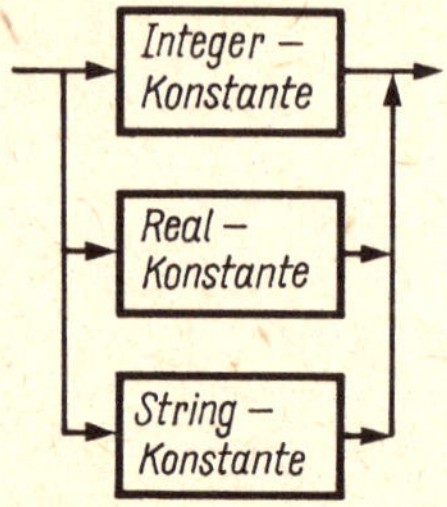

■
```
33
```

Die Zahl 33 ist eine Konstante vom Datentyp numerisch, integer.

■
```
44. 44
```

Die Zahl 44.44 ist eine Konstante vom Datentyp numerisch, real.

■
```
"Tante Anna"
```

Der Text „Tante Anna“ ist eine Zeichenkettenkonstante.

Variable

Eine Variable ist eine Größe, die ihren Wert im Laufe eines Programms (beliebig oft) verändern kann.
Eine Variable kann von jedem Datentyp sein.

Die Zuordnung eines Wertes zu einer Variablen erfolgt entweder durch Zuordnungsanweisungen (`LET` bzw. =) oder durch `READ`- bzw. `INPUT`-Anweisungen (siehe dort).
Der Wert einer Variablen ist stets durch den letzten Wert, der ihr zugeordnet wurde, bestimmt.

Variable können entweder einfache oder indizierte Variable sein. Eine indizierte Variable selektiert ein Element in einer Matrix und behandelt dieses wie eine einfache Variable. Bevor auf eine indizierte Variable zugegriffen werden kann, muß die Matrix durch eine DIM-Anweisung (siehe dort) dimensioniert worden sein.

Einfache Variable	C1 = 3
Indizierte Variable	CR(3,4) = 44.4

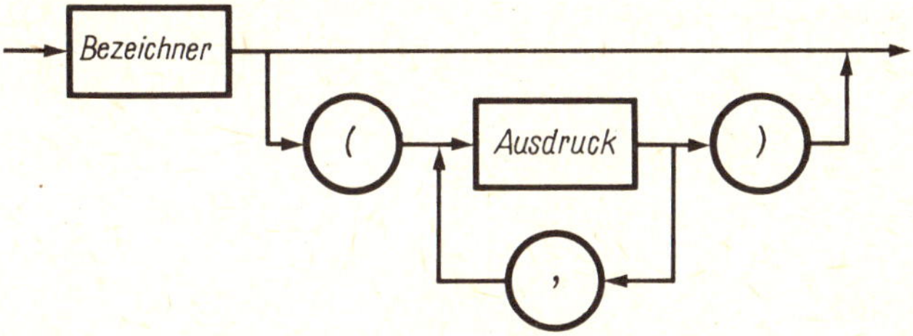

Funktion

Eine Funktion führt eine genau begrenzte und gesteuerte Operation durch, deren Ablauf vordefiniert ist. Eine Funktion hat entweder eine oder mehrere Parameterübergaben. Beim Funktionsaufruf müssen die Anzahl und der Datentyp (siehe dort) der Parameter mit der der Funktion übereinstimmen. BASIC besitzt eine Reihe vordefinierter Funktionen und läßt außerdem die Formulierung eigener, anwenderdefinierter Funktionen zu (siehe DEF FN).

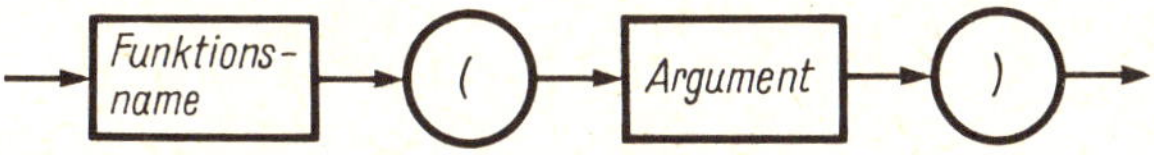


```
A = SIN(C) + 14
```

(siehe Ausdruck)

Befehl (Anweisung)

Der Befehl[1] stellt die kleinste Anweisungseinheit für den Computer dar. Eine Folge von Befehlen ist eine Befehlsgruppe.

1 Bei Übersetzungen aus dem Englischen werden die Begriffe „Befehl" und „Anweisung" (command) häufig synonym verwendet.

→ 2/2

Mit Ausnahme einiger Zuordnungsanweisungen beginnen alle Anweisungen mit einem reservierten Wort. Es gibt BASIC-Dialekte, die keine durch Doppelpunkt getrennten Anweisungen in einer Programmzeile zulassen.

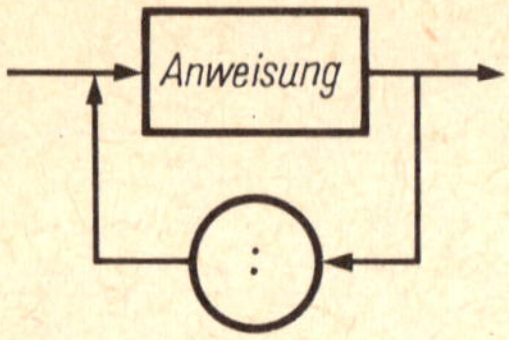

■

```
RENUMBER
```

Der Befehl RENUMBER (siehe dort) veranlaßt eine Durchnumerierung der Programmzeilen.

2.2. Die Direkt-Mode

BASIC verfügt im Gegensatz zu anderen Programmiersprachen über einen unbestrittenen Vorteil: die Sofortverarbeitung von Befehlen in der sogenannten Direkt-Mode.
Charakteristisch daran ist, daß jeder gegebene Befehl sofort ausgeführt wird.

Das wollen wir gemeinsam versuchen:
Schalten Sie dazu Ihren Computer ein, und starten Sie BASIC!
Und jetzt wollen wir eine weitere Vereinbarung treffen: Jede Befehlseingabe, egal welcher Art und Länge, muß einmal „zu Ende" sein. Dieses Ende müssen Sie Ihrem Computer natürlich in geeigneter Form mitteilen. Dazu hat jeder Computer eine ganz bestimmmte Taste, die z. B. durch ENTER oder RETURN gekennzeichnet sein kann.
Informieren Sie sich über die Art der Kennzeichnung! Dieses Sonderzeichen werden wir bei allen ausgedruckten Programmbeispielen weglassen. Es soll gelten, daß eine Zeile am Ende durch Sie mit diesem Zeichen abgeschlossen werden muß!

■

```
PRINT 3 * 5
```

Geben Sie diese Sequenz in Ihren Computer und nach der 5 das betreffende Ende-Zeichen Ihres Computers. Wenn alles richtig war, erscheint auf Ihrem Bildschirm eine 15, und Sie haben Ihre erste BASIC-Aufgabe gemeinsam mit dem Computer gelöst. Sie haben ihm eine Aufgabe gestellt, die etwa so lautete:

Gib mir das Ergebnis der Multiplikation von 3 und 5 aus.

PRINT   3 * 5

Was hat der Computer verstanden? Erinnern Sie sich an den Abschnitt zur Semantik!
Er hat verstanden:
Befehl: PRINT (bedeutet: gib aus),
Ausdruck: 3 * 5 (ein zusammengesetzter Ausdruck, der aus den nachfolgenden Teilen besteht);

Operand 3 (Konstante),
Operand 5 (Konstante),
Operator * (arithmetisch, Multiplikation).

Er hat demzufolge die Konstante 3 mit der Konstante 5 multiplikativ verknüpft und das Ergebnis 15 auf dem Schirm dargestellt. Und das hat er sofort nach Befehlsempfang (Zeilen-Ende-Zeichen) ausgeführt: in Direkt-Mode.

Versuchen wir ein weiteres Beispiel:

■
```
PRINT 3 / 2
```

Der Computer antwortet

```
1.5
```

An dieser Stelle sei darauf verwiesen, daß sich (aus historischen Gründen) in der Rechentechnik die sogenannte angelsächsische Notation der Zahlendarstellung durchgesetzt hat, bei der anstelle des Kommas ein Punkt gesetzt wird.

Deutsch	Angelsächsisch
1,5	1.5
0,315	0.315
1 111,1	1 111.1

■ Schließlich wollen wir testen, ob der Computer mit dem Exponentialoperator ^ umgehen kann.

```
PRINT 2 ^ 12
```

→ 2/2

Als Ergebnis erscheint

```
4096
```

Üben Sie ruhig ein bißchen weiter und benutzen Sie den Computer als teuren Taschenrechner. Er läßt es sich gern gefallen.

- Versuchen Sie sich nun auch an anderen Datentypen, zum Beispiel an Zeichenketten.

```
PRINT "Tante Anna"
```

ergibt

```
Tante Anna
```

- Versuchen Sie einmal den Zuweisungsoperator:

```
A$ = "Tante Anna"
```

Außer einem Zeilenvorschub wird Ihr Computer schweigen. Aber nur nicht die Geduld verlieren, gleich noch etwas hinterher:

```
B$ = " und Onkel Otto"
```

Und jetzt verlangen wir:

```
PRINT A$ + B$
```

ergibt

```
Tante Anna und Onkel Otto
```

Was ist passiert? Ganz einfach, Sie haben der Stringvariablen mit dem Bezeichner A$ die Zeichenkette „Tante Anna" zugewiesen; desgleichen der Stringvariablen B$ die Zeichenkette „ und Onkel Otto". Und dann addiert? Nein! In diesem Fall bedeutet das Additionszeichen + nicht die arithmetische Verknüpfung, ist also nicht der Additionsoperator (weil die Variablen ja nicht vom Typ numerisch sind), sondern bei Zeichenketten bewirkt + einen Verknüpfungsoperator dergestalt, daß die beiden Operanden aneinandergefügt werden. So kann man aus einzelnen kleinen Zeichenketten eine große aufbauen.

■ Jetzt ein wenig sinnvolles, nichtsdestoweniger doch instruktives Beispiel:

```
PRINT A$ + B$ + B$
```

ergibt

```
Tante Anna und Onkel Otto und Onkel Otto
```

Spielen Sie jetzt allein weiter.
Üben sie auch einmal eine Funktion, wie

```
PRINT SQR (2 * 2)
```

2.3. Die Programm-Mode

Die Programm-Mode unterscheidet sich von der Direkt-Mode (siehe dort) dadurch, daß vor Abarbeitung des Problems dieses in seiner logischen Reihenfolge als Programm niedergeschrieben wird.

Dabei sind einige wenige Regeln zu beachten:

- Ein BASIC-Programm besteht aus einer Folge von Zeilen.
- Die Zeilen werden durchnumeriert und die sogenannten Zeilennummern an den Anfang einer jeden Zeile gesetzt; den Rest der Zeile bilden dann die eigentlichen BASIC-Befehle.
- Die logische Reihenfolge der Abarbeitung des Programms wird durch den Wert der dazugehörigen Zeilennummer bestimmt.
  Es wird prinzipiell in aufsteigender Reihenfolge der Zeilennummern abgearbeitet.

Zu beachten ist, daß in der Programm-Mode einige BASIC-Befehle nicht erlaubt bzw. nicht definiert sind (z. B. EDIT, RENUMBER, COPY, CONT). Bei den

im Kapitel 5 gegebenen Befehlsdefinitionen wird gegebenenfalls darauf gesondert hingewiesen.
Versuchen wir nun, alle im vorigen Abschnitt geprobten Übungen in ein Programm zu schreiben (auch wenn dieses wenig sinnvoll ist).

```
10 PRINT 3 * 5
20 PRINT 3 / 2
30 PRINT 2 ^ 12
40 PRINT "Tante Anna"
50 A$ = "Tante Anna"
60 B$ = " und Onkel Otto"
70 PRINT A$ + B$
80 PRINT A$ + B$ + B$
```

Damit Sie sich das Programm noch einmal anschauen können, geben Sie ein:

```
LIST
```

und der Computer listet Ihnen alles noch einmal auf den Schirm. Das also ist ein Programm.
Nun starten Sie das Programm!
Der Befehl dazu lautet:

```
RUN
```

Auf Ihrem Bildschirm muß folgendes erscheinen:

```
15
1.5
4096
```

```
Tante Anna

Tante Anna und Onkel Otto

Tante Anna und Onkel Otto und Onkel Otto
```

Damit haben Sie Ihr erstes BASIC-Programm kreiert.

Ein Programm entsteht 3

Programmieren

Eine Programmiersprache zu beherrschen und mit ihr programmieren zu können sind durchaus zweierlei Dinge. Ein Gefühl für gute Programmierpraxis zu entwickeln, ist der erste und wichtigste Schritt beim Erlernen des Programmierens. Nichts ist schlimmer, als eine willkürliche Liste von BASIC-Befehlen zusammenzustellen und diese dann Programm zu nennen. Führen wir uns deshalb zuerst das einer jeglichen Datenverarbeitung zugrunde liegende Schema vor Augen, das im Bild auf Seite 29 veranschaulicht ist.

1. Dateneingabe	in unserem Fall wohl von Hand
2. Datenbearbeitung	erledigt der Computer durch die von uns gegebenen Befehle (Programm)
3. Datenausgabe	meist auf den Bildschirm oder Drucker

Auch wenn das durch uns zu programmierende Problem noch so klein sein mag, es folgt im wesentlichen den angeführten drei Ablaufsequenzen.
Wir sollten uns von Anfang an bemühen, gerade kleine Programme nicht zu unterschätzen.
Gute Programmierer erkennt man nicht zuletzt daran, daß sie den Winzlingen die gleiche Sorgfalt angedeihen lassen wie den großen Programmen. Es ist zweckmäßig, sie als Bestandteil eines größeren Programmsystems zu sehen, da man diese „Kleinen" später einmal in ein größeres Programm einbinden kann bzw. sie bei gestiegenen Leistungsanforderungen erweitern muß.
Die Praxis bestätigt einen Grundsatz:
Wenn ein Programm nicht mehr geändert werden muß, dann wird es auch nicht mehr gebraucht.
Bevor ein Programm fertiggestellt ist, muß es die nachfolgend genannten Etappen durchlaufen.

1. Problemanalyse (siehe dort)
2. Editieren des Programms (siehe dort)
3. Testung des Programms (siehe dort)
4. Optimierung des Programms (siehe dort)
5. Abspeichern des Programms auf einen Datenträger

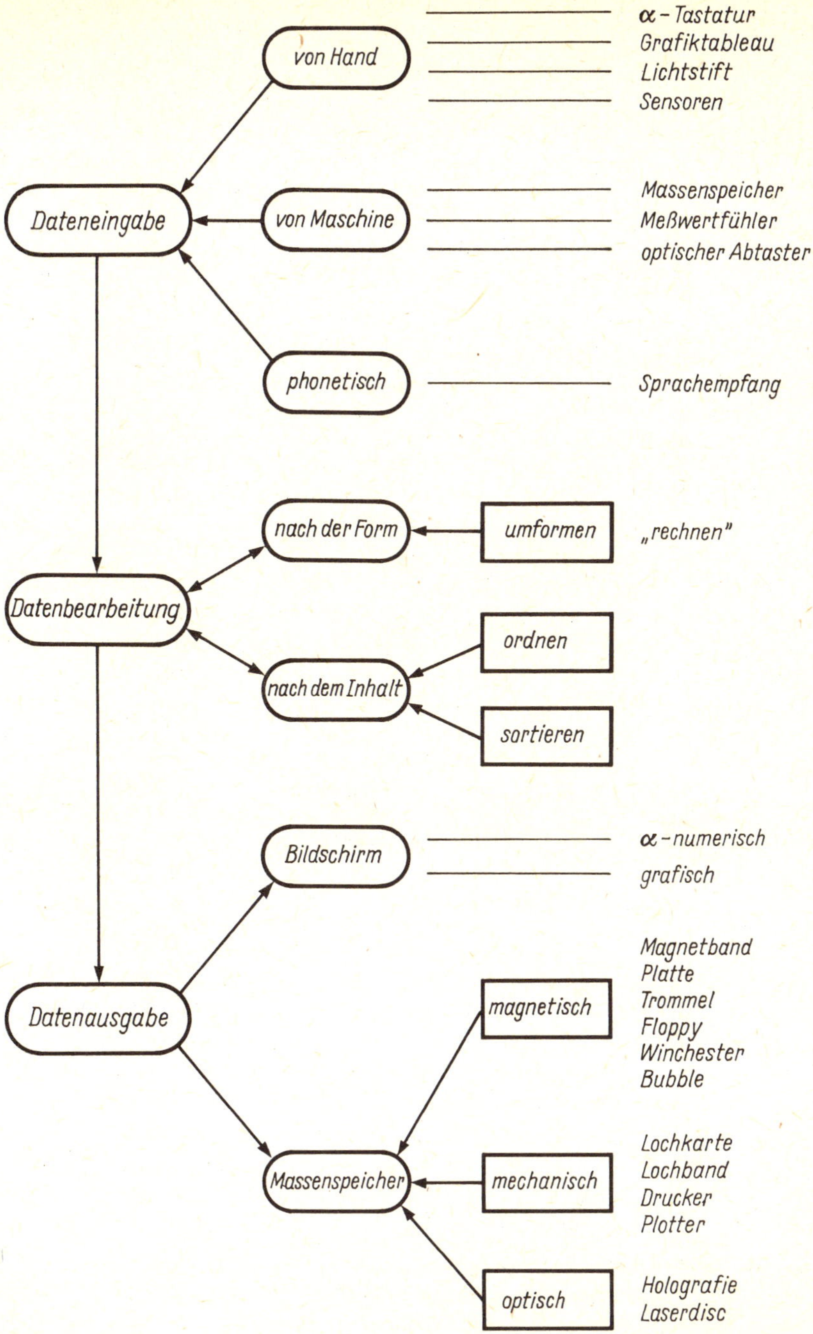
α-Tastatur
Grafiktableau
Lichtstift
Sensoren
von Hand
Dateneingabe
von Maschine
Massenspeicher
Meßwertfühler
optischer Abtaster
phonetisch
Sprachempfang
nach der Form
umformen
„rechnen"
Datenbearbeitung
ordnen
nach dem Inhalt
sortieren
Bildschirm
α-numerisch
grafisch
Magnetband
Platte
Trommel
Floppy
Winchester
Bubble
magnetisch
Datenausgabe
Lochkarte
Lochband
Drucker
Plotter
Massenspeicher
mechanisch
optisch
Holografie
Laserdisc

→ 3

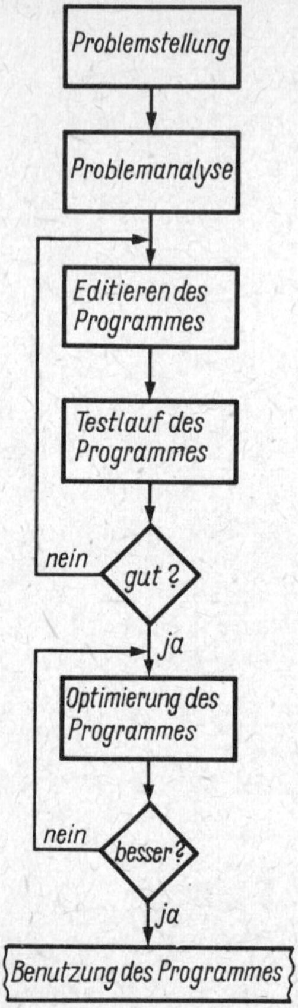

Im folgenden werden wir uns gemeinsam an ein Programmierbeispiel heranwagen. Da dieses Beispiel auf den verschiedensten Computertypen lauffähig sein soll, wird ausschließlich mit Standard-Befehlen gearbeitet.
(Das Programm ist in seinem gesamten Umfang im Kapitel 6, unter Gliederungspunkt 6.6. dargestellt.)
Eingangs ist die Frage zu beantworten, was wir programmieren wollen. Ein solches Beispielprogramm soll zumindest drei Kriterien erfüllen:

1. Das Programm muß einen praktischen Bezug haben. Es nutzt wenig, wenn der engagierteste Leser kein Verhältnis zur Problemstellung hat wie etwa zur Umrechnung:
   Babylonische Fuß je Mondjahr in Angström je Woche.
2. Das Programm muß verständlich sein.
   Anfänger haben sicherlich Probleme, wenn sie sich sofort an große Brocken, wie die Lösung komplexer Gleichungssysteme, der Berechnung eines Smith-Diagramms oder etwa der Fouriertransformation, heranwagen, zumal es dafür schon Lösungen gibt. [5]...[10]
3. Das Programm soll möglichst viele Elemente des Sprachraumes von BASIC benutzen, um deren Handhabung zu verdeutlichen.

Wie wäre es deshalb mit einem Programm zur persönlichen Adreßdatenverwaltung, einem elektronischen Adreßbuch sozusagen?
Beginnen wir mit dem ersten Punkt des Programmierens: Verdeutlichen wir uns, was das Programm eigentlich machen soll und wie.

3.1. Problemanalyse

Eine Reihe von Fragestellungen soll helfen, das Problem zu erkennen:

Frage	Antwort
1. Was soll unser Adreßbuch-Programm leisten?	Es soll die Namen und Adressen eines gewünschten Personenkreises speichern und sie bei Bedarf zur Anzeige bringen
2. Welche Daten je Person sollen abgespeichert werden?	Name, Vorname, Postleitzahl, Ort, Straße, Hausnummer, Telefonnummer, Geburtstag
3. Wie viele Personen soll das Register umfassen?	Beliebig viele, Personenanzahl jederzeit erweiterbar
4. Sollen auch Personen nach einem bestimmten Schema gesucht werden können (zum Beispiel alle Meier's)?	Ja, Suchmuster soll beliebig sein
5. Sollen auch die „registrierten" Personen im Register neu sortiert werden (zum Beispiel alphabetisch)?	Nein, es genügt, wenn sie (zum Beispiel alphabetisch) zur Anzeige gebracht werden
6. Soll das Programm später einmal in ein größeres System eingebunden werden?	Nein
7. Werden mit den Daten stets die gleichen, schematischen Abläufe durchgeführt; wenn ja – welche?	Ja: Suchen und Anzeigen (nach vorgegebenen Schemata)
8. Verbietet sich eine gute Programmstruktur (zum Beispiel aus Problemen der Abarbeitungsgeschwindigkeit oder des Speicherplatzbedarfes)?	Nein
9. Bietet sich eine Menü-Technik bei der Auswahl der Programm-Optionen an?	Ja
10. Werden die Daten in irgendeiner signifikanten Weise in ihrem Inhalt verändert?	Nein

3.2. Editieren des Programms

> Unter Editieren (herausgeben, erstellen) versteht man den Vorgang des Schreibens des Programms an sich.

Diese Tätigkeit ist eng verknüpft mit weitergehenden problemanalytischen Gedanken, die der Verfeinerung der in der Problemanalyse ziemlich grob gerasterten Aussagen dienen und die der Aus- bzw. Anwahl der entsprechenden Programmsequenzen, der Wahl der Variablen und Parameter, der Strukturierung des Programms usw. dienen. Aus Frage 8. (siehe S. 31) geht hervor, daß wir uns problemlos einer zweckmäßigen Struktur widmen können. Die Tabelle 1 und das Bild auf Seite 35 verdeutlichen das Schema für eine sinnvolle Vergabe der Zeilennummern.

Tabelle 1

Zeilennummer	Programmsequenz
1…99	*Programmkopf* Titel, Verfasser, Quellenangabe, Copyright, Sonderinformationen
100…998	*Hauptprogramm* von hier aus werden zur Abarbeitung die einzelnen Programm-Module aufgerufen (meist als Unterprogramme)
999	END (letzte Anweisung des Hauptprogramms)
1000…1999	*Erstes Untermodul* ist der Initialisierung aller Parameter vorbehalten
2000…2999	*Zweites Untermodul* diverse Anweisungen
3000…3999	*Drittes Untermodul* diverse Anweisungen
• • •	• • •
60000…65535	*DATA-Vereinbarungen* für feste, unveränderliche Daten

Edition des Hauptprogramms

```
10 REM Programm: Adressbuch
20 REM ===================
30 REM Copyright: Heblik
40 REM Datum der Erstellung: Mai '85
50 REM Programmierer: Lehmann
60 REM Quelle: Heblik: Wissensspeicher BASIC
70 REM Dateninhalt: Name, Vorname, PLZ, Stadt,
80 REM Strasse, Hausnummer, Tel.-Nr. , Geburtstag
90 REM Letzte Modifikation der Daten: Juni
   '85/Lehmann
100 REM ==============
110 REM Hauptprogramm
120 REM ==============
130 REM Aufruf Initialisierung Parameter
140 GOSUB 1010
310 REM Meldung des Programmendes
320 PRINT
330 PRINT "Ende des Programms ADRESSBUCH"
340 END
1000 REM =============================================
1010 REM Erstes Untermodul: Initialisierung der
     Parameter
1020 REM -------------------------------------
1280 RETURN
```

```
60000 REM ================
60010 REM DATA-Vereinbarungen
60020 REM ================
```

Programmkopf

Die Zeilen 10 bis 90 enthalten den Programmkopf mit all den nötigen Informationen über das Programm. Sparen Sie an dieser Stelle nicht mit Text! Ansonsten bereitet es viel Mühe, das Programm nach einiger Zeit wieder zu identifizieren, denn es wird ja nicht Ihr einziges Programm bleiben.
Wie bereits angemerkt, erweist sich bei der Numerierung der Zeilen ein 10er Abstand als günstig. So besteht die Möglichkeit, Vergessenes nachträglich einzufügen. Nicht jeder Computer verfügt über eine RENUMBER-Anweisung. Sie brauchen auch keine Angst vor großen Zeilennummern zu haben. Etwa 95 % aller Computer verbrauchen für das interne Abspeichern beispielsweise der Zeilennummer 5 genausoviel Speicherplatz wie für das Abspeichern der Zeilennummer 61693.

Hauptprogramm

Das eigentliche Hauptprogramm beginnt auf Zeile 100 und endet bei 340. Die erste Aktion des Hauptprogramms ist der Aufruf des Unterprogramms auf Zeilennummer 1000, welches der Initialisierung aller Programmparameter vorbehalten bleibt. Da wir zur Zeit noch nicht wissen, welchen Parameter wir initialisieren wollen, ist es auf Zeile 1280 mit RETURN abgeschlossen.

DATA-Anweisungen

Die Zeilen ab 60000 sind für die Daten in den DATA-Vereinbarungen reserviert.
Starten Sie das Programm mit

```
RUN
```

und Sie müssen als Ausschrift (Zeile 330)

```
Ende des Programms ADRESSBUCH
```

erhalten, oder Sie haben sich vertan.

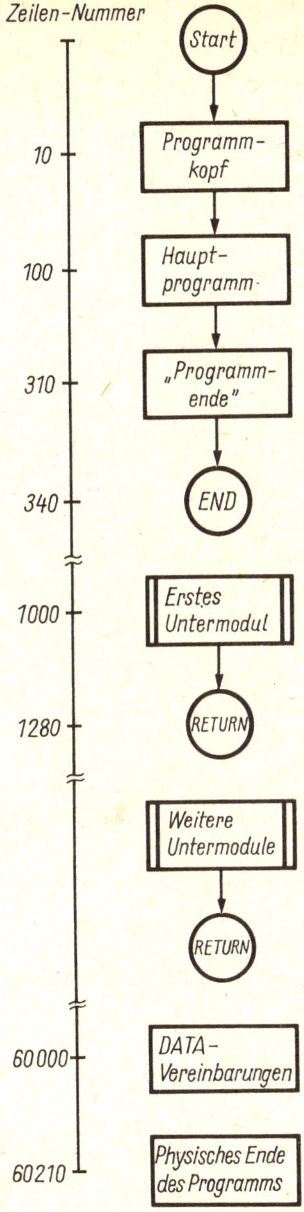

Personendaten

Als nächstes widmen wir uns den Daten, derentwegen wir das Programm erstellen. Zuerst muß festgelegt werden, wie die Personendaten eingeteilt werden sollen. Ist der Name einschließlich Vornamen, Adresse, Telefonnummer und Geburtstag als eine lange String-Variable zu behandeln? Das ist nicht sehr praktisch, denn die Adreßlisten sollen auch alphabetisch die Namen, Städte, Straßen usw. zugriffbereit haben wie auch die Möglichkeit beinhalten, einzelne Daten gesondert heraussuchen zu können, z. B. alle Personen, die in Berlin wohnen. Deshalb werden die Personendaten unterteilt.

Die Zeilen 70 und 80 des Programmkopfes (siehe dort) geben Auskunft über die Anzahl und Art der Daten, die zu jeder Person benötigt werden.

Aus Frage 10. der Problemanalyse (siehe S. 31) schlußfolgernd, werden wir die Daten jeder Person als `DATA`-Daten ab Zeile 60000 fest installieren. Daraus ergeben sich neue Fragen:

- Wie bekommt das Programm „gesagt", wie viele Personen im Adreßbuch vorhanden sind?
- Welche Daten sind einzutragen, wenn z. B. von einer Person der Geburtstag oder die Tel.-Nr. unbekannt sind?
- In welcher Form sollen die Daten abgelegt werden (numerisch oder String), und wie sollen sie im Programm eingelesen werden?

Zur Lösung dieser Fragen ist es sinnvoll,

- den eigentlichen Personendaten eine Zahl voranzustellen, die die Anzahl der Einträge (Personen) repräsentiert,
- eine Festlegung zu treffen, daß für unbekannte Daten zur Person eine 0 (Null) eingesetzt wird. Das datenmanipulierende Programm muß diese 0 dann entsprechend interpretieren,
- daß die Daten als `DATA`-Vereinbarungen und Zeichenkettenkonstanten abgelegt (auch die Zahlenwerte) und jeweils einzeln zwecks besserer Handhabung in ein Array (Stringarray, eindimensional) eingelesen werden.

→ 3/2

Nun wird eine Liste aller verwendeten Bezeichner und ihrer Bedeutung angelegt, um bei größeren Programmen die Übersicht zu behalten.

Tabelle 2

Array-Name	Typ	Inhalt
N$	String	Name
V$	String	Vorname
P$	String	Postleitzahl
S$	String	Ort
R$	String	Straße
H$	String	Hausnummer
T$	String	Telefonnummer
G$	String	Geburtstag

Tabelle 3

Variable	Typ	Inhalt
P	numerisch integer	Personenzahl der DATA-Liste
I, J	numerisch integer	Indexvariable für verschiedene Anwendungen

Edition des ersten Untermoduls

Damit können schon die nächsten Zeilen des Programms editiert werden: zuerst die DATA-Konstanten ab Zeile 60000, dann das erste Untermodul, das als „leeres" Untermodul ja bereits erstellt ist.

```
1000 REM _______________________________
1010 REM Erstes Untermodul: Initialisierung der
     Parameter
1020 REM _______________________________
1030 REM Anzahl der Personen
1040 RESTORE
1050 READ P
1060 REM Dimensionieren der Arrays
```

```
1070 REM Array fuer Namen
1080 DIM N$(P)
1090 REM Array fuer Vornamen
1100 DIM V$(P)
1110 REM Array fuer Postleitzahl
1120 DIM P$(P)
1130 REM Array fuer Stadt
1140 DIM S$(P)
1150 REM Array fuer Strasse
1160 DIM R$(P)
1170 REM Array fuer Hausnummer
1180 DIM H$(P)
1190 REM Array fuer Tel.-Nr.
1200 DIM T$(P)
1210 REM Array fuer Geburtstag
1220 DIM G$(P)
1230 REM Lesen der Daten in die Arrays
1240 FOR I = 1 TO P
1250 READ N$(I), V$(I), P$(I), S$(I), R$(I),
     H$(I)
1260 READ T$(I), G$(I)
1270 NEXT I
1280 RETURN
```

→ 3/2

```
60000 REM -------------------
60010 REM DATA-Vereinbarungen
60020 REM -------------------
60030 REM Anzahl der erfassten Personen
60040 DATA 5
60050 REM Daten der Personen in Reihenfolge:
60060 REM Name, Vorname, Postleitzahl, Stadt,
      Strasse
60070 REM Hausnummer, Tel.-Nr., Geburtstag
60080 DATA "Schulz", "Erich", "8212", "Freital",
      "Johannis-Str."
60090 DATA "23", "231344", "25.03.1940"
60100 DATA "Schulze", "Klaus", "1035", "Berlin",
      "Moosstrasse"
60110 DATA "112", "0", "0"
60120 DATA "Meier", "Elfriede", "7500",
      "Cottbus", "Saegeweg"
60130 DATA "2", "421633", "17.11.1933"
60140 DATA "Schmidt", "Inge", "4500", "Dessau",
      "Bachstrasse"
60150 DATA "44", "7211", "0"
60160 DATA "Lehmann", "Otto", "8142", "Radeberg",
      "Am Markt"
60170 DATA "2", "0", "0"
60180 REM Ende der Liste
60190 REM Physisches Ende des Programms
```

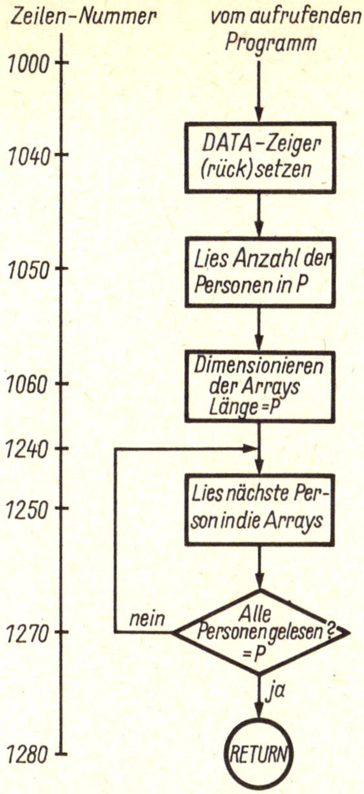

Die Konstante in Zeile 60040 repräsentiert die Anzahl der erfaßten Personen. Dann folgen die Personendaten in strenger Reihenfolge als Zeichenkettenkonstanten.

Zusätzliche Eintragungen

Wenn nun zu einem beliebigen Zeitpunkt die Notwendigkeit besteht, vergessene oder weitere Personen aufzunehmen, dann editieren wir:

```
6ø4ø DATA 6

6ø18ø DATA "Hoffmann", "Anna", "1199", "Berlin",
      "Agastrasse"

6ø19ø DATA "15", "674øø7", "15.1ø.19ø3"

6ø2øø REM Ende der Liste

6ø21ø REM Physisches Ende des Programms
```

So einfach handhabt man die Aufnahme zusätzlicher Eintragungen.

Dimensionieren von Arrays

Viel Aufmerksamkeit und Gewissenhaftigkeit ist beim ersten Untermodul vonnöten, denn hier werden alle für das Programm benötigten Parameter initialisiert. Dazu gehört das Dimensionieren der verwendeten Arrays (siehe

Bild, S. 39). Obwohl manche BASIC-Dialekte die Verwendung von Arrays mit einer Tiefe bis zu 10 ohne vorherige Dimensionierung erlauben, lassen wir diese Möglichkeit als saubere Programmierer prinzipiell außer acht. Ein solches Vorgehen ist sinnvoll, da wir von vornherein nie wissen, wie sich die Dimension des Arrays noch erweitern kann und alle Arrays vorher zu deklarieren, also zu dimensionieren sind.
Zum Dimensionieren benötigen wir die Anzahl der Elemente des Arrays. Jetzt zahlt es sich aus, daß diese bereits in den DATA- Konstanten vereinbart ist (Zeile 60040). Diese Zahl soll nun einer Konstanten mit dem Bezeichner P (**P**ersonenanzahl) zugewiesen werden. Das geschieht durch den READ- Befehl (siehe dort). Der READ- Befehl liest das nächste Datenelement aus den DATA- Daten in Folge.
Welches Datenelement ist nun für uns das nächste?
Nach dem Programmstart (RUN) müßte der interne DATA- Zeiger auf dem allerersten DATA- Datum stehen. Es ist möglich, daß eine für uns unbekannte Position des DATA-Zeigers vorliegen kann. Deshalb erzwingen wir dessen Positionierung auf das allererste DATA-Datum durch den Befehl RESTORE auf Zeile 1040. Jetzt weist das READ P auf Zeile 1050 in jedem Fall der Konstanten mit dem Namen P das Datum auf Zeile 60040 zu, so daß P von nun an den Wert 6 repräsentiert.
Dann erfolgt in den Zeilen 1060 bis 1220 das Dimensionieren der entsprechenden Arrays mit der Tiefe von P (also 6). Einige Bemerkungen für diejenigen, die bisher noch nicht mit Arrays gearbeitet haben:

> Ein Array (auch Matrix genannt) ist eine Anzahl von Daten, die sich alle unter einem gemeinsamen Hauptnamen ansprechen lassen.

Dabei sind in unserem Fall alle Daten eines Arrays stets vom gleichen Datentyp und bestimmen somit den Datentyp ihres Arrays. Eine Aufzählung von fünf Namen würde beispielsweise fünf Namen-Zeichenketten zu einem Stringarray zusammenfassen können.

■ – Meier Müller Lehmann Schulze Lange
wird im Array (N$ **N**amen**s**tring) in dieser Reihenfolge zusammengefaßt.

Indizierung der Elemente eines Arrays

Jeder Name ist jetzt ein sogenanntes Element des Arrays geworden und kann unter dem gemeinsamen Bezeichner N$ (   ) aufgerufen werden. Wie aber kennzeichnet man, daß gerade das Element „Müller" gemeint ist und nicht das Element „Lehmann"?
Indem man die Elemente des Arrays in ihrer Reihenfolge durchnumeriert:

das Element „Meier" mit 1,
das Element „Müller" mit 2,
das Element „Lehmann" mit 3 usw.

Dieses Verfahren nennt man Indizierung der Elemente, da jedes einen ihn

identifizierenden Index erhält, der innerhalb des Arrays die entsprechende Platzposition markiert.
Diese Indizes sind prinzipiell Integerzahlen. Dabei ist zu beachten, daß die Zählweise (je nach Vereinbarung) sowohl mit Null als auch mit Eins beginnen kann (siehe `BASE` bzw. `OPTION BASE`).
Wir wollen für unsere weiteren Betrachtungen annehmen, daß die Zählweise mit Eins beginnt. Wenn wir jetzt „Müller" meinen, so wählen wir dafür den Bezeichner N$(2), da „Müller" das zweite Element unseres Arrays ist. Jetzt ist keine Verwechslung mit „Lehmann" mehr möglich, da dieser den Bezeichner N$(3) hat.

Eindimensionales Array

Wenn eine hintereinanderliegende, einseitige Anordnung von Elementen vorliegt, wie in unserem Beispiel, so spricht man von einem eindimensionalen Array.
Wir alle kennen den klassischen Fall eines eindimensionalen Arrays: Die Warteschlange z. B. für den Kauf von Konzertkarten eines berühmten Dirigenten. Da kann man sich schon glücklich schätzen, einen Index unter 100 zu haben ...

Zweidimensionales Array

Es ist durchaus natürlich, daß die Anordnung der Elemente eines Arrays in mehreren Zeilen geschieht. Dann liegen Zeilen und Spalten vor, wie auf einer Buchseite. Jetzt spricht man von einem zweidimensionalen Array und schreibt, wenn man die fünfte Zeile und das siebzehnte Wort (Spalte) dieser Zeile bezeichnen will:
Name des Arrays (5,17).
Ein uns schon sehr oft begegneter Fall eines zweidimensionalen Arrays ist das Koordinatennetz auf Landkarten (obwohl dort fast immer zur besseren Übersicht einer der beiden Indizes mit einem Buchstaben bezeichnet wird, wie beim Schachbrett).

Mehrdimensionales Array

Die Dimension eines Arrays kann beliebig (bis an die Grenze der Leistungsfähigkeit des Computers) gesteigert werden.
Ein dreidimensionales Array könnte unter anderem die Seitenzahl, die Zeile und das Wort unseres Buches kennzeichnen:
Name des Arrays (107,28,5)
bezeichnet dann die Seite 107, Zeile 28 und Wort 5.
Die Semantik der Sprache BASIC verlangt, daß die verwendeten Arrays dimensioniert werden. Dieses muß **vor** der ersten Anwendung des Arrays geschehen (siehe `DIM`). Wie aber weist man den einzelnen Array-Plätzen die entsprechenden Daten zu?
Die Array-Plätze, wenn sie korrekt bezeichnet (indiziert) wurden, unterscheiden sich überhaupt nicht von der Handhabung einer normalen Konstanten oder Variablen.

→ 3/2

So weist

```
R(2,15) = 27.124
```

dem Datenelement des numerischen Arrays mit dem Namen R auf der Position Zeile 2 und Spalte 15 den Wert 27.124 zu.

Oder:

```
INPUT "Eingabe des Namens"; N$(6)
```

die betreffende Eingabe eines Namens legt diesen an der Position 6 des eindimensionalen Stringarrays mit dem Namen N$ ab.

Ein Array (auch Matrix genannt) ist die wohlgeordnete Zusammenfassung mehrerer Datenelemente des gleichen Datentyps unter einem gemeinsamen Bezeichner.
Jedes Datenelement belegt eine bestimmte Datenposition, die durch deren Index eindeutig gekennzeichnet ist.
Der Index (im englischen Sprachgebrauch auch subscript genannt) ist eine Integerzahl.
Ein Array kann mehrdimensional sein.
Ein Array muß vor Erstgebrauch initialisiert (DIMensioniert) werden.

Eingabe der Personendaten

Nun müssen die Personendaten in die dazugehörigen Arrays geladen werden. Das erledigt die Befehlsfolge der Zeilen 1230 bis 1270.
An dieser Stelle sind einige Bemerkungen zu den Daten der Personen notwendig.
Selbstverständlich handelt es sich um Dummy-Daten, die der Phantasie entspringen. Sollte wider Erwarten doch ein Otto Lehmann in Radeberg am Markt existieren, so möge er diesen Zufall entschuldigen.
Die Tabelle 4 gibt einen Überblick über die Aktionen dieser Programmschleife. Beachten Sie die gleichzeitige Verwendung der Laufvariablen I als Indexvariable für die Arrays. Diesen Trick sollten Sie unbedingt in Ihr Repertoire aufnehmen, er erspart viele Programmzeilen und läßt sich generell für Array-Handhabungen nutzen.

Tabelle 4

1. Durchlauf I=1		2. Durchlauf I=2	
N$(1)	Schulz	N$(2)	Schulze
V$(1)	Erich	V$(2)	Klaus
P$ (1)	8212	P$ (2)	1035
S$ (1)	Freital	S$ (2)	Berlin
R$ (1)	Johannis-Str.	R$ (2)	Moosstrasse
H$(1)	23	H$(2)	112
T$ (1)	231344	T$ (2)	0
G$(1)	25.03.1940	G$(2)	0
3. Durchlauf I=3		**4. Durchlauf I=4**	
N$(3)	Meier	N$(4)	Schmidt
V$(3)	Elfriede	V$(4)	Inge
P$ (3)	7500	P$ (4)	4500
S$ (3)	Cottbus	S$ (4)	Dessau
R$ (3)	Saegeweg	R$ (4)	Bachstrasse
H$(3)	2	H$(4)	44
T$ (3)	421633	T$ (4)	7211
G$(3)	17.11.1933	G$(4)	0
5. Durchlauf I=5		**6. Durchlauf I=6**	
N$(5)	Lehmann	N$(6)	Hoffmann
V$(5)	Otto	V$(6)	Anna
P$ (5)	8142	P$ (6)	1199
S$ (5)	Radeberg	S$ (6)	Berlin
R$ (5)	Am Markt	R$ (6)	Agastrasse
H$(5)	2	H$(6)	15
T$ (5)	0	T$ (6)	674007
G$(5)	0	G$(6)	15.10.1903

Damit sind die Stringarrays mit ihren Daten gefüllt. In Zeile 1280 erfolgt der Rücksprung in das Hauptprogramm, allerdings zu der dem GOSUB folgenden Zeile, also 310.
Es ist zweckmäßig, auch dieses Programmsegment einem Probelauf zu unterziehen, um sich über die ordnungsgemäße Funktion zu informieren.

Betriebsarten

Jetzt ist der Zeitpunkt gekommen, sich vor der weiteren Erarbeitung des Programms notwendige Gedanken zum Programmaufbau zu machen.
Die abgelegten Daten sollen gemäß der problemanalytischen Fragestellun-

gen 4., 5. und 7. (siehe S. 31) sowohl alphabetisch ausgegeben werden als auch nach einem bestimmten Suchmuster durchforstet werden. Die Auswahl der Betriebsart soll entsprechend der Festlegung zur Fragestellung 9. in Menü-Technik geschehen. Der Anwender des Programms hat sich die für seine Zwecke geeignete Betriebsart aus dem Menü auszusuchen. Demzufolge muß eine Abfrage bzw. Eingabe der Betriebsart vorgesehen werden. Da die einzelnen Betriebsarten in sich noch verschiedene Arbeitsweisen zulassen, sollten sie nach der Anwahl aus dem Hauptmenü mit ihrem spezifischen Untermenü aufwarten. Da dieser komplexe Vorgang sich des öfteren wiederholen kann (es ist durchaus natürlich, mehrere Einträge im Adreßbuch nacheinander zu betrachten), ist die Anlage dieser Programm-Module als Unterprogramm sinnvoll.
Jetzt wollen wir die Menüs zusammenstellen:
Das Hauptmenü sollte die wesentlichen Betriebsarten anbieten,

- alphabetisch anzeigen (Betriebsart 2) (siehe S. 64) und
- Eintrag suchen (Betriebsart 3) (siehe S. 57)
  Selbstverständlich muß man dem Benutzer die Gelegenheit geben, das Programm zu verlassen, so daß eine weitere Selektionsmöglichkeit hinzukommt:
- ENDE des Programms.

Betriebsart 2: „Alphabetische Anzeige"

Das Untermenü der Betriebsart „alphabetische Anzeige" soll die Auswahl der einzelnen Arbeitsweisen bei der alphabetischen Suche nach Einträgen darstellen.
Was aber wollen wir alphabetisch suchen lassen?
Sicherlich Namen, Vornamen, Städte bzw. Straßen, so daß man mit dem Programm z. B. auch alle Einträge nach alphabetischer Ordnung der Städte aufgezeigt bekommt.
Demgemäß stellen wir das Untermenü zur alphabetischen Suche zusammen:

– nach Namen
– nach Vornamen
– nach Städten
– nach Straßen

und nicht zu vergessen die Möglichkeit des Übergangs in das Hauptmenü.

Betriebsart 3: „Eintrag suchen"

Jetzt folgt die gleiche Prozedur für das Menü des Untermoduls „Eintrag suchen". Welche Einträge wollen wir suchen lassen? Hier gibt es schon mehrere Möglichkeiten. Es erscheint sinnvoll, nach Namen und Vornamen sowie nach Städten, Straßen und Telefonnummern suchen zu lassen. Überzogen dagegen erscheint die Forderung des Suchens nach Postleitzahlen oder Geburtstagen. Wer sucht schon alle Einträge von Personen, die in 7500 wohnen – da fragt man doch eher: Wer wohnt von unseren Bekannten in Cottbus? Demzufolge erstreckt sich die Leistungsfähigkeit dieses Moduls auf das Suchen nach den oben angeführten Eintragungen, so daß das Menü unter Berücksichtigung des Wiedereintritts in das Hauptmenü wie folgt formuliert werden kann:

- zurück zum Hauptmenü
- nach Namen
- nach Vornamen
- nach Städten
- nach Straßen
- nach Telefonnummern.

Es ist noch eine Entscheidung zu treffen: Sollen nur ganze Einträge identifiziert werden, oder ist man schon fündig, wenn man nur einen Teil (den gesuchten natürlich) identifiziert hat?
Dafür ein Beispiel, wofür wir unsere schon eingegebenen DATA- Konstanten benutzen:
Wenn wir „Schulz“ suchen und „S“ eingeben, so würde bei absoluter Gleichheit der Namensvergleiche natürlich kein Eintrag gefunden werden (weil kein Eintrag „S“ existiert).
Anderenfalls werden allerdings alle mit „S“ beginnenden Eintragungen mit ausgegeben, wie:

Schulz
Schulze
Schmidt.

Letztere Methode scheint hier angebracht, erlaubt sie doch die Fragestellung: Wie heißen denn diese ...mann's? Schauen wir doch einmal nach. Dann brauchen Sie nur noch bei der Namenssuche den Text „mann“ suchen zu lassen und der Gesuchte ist identifiziert.
Oder: Man weiß genau, jemand hatte die Ziffern 163 innerhalb seiner Telefonnummer, wie war denn das gleich? Auch diese Einträge werden durchmustert, und es kommt Elfriede Meier zum Vorschein.

Edition des zweiten bis fünften Untermoduls

```
150 REM Aufruf Programmkopf & Menue

160 GOSUB 2000

170 REM Wahl der Betriebsart

180 GOSUB 3000

190 REM Anwahl der Betriebsart

200 IF B = 1 THEN 310

210 IF B = 2 THEN 270
```

```
220 REM Es bleibt Betriebsart 3
230 REM Aufruf der Betriebsart 3
240 GOSUB 5000
250 REM zurueck zum Menue
260 GOTO 150
270 REM Aufruf der Betriebsart 2
280 GOSUB 4000
290 REM zurueck zum Menue
300 GOTO 150
2000 REM -------------------------------------
2010 REM Zweites Untermodul: Bildschirmausgabe
     Programmkopf
2020 REM -------------------------------------
2030 PRINT
2040 PRINT "========"
2050 PRINT "Adressbuch"
2060 PRINT "========"
2070 PRINT "Hauptmenue:"
2080 PRINT "----------"
2090 PRINT "1 = ENDE des Programms"
2100 PRINT "2 = Alphabetisch anzeigen"
2110 PRINT "3 = Eintrag suchen"
2120 REM Anzahl der Eingabemoeglichkeiten
2130 BE = 3
```

```
2140 RETURN
3000 REM --------------------------------------
3010 REM Drittes Untermodul: Wahl der
     Betriebsart
3020 REM --------------------------------------
3030 REM Modul benoetigt die numerische Variable
     BE
3040 REM als maximale Zahl der korrekten Eingaben
3050 PRINT
3060 INPUT "Welche Betriebsart bitte"; B
3070 REM Jetzt ganz schlaue Leute ausblenden:
3080 IF B < 1 OR B > BE THEN 3100
3090 RETURN
3100 PRINT "Falsche Eingabe!"
3110 GOTO 3050
3120 REM Modul zu Ende
4000 REM --------------------------------
4010 REM Viertes Untermodul: Betriebsart 2
4020 REM --------------------------------
4030 REM Betriebsart: Alphabetische Ausgabe
4040 REM Meldung der Betriebsart
4050 PRINT
4060 PRINT "Menue: Alphabetische Ausgabe"
4070 PRINT "----------------------------"
```

```
4080 PRINT "1 = zurueck zum Hauptmenue"
4090 PRINT "2 = nach Namen"
4100 PRINT "3 = nach Vornamen"
4110 PRINT "4 = nach Staedten"
4120 PRINT "5 = nach Strassen"
4130 REM Anzahl der Eingabemoeglichkeiten
4140 BE = 5
4150 REM Korrekte Eingabe holen ...
4160 GOSUB 3000
4580 RETURN
5000 REM ----------------------------------
5010 REM Fuenftes Untermodul: Betriebsart 3
5020 REM ----------------------------------
5030 REM Betriebsart: Eintrag suchen
5040 REM Meldung Betriebsart
5050 PRINT
5060 PRINT "Menue: Eintrag suchen"
5070 PRINT "---------------------"
5080 PRINT "1 = zurueck zum Hauptmenue"
5090 PRINT "2 = nach Namen"
5100 PRINT "3 = nach Vornamen"
5110 PRINT "4 = nach Staedten"
5120 PRINT "5 = nach Strassen"
5130 PRINT "6 = nach Tel.-Nr."
```

```
5140 REM Anzahl der Eingabemöglichkeiten
5150 BE = 6
5160 REM Korrekte Eingabe holen ...
5170 GOSUB 3000
5180 IF B = 1 THEN RETURN
5230 RETURN
```

Die Zeile 160 ruft das Hauptmenü auf. Zeile 180 verlangt das Unterprogramm, in dem die gewünschte Betriebsart selektiert wird. Die Zeilen 200 bis 220 verzweigen je nach gewählter Betriebsart zu den Aufrufen dieser Module, nach deren Abarbeitung (Zeile 260 bis 300) wiederum zum Aufruf des Hauptmenüs (Zeile 150) gesprungen wird. Dieser Vorgang wiederholt sich so lange, bis die Betriebsart 1 (ENDE des Programms) angewählt wurde. In diesem Fall wird nach Identifizierung auf Zeile 200 zu Zeile 310 verzweigt (die Sie schon editiert haben). Dort erfolgt dann die schon bekannte Ausschrift des Programmendes, und das Programm wird endgültig verlassen.
Die Zeilen 2000 bis 2140 beinhalten das zweite Untermodul. Hier wird das Hauptmenü auf den Bildschirm gebracht. Die Anwahl des Menüs geschieht durch den Befehl INPUT auf Zeile 3060 des dritten Untermoduls. Der Anwender hat hier eine Ziffer zur Selektion einzugeben. Zur Auswahl stehen dabei im Hauptmenü die Ziffern 1 bis 3. Die gewählte Ziffer wird in die Variable B eingelesen.
Was aber geschieht, wenn statt der zur Auswahl stehenden Ziffern 1 bis 3 eine andere Ziffer eingegeben wird? Dann würde sich unser Programm „verlaufen". Um einen solchen Irrtum zu vermeiden, müssen Eingaben immer auf ihre Relevanz geprüft werden. (Vgl. Bild S. 50)

Grundregeln für die Eingabe

Im folgenden werden einige Regeln genannt, die bei Eingaben grundsätzlich zu beachten sind.

1. Dem Benutzer des Programms muß in leicht verständlicher und erkennbarer Form mitgeteilt werden, zu welcher Eingabe er aufgefordert ist.
2. Die eingegebenen Daten müssen unmittelbar auf erkennbare Fehler geprüft werden. Ungültige oder falsche Eingaben müssen zurückgewiesen werden. Der Bediener muß die Chance erhalten, seine Eingabe zu wiederholen.

➞ 3/2

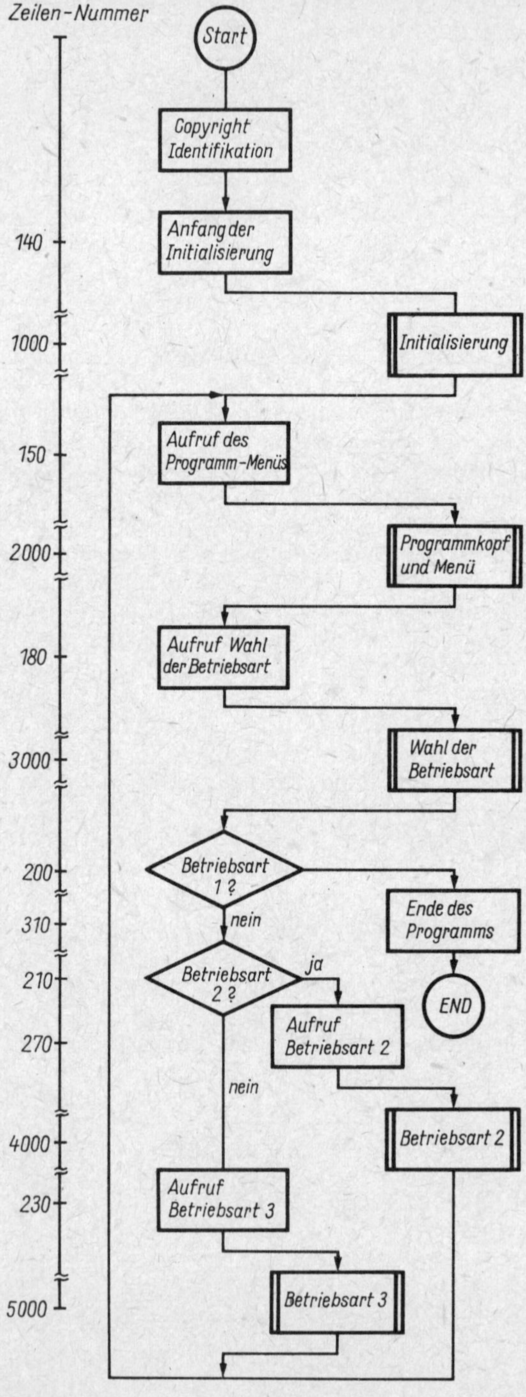

Zeilen-Nummer
140
1000
150
2000
180
3000
200
310
210
270
4000
230
5000
Start
Copyright Identifikation
Anfang der Initialisierung
Initialisierung
Aufruf des Programm-Menüs
Programmkopf und Menü
Aufruf Wahl der Betriebsart
Wahl der Betriebsart
Betriebsart 1 ?
Ende des Programms
END
nein
Betriebsart 2 ?
ja
Aufruf Betriebsart 2
Betriebsart 2
nein
Aufruf Betriebsart 3
Betriebsart 3

3. Die Weiterverarbeitung von wichtigen Daten darf nicht vor einer erneuten Begutachtung des Bedienenden erfolgen. Computer können einfache Fehler (Zahlendreher) kaum erkennen.
4. Nach Möglichkeit sind die eingegebenen Daten zu protokollieren. Das ist insbesondere bei Textläufen wichtig.

Diese Grundregeln schließen jedoch nicht alle Eventualitäten aus, die zu Fehlern führen können.

Hinweis: Es gibt keine narrensicheren Programme, weil man sich gar nicht vorstellen kann, auf was für Dinge manche Narren kommen ...

In unserem Fall verfahren wir so:
Jedes aufgerufene Programm-Menü aktualisiert die Variable BE. Ihr Inhalt repräsentiert die maximale Eingabeziffer; beim Hauptmenü wäre es die 3. Im

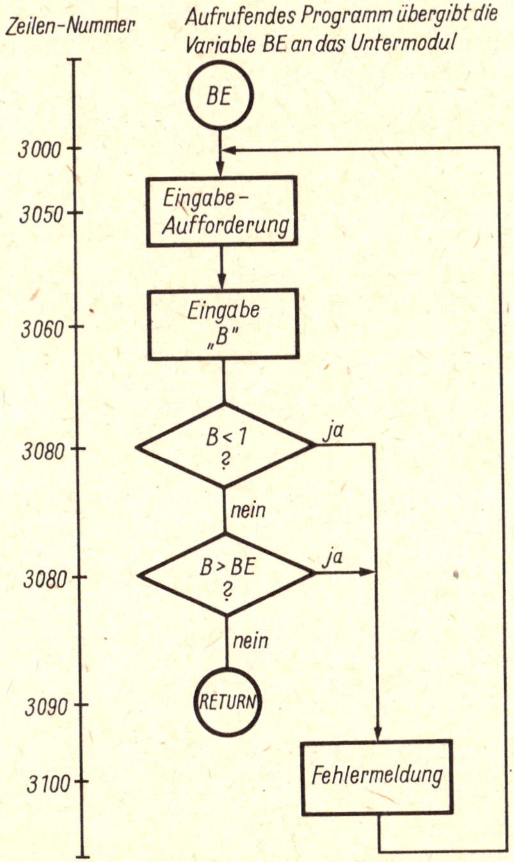

dritten Untermodul wird in Zeile 3080 dann geprüft, ob die als Antwort auf die Eingabeanforderung der Zeile 3060 eingegebene Ziffer (Variable B) entweder kleiner als 1 (also Unfug) oder größer als die zur Auswahl stehenden Betriebsarten BE (also auch Unfug) ist. Wenn nicht, liegt eine korrekte Eingabe vor und das Modul wird auf Zeile 3090 verlassen. Liegt dagegen ein Fehler vor, so wird das dem Bediener durch die Botschaft auf Zeile 3100 mitgeteilt. Anschließend wird er durch den Neuansprung der Eingabeanforderung (von Zeile 3110 nach Zeile 3050) zu einer erneuten Auswahl aufgefordert.

Damit erfüllt das dritte Untermodul zwei Aufgaben.

Es erhält vom aufrufenden Programm die Variable BE als Vergleichswert-Maximum. Es ergibt sich zwangsläufig, daß die Ziffer 1 das Minimum darstellt. Nachdem das dritte Untermodul über eine Eingabeanforderung als erste Aufgabe die Betriebsart in die Variable B geladen hat, überprüft es die Eingabe auf Richtigkeit.

Das dritte Untermodul wird erst verlassen, wenn die Eingabe korrekt erfolgt ist. Natürlich sind auch jetzt noch nicht alle Eventualitäten der Eingabe abgetestet.

Ähnlich verhält es sich mit dem vierten und dem fünften Untermodul. Diese Programmsequenzen werden vom Hauptprogramm je nach Anwahl gerufen (Zeile 240 und Zeile 280), informieren den Benutzer über das zur Verfügung stehende Angebot und kehren so lange nicht zum Hauptprogramm zurück, bis eine sinnvolle Wahl durch den Bediener getroffen wurde.
(Vgl. Bild S. 51)

Programmübersicht

Sollten Sie alles richtig eingegeben haben, so hat Ihr Programm jetzt folgende Form:

```
10 REM Programm: Adressbuch
20 REM =============
30 REM Copyright: Heblik
40 REM Datum der Erstellung: Mai '85
50 REM Programmierer: Lehmann
60 REM Quelle: Heblik: Wissensspeicher BASIC
70 REM Dateninhalt: Name, Vorname, PLZ, Stadt,
   Strasse
80 REM Hausnummer, Tel-Nr. , Geburtstag
```

```
90 REM Letzte Modifikation der Daten:
   Juni '85/Lehmann
100 REM =========
110 REM Hauptprogramm
120 REM =========
130 REM Aufruf Initialisierung Parameter
140 GOSUB 1010
150 REM Aufruf Programmkopf & Menue
160 GOSUB 2000
170 REM Wahl der Betriebsart
180 GOSUB 3000
190 REM Anwahl der Betriebsart
200 IF B = 1 THEN 310
210 IF B = 2 THEN 270
220 REM Es bleibt Betriebsart 3
230 REM Aufruf der Betriebsart 3
240 GOSUB 5000
250 REM zurueck zum Menue
260 GOTO 150
270 REM Aufruf der Betriebsart 2
280 GOSUB 4000
290 REM zurueck zum Menue
300 GOTO 150
310 REM Meldung des Programmendes
```

```
32Ø PRINT
33Ø PRINT "Ende des Programms ADRESSBUCH"
34Ø END
1ØØØ REM -------------------------------------
1Ø1Ø REM Erstes Untermodul: Initialisierung der
     Parameter
1Ø2Ø REM -------------------------------------
1Ø3Ø REM Anzahl der Personen
1Ø4Ø RESTORE
1Ø5Ø READ P
1Ø6Ø REM Dimensionieren der Arrays
1Ø7Ø REM Array fuer Namen
1Ø8Ø DIM N$(P)
1Ø9Ø REM Array fuer Vornamen
11ØØ DIM V$(P)
111Ø REM Array fuer Postleitzahl
112Ø DIM P$(P)
113Ø REM Array fuer Stadt
114Ø DIM S$(P)
115Ø REM Array fuer Strasse
116Ø DIM R$(P)
117Ø REM Array fuer Hausnummer
118Ø DIM H$(P)
119Ø REM Array fuer Tel.-Nr.
```

```
12ØØ DIM T$(P)

121Ø REM Array fuer Geburtstag

122Ø DIM G$(P)

123Ø REM Lesen der Daten in die Arrays

124Ø FOR I = 1 TO P

125Ø READ N$(I), V$(I), P$(I), S$(I), R$(I),
     H$(I)

126Ø READ T$(I), G$(I)

127Ø NEXT I

128Ø RETURN

2ØØØ REM ---------------------------------------

2Ø1Ø REM Zweites Untermodul: Bildschirmausgabe
     Programmkopf

2Ø2Ø REM ---------------------------------------

2Ø3Ø PRINT

2Ø4Ø PRINT "========"

2Ø5Ø PRINT "Adressbuch"

2Ø6Ø PRINT "========"

2Ø7Ø PRINT "Hauptmenue"

2Ø8Ø PRINT "-----------"

2Ø9Ø PRINT "1 = ENDE des Programms"

21ØØ PRINT "2 = Alphabetisch anzeigen"

211Ø PRINT "3 = Eintrag suchen"

212Ø REM Anzahl der Eingabemoeglichkeiten

213Ø BE = 3
```

```
2140 RETURN
3000 REM ----------------------------------------
3010 REM Drittes Untermodul: Wahl der Betriebsart
3020 REM ----------------------------------------
3030 REM Modul benoetigt die numerische Variable
     BE
3040 REM als maximale Zahl der korrekten Eingaben
3050 PRINT
3060 INPUT "Welche Betriebsart bitte"; B
3070 REM Jetzt ganz schlaue Leute ausblenden:
3080 IF B < 1 OR B > BE THEN 3100
3090 RETURN
3100 PRINT "Falsche Eingabe!"
3110 GOTO 3050
3120 REM Modul zu Ende
4000 REM ---------------------------------
4010 REM Viertes Untermodul: Betriebsart 2
4020 REM ---------------------------------
4030 REM Betriebsart: Alphabetische Ausgabe
4040 REM Meldung der Betriebsart
4050 PRINT
4060 PRINT "Menue: Alphabetische Ausgabe"
4070 PRINT "----------------------------"
4080 PRINT "1 = zurueck zum Hauptmenue"
```

```
4090 PRINT "2 = nach Namen"
4100 PRINT "3 = nach Vornamen"
4110 PRINT "4 = nach Staedten"
4120 PRINT "5 = nach Strassen"
4130 REM Anzahl der Eingabemoeglichkeiten
4140 BE = 5
4150 REM Korrekte Eingabe holen ...
4160 GOSUB 3000
4580 RETURN
5000 REM ---------------------------------
5010 REM Fuenftes Untermodul: Betriebsart 3
5020 REM ---------------------------------
5030 REM Betriebsart: Eintrag suchen
5040 REM Meldung Betriebsart
5050 PRINT
5060 PRINT "Menue: Eintrag suchen"
5070 PRINT "---------------------"
5080 PRINT "1 = zurueck zum Hauptmenue"
5090 PRINT "2 = nach Namen"
5100 PRINT "3 = nach Vornamen"
5110 PRINT "4 = nach Staedten"
5120 PRINT "5 = nach Strassen"
5130 PRINT "6 = nach Tel.-Nr."
5140 REM Anzahl der Eingabemoeglichkeiten
```

```
5150 BE = 6
5160 REM Korrekte Eingabe holen ...
5170 GOSUB 3000
5180 IF B = 1 THEN RETURN
5230 RETURN
60000 REM ------------------
60010 REM DATA-Vereinbarungen
60020 REM ------------------
60030 REM Anzahl der erfassten Personen
60040 DATA 6
60050 REM Daten der Personen in Reihenfolge
60060 REM Name, Vorname, Postleitzahl, Stadt,
      Strasse
60070 REM Hausnummer, Tel.-Nr., Geburtstag
60080 DATA "Schulz", "Erich", "8212", "Freital",
      "Johannis-Str."
60090 DATA "23", "231344", "25.03.1940"
60100 DATA "Schulze", "Klaus", "1035", "Berlin",
      "Moosstrasse"
60110 DATA "112", "0", "0"
60120 DATA "Meier", "Elfriede", "7500",
      "Cottbus", "Saegeweg"
60130 DATA "2", "421633", "17.11.1933"
60140 DATA "Schmidt", "Inge", "4500", "Dessau",
      "Bachstrasse"
60150 DATA "44", "7211", "0"
```

```
60160 DATA "Lehmann", "Otto", "8142", "Radeberg",
      "Am Markt"

60170 DATA "2", "0", "0"

60180 DATA "Hoffmann", "Anna", "1199", "Berlin",
      "Agastrasse"

60190 DATA "15", "674007", "15.10.1903"

60200 REM Ende der Liste

60210 REM Physisches Ende des Programms
```

Auch jetzt ist das Programm lauffähig. Sie können damit die Dialog-Menü-Technik üben und feststellen, wie das Programm auf die verschiedensten Eingabefehler reagiert.

Ausgabe der Daten

Als nächstes legen wir gemeinsam fest, in welcher Form die Ausgabe der Daten unseres Programms vonstatten gehen soll. Natürlich wollen wir das Ergebnis der Arbeit mit dem Adreßbuch auch anzeigen. Dabei kommt es insbesondere auf die Anzeige von geschlossenen Datengruppen an, da normalerweise alle Daten zu einer Person von Belang sind. Da weiterhin zu vermuten ist, daß aus den verschiedensten Programmsituationen heraus diese Anzeige erfolgen soll, formulieren wir diese Datenausgabe praktischerweise als Unterprogramm.
Zur Identifizierung der auszugebenden Person lassen wir uns vom aufrufenden Programm die Indexvariable (hier I genannt) übergeben, so daß mit dem Aufruf des Unterprogramms z. B. mit I = 3 die Ausgabe der dritten Person unserer „Liste" erfolgt.

Edition des sechsten Untermoduls

```
6000 REM -----------------------------------

6010 REM Sechstes Untermodul: Ausgabe Person

6020 REM -----------------------------------

6030 REM Modul benoetigt die Indexvariable I

6040 REM zur Selektion der betreffenden Person
```

```
6Ø5Ø PRINT
6Ø6Ø PRINT "*"; N$(I)", "V$(I)
6Ø7Ø PRINT " "; P$(I); " "; S$(I)
6Ø8Ø PRINT " "; R$(I); " "; H$(I)
6Ø9Ø REM Test auf Telefonanschluß
61ØØ IF T$(I)<> "Ø" THEN 613Ø
611Ø PRINT " kein Telefonanschluß"
612Ø GOTO 614Ø
613Ø PRINT " Telefon: "; T$(I)
614Ø REM Test auf Geburtstag
615Ø IF G$(I) <> "Ø" THEN 618Ø
616Ø PRINT " Geburtstag nicht bekannt"
617Ø GOTO 619Ø
618Ø PRINT " Geburtstag: "; G$(I)
619Ø PRINT
62ØØ INPUT "     <RETURN> = weiter"; D$
621Ø RETURN
```

Dieses sechste Untermodul ist ebenfalls wieder ein eigenständiges, lauffähiges Unterprogramm. Die Zeile 6050 bewirkt eine Leerzeile auf dem Bildschirm, um eine bessere Übersichtlichkeit der Darstellung zu gewährleisten. Dem gleichen Zweck dient auch die Aufteilung der Personendaten zum Drucken, wie sie in den Zeilen 6060 bis 6080 vorgenommen wurde. Die Zeilen 6090 bis 6180 dienen der Behandlung der „Nullen" in den DATA-Konstanten, wenn bei einer Person kein Telefonanschluß vorhanden ist bzw. der Geburtstag nicht bekannt ist.
Da kein Computer mit seiner Bildschirmdarstellung unsere gesamte Adressenliste zur Anzeige bringen kann, dient die Eingabeaufforderung auf Zeile 6200 ausschließlich der gezielten Programmunterbrechung (besser: der Darstellung auf dem Bildschirm), um dem Anwender die Gelegenheit zu geben,

die Personendaten zu lesen. Erst wenn eine Dummy-Eingabe in die zu diesem Zweck eigens angelegte Dummy-Variable D$ erfolgte (ein einfaches Zeilenendezeichen genügt bereits), wird das Unterprogramm wieder verlassen. Vergessen Sie nicht, die Dummy-Variable D$ in die angelegte Bezeichner-Übersichtsliste einzutragen!

Variable	Typ	Inhalt
D$	String	Dummy-Eingabe

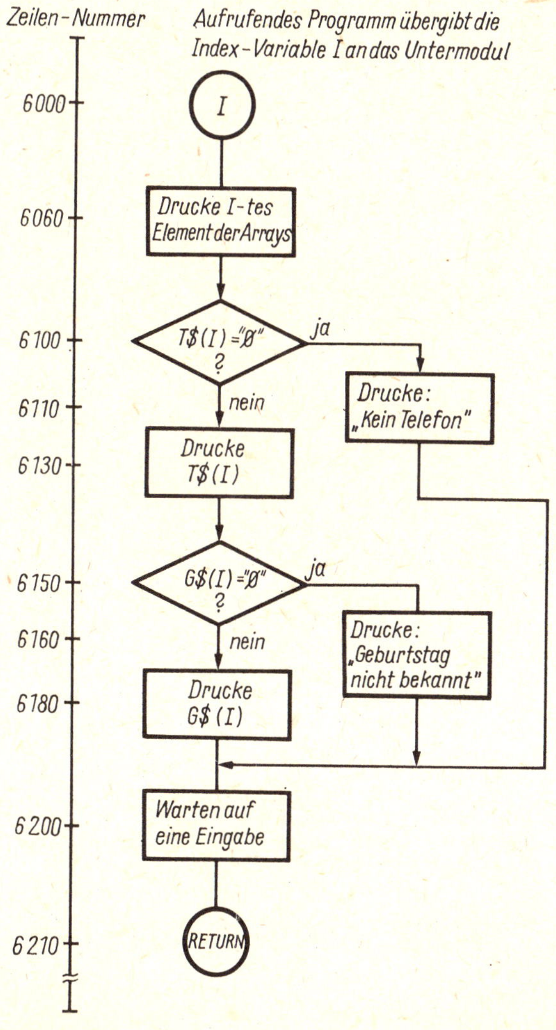

➞ 3/2

Die Betriebsart 3 wird jetzt vervollständigt.
Was benötigen wir? Natürlich als Eingabe die Zeichenkette, nach der gesucht werden soll.
Dann muß nur noch ein Programmsegment die Personen herausfinden, deren Daten mit den gesuchten übereinstimmen. Diese beiden Aktivitäten überlassen wir zwei im Anschluß zu schreibenden Unterprogrammen und formulieren deshalb die Betriebsart 3 zu Ende:

```
5190 REM Holen des Vergleichstrings
5200 GOSUB 8000
5210 REM Aufruf zum Vergleich
5220 GOSUB 7000
5230 RETURN
```

Edition des achten Untermoduls

Jetzt erstellen wir das Unterprogramm der Eingabe des Suchstrings:

```
8000 REM ----------------------------------
8010 REM Achtes Untermodul: Holen Suchstring
8020 REM ----------------------------------
8030 REM Modul benoetigt die Variable B,
8040 REM Betriebsart, um demgemaess einen
8050 REM korrekten Suchstring F$ anzufordern
8060 IF B = 2 THEN Q$ = "einen Namen"
8070 IF B = 3 THEN Q$ = "einen Vornamen"
8080 IF B = 4 THEN Q$ = "eine Stadt"
8090 IF B = 5 THEN Q$ = "eine Strasse"
8100 IF B = 6 THEN Q$ = "eine Tel.-Nr."
8110 PRINT "Bitte"; Q$; "zum Suchen eingeben:";
```

```
8120 INPUT F$

8130 REM fuer ganz schlaue Leute:

8140 IF LEN(F$) = 0 THEN 8110

8150 RETURN
```

Da wir uns bei der Selektion im Untermenü schon entschieden haben, wonach wir suchen lassen wollen, haben wir mit dem Inhalt der Variablen B eine Möglichkeit, auch die Eingabeanforderung für den Suchstring selektiv zu gestalten. Das nutzen wir konsequent durch die Entscheidung und Zuweisung von Text in die Variable Q$ in den Zeilen 8060 bis 8100.
In Zeile 8110 wird dann eine sehr selektive Eingabeanforderung erzeugt. Zeile 8120 erwartet die Eingabe des Suchstrings und die Zeilen 8130 und 8140 blenden die „ganz schlauen Leute“ aus, die nach „gar nichts“ suchen lassen wollen.
Auf Zeile 8150 wird das Unterprogramm verlassen.
Bitte vergessen Sie nicht, die neu angewandten Variablen in die Bezeichner-Liste aufzunehmen.

Variable	Typ	Inhalt
F$	String	Suchstring zum Vergleich
Q$	String	Dialogstring bei Sucheingabe

Die Bedeutung des Inhaltes der Variablen B nutzt uns auch bei der eigentlichen Suche, da durch ihren Inhalt schon festliegt, ob bei

B = 2 nach einem Namen
B = 3 nach einem Vornamen
B = 4 nach einer Stadt
B = 5 nach einer Straße
B = 6 nach einer Telefonnummer

gefahndet werden soll.
Sucht man jetzt nur alle diesbezüglichen Arrays durch (Namen-Array, Vornamen-Array usw.), so bleibt einem einerseits das Durchmustern aller Arrays erspart, und andererseits hat man bei Fündigwerden mit der dazugehörigen Indexvariablen sofort die Möglichkeit, über das sechste Untermodul (siehe S. 59) die gesamte „Person“ bequem darzustellen.

Edition des siebten Untermoduls

```
7ØØØ REM ---------------------------------
7Ø1Ø REM Siebentes Untermodul: Finde String
7Ø2Ø REM ---------------------------------
7Ø3Ø REM Modul benoetigt Suchstring F$,
7Ø4Ø REM sucht damit im ebenfalls zu
7Ø5Ø REM uebergebenden Array (B=Betriebsart).
7Ø6Ø REM Wenn gefunden, wird Person vollst.
7Ø7Ø REM auf Schirm gegeben, wenn nicht, dann
7Ø8Ø REM eine Fehlmeldung.
7Ø9Ø F = Ø
71ØØ FOR I = 1 TO P
711Ø   IF B = 6 THEN 734Ø
712Ø   IF B = 5 THEN 73ØØ
713Ø   IF B = 4 THEN 726Ø
714Ø   IF B = 3 THEN 722Ø
715Ø   REM es bleibt B = 2
716Ø   IF INSTR(N$(I),F$) = Ø THEN 737Ø
717Ø     REM Drucken der gefundenen Person
718Ø     GOSUB 6ØØØ
719Ø     REM merken, dass gefunden
72ØØ     F = 1
721Ø     GOTO 737Ø
```

```
7220   IF INSTR(V$(I),F$) = 0 THEN 7370
7230     GOSUB 6000
7240     F = 1
7250     GOTO 7370
7260   IF INSTR(S$(I),F$) = 0 THEN 7370
7270     GOSUB 6000
7280     F = 1
7290     GOTO 7370
7300   IF INSTR(R$(I),F$) = 0 THEN 7370
7310     GOSUB 6000
7320     F = 1
7330     GOTO 7370
7340   IF INSTR(T$(I),F$) = 0 THEN 7370
7350     GOSUB 6000
7360     F = 1
7370 NEXT I
7380 REM Wenn nichts gefunden...
7390 IF F = 1 THEN 7410
7400   PRINT "Keine Uebereinstimmung gefunden!"
7410 RETURN
```

Diesem Modul wird bei Aufruf (von Zeile 5220) der durch das achte Untermodul (Aufruf auf Zeile 5200) ermittelte Suchstring F$ übergeben.
Die Zeile 7100 eröffnet eine `FOR- TO- NEXT`-Schleife von 1 bis P und ist somit mit ihrer Laufvariablen I die zur Suche in den Arrays benötigte Indexvariable. Die Suche wird so lange fortgesetzt, bis alle im Notizbuch vorhandenen Per-

sonen (Inhalt der Variablen P) über die entsprechenden Arrays durchmustert wurden.
Die Zeilen 7110 bis 7150 selektieren über die Menü-Variable B das entsprechende zu durchsuchende Array aus. Jetzt werden diese entsprechenden Arrays mit dem Suchstring verglichen. Dazu wird auf den entsprechenden Zeilen (7160, 7220, 7260, 7300, 7340) die Funktion INSTR angewendet. Hier wird der Autor zum ersten (und zum letzten) Mal in diesem Beispiel dem Vorsatz untreu, ausschließlich BASIC-Befehle aus dem Standard-Sprachraum zu verwenden. Die Funktion INSTR heißt bei einigen Computermodellen auch POS oder INDEX bzw. MATCH.
Diese Funktionen ermitteln alle diejenigen Zeichenpositionen, von denen ab der Suchstring in einem gegebenen Musterstring auftritt. Wenn der Suchstring im Musterstring nicht enthalten ist, so geben die genannten Funktionen den Wert 0 zurück. Dieses wird hier ausgenutzt:
Wenn 0 ermittelt wurde (also keine Übereinstimmung gefunden wurde), so wird sofort zur Zeile 7370 gesprungen und durch den dort vorhandenen Befehl NEXT der FOR-TO-NEXT-Konstruktion bis zur Abbruchbedingung (P = 6) in dem entsprechenden Array weitergesucht.
Ist dagegen eine Übereinstimmung gefunden, so wird das sechste Untermodul (siehe dort) aufgerufen, welches durch die aktuelle Laufvariable I die entsprechende Person auf dem Bildschirm ausgibt.
Wir haben hier ein schönes Beispiel des Aufrufs von Untermoduln mit der Übergabe von Parametern (Inhalte von Variablen) vor uns.
Diejenigen Leser, die weder die Funktion INSTR noch deren Äquivalente POS, INDEX oder MATCH auf ihrem Computer zur Verfügung haben und auch auf die Funktionen MID$, LEFT$ und RIGHT$ verzichten müssen, können nur nach dem „ganzen" Eintrag suchen lassen. Folgende Änderungen sind notwendig:

```
7160 IF N$(I) < > F$ THEN 7370
• • •
7220 IF V$(I) < > F$ THEN 7370
• • •
7260 IF S$(I) < > F$ THEN 7370
• • •
7300 IF R$(I) < > F$ THEN 7370
• • •
7340 IF T$(I) < > F$ THEN 7370
```

Für die etwas Glücklicheren, die wenigstens die `MID$`-Funktion benutzen können, ist nachfolgend ein Ersatz-Unterprogramm angegeben:

```
9000 REM ---------------------------------------
9010 REM Ersatzlösung INSTR
9020 REM Dem Unterprogramm werden die Parameter
9030 REM X1$ als zu durchsuchender String
9040 REM X2$ als Musterstring
9050 REM X3  als Zeichenposition, ab der gesucht
     werden soll,
9060 REM übergeben.
9070 REM Das Unterprogramm liefert die numerische
9080 REM Variable XX, deren ganzzahliger Inhalt
9090 REM die Stelle der ersten Übereinstimmung
     beider
9100 REM Strings bedeutet. Wird keine
     Übereinstimmung
9110 REM gefunden, enthält XX den Wert 0
9120 REM ---------------------------------------
9130 IF X3 > LEN (X1$) THEN 9170
9140 FOR XX = X3 TO LEN (X1$)
9150    IF MID$ (X1$,XX,LEN(X2$)) = X2$ THEN 9180
9160 NEXT XX
9170 XX = 0
9180 RETURN
```

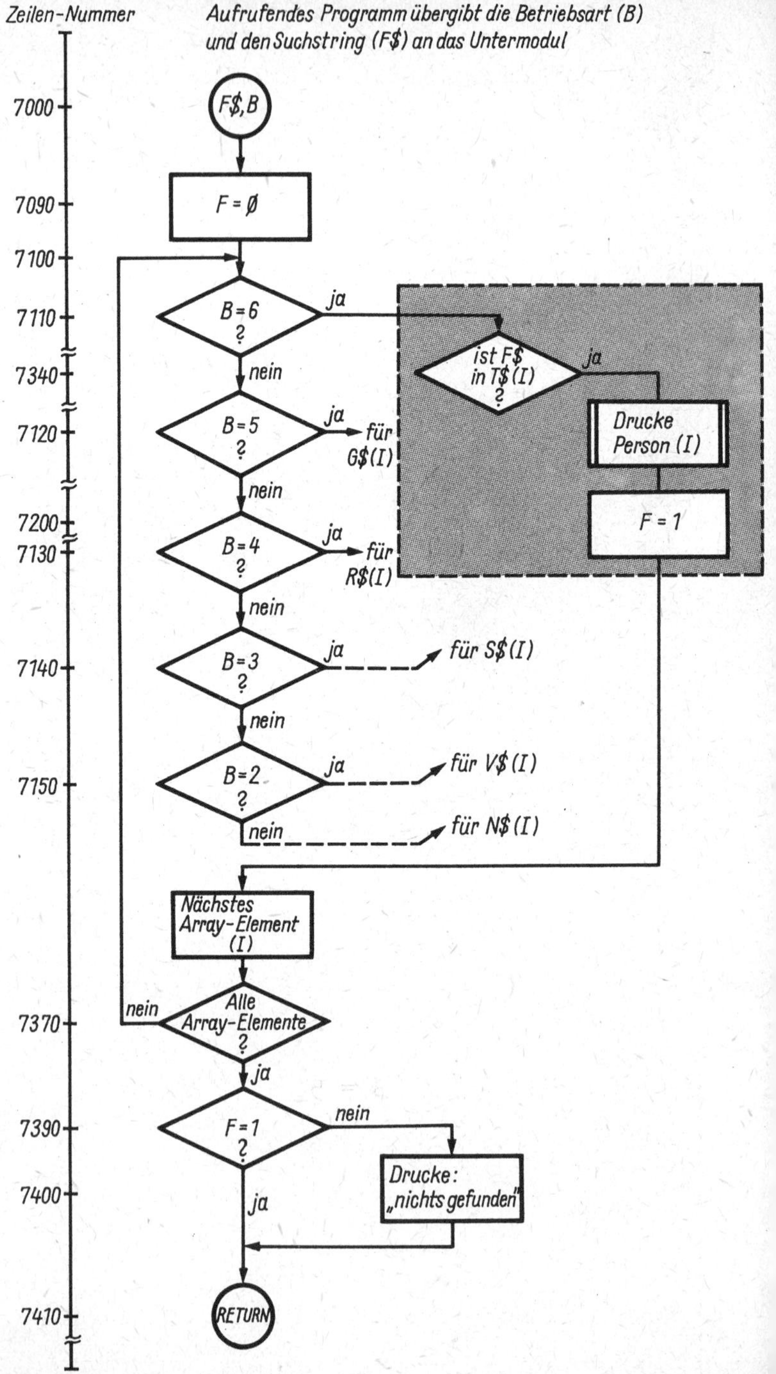
Zeilen-Nummer
Aufrufendes Programm übergibt die Betriebsart (B) und den Suchstring (F$) an das Untermodul
7000
7090
7100
7110
7340
7120
7200
7130
7140
7150
7370
7390
7400
7410
F$,B
F = Ø
B=6 ?
ja
nein
ist F$ in T$(I) ?
Drucke Person (I)
F = 1
B=5 ?
für G$(I)
B=4 ?
für R$(I)
B=3 ?
für S$(I)
B=2 ?
für V$(I)
für N$(I)
Nächstes Array-Element (I)
Alle Array-Elemente ?
F=1 ?
Drucke: „nichts gefunden"
RETURN

Ist die Person dargestellt worden, so merken wir uns über eine weitere Variable F, daß wir „fündig" geworden sind, indem wir F den Wert 1 zuweisen. Anschließend wird weiter gesucht, da es durchaus möglich ist, daß wir nach allen Personen suchen wollen, die in Berlin leben, und diese wollen wir auch alle angezeigt bekommen (in unserem Beispiel sind das Herr Schulz und Frau Hoffmann).
Was aber, wenn wir gar nichts gefunden haben? Dann wird die Variable F wirksam, die ja auf Zeile 7090, also bevor die Suche beginnt, auf den Wert 0 gesetzt wurde. Da sie nie verändert wurde, fällt sie durch den Test auf Zeile 7390, und die Mitteilung auf Zeile 7400 wird ausgegeben. In jedem Fall aber wird das Untermodul auf Zeile 7410 verlassen. (Vgl. Bild S. 68)
Versuchen Sie, wiederum alle bis hierher implementierten Arbeitsweisen durch Starten des Programms zu testen. Bis auf die Betriebsart 2 („alphabetische Ausgabe") sollte das Programm funktionieren.

Der Betriebsart 2 wollen wir uns abschließend zuwenden. Hier müssen wir nach einem geeigneten Sortieralgorithmus suchen, denn die Ausgabe auf dem Bildschirm nimmt uns das sechste Untermodul bereits ab.
Den Sortieralgorithmus schreiben wir in einer zwar umständlichen (deshalb langsamen) jedoch leicht verständlichen Art und Weise.

```
4170 IF B = 1 THEN 4580
4180 F$ = "zzzzzz"
4190 FOR J = 1 TO P
4200 FOR I = 1 TO P
4210 IF B = 2 THEN 4370
4220 IF B = 3 THEN 4330
4230 IF B = 4 THEN 4290
4240 REM es bleibt B = 5
4250 IF R$(I) = "0" THEN 4400
4260 IF F$ > R$(I) THEN F$ = R$(I)
4270 IF F$ = R$(I) THEN F = I
4280 GOTO 4380
4290 IF S$(I) = "0" THEN 4400
```

```
4300 IF F$ > S$(I) THEN F$ = S$(I)
4310 IF F$ = S$(I) THEN F = I
4320 GOTO 4380
4330 IF V$(I) = "0" THEN 4400
4340 IF F$ > V$(I) THEN F$ = V$(I)
4350 IF F$ = V$(I) THEN F = I
4360 GOTO 4380
4370 IF N$(I) = "0" THEN 4400
4380 IF F$ > N$(I) THEN F$ = N$(I)
4390 IF F$ = N$(I) THEN F = I
4400 NEXT I
4410 REM Ausgabe des momentan kleinsten Eintrages
4420 I = F
4430 GOSUB 6000
4440 REM Loeschen des momentan kleinsten
     Eintrages
4450 IF B = 2 THEN N$(I) = "0"
4460 IF B = 3 THEN V$(I) = "0"
4470 IF B = 4 THEN S$(I) = "0"
4480 IF B = 5 THEN R$(I) = "0"
4490 F$ = "zzzzzz"
4500 NEXT J
4510 REM Neuladen der Arrays, da zerstoert
4520 RESTORE
```

```
4530 READ P

4540 FOR I = 1 TO P

4550 READ N$(I), V$(I), P$(I), S$(I), R$(I),
     H$(I)

4560 READ T$(I), G$(I)

4570 NEXT I

4580 RETURN
```

Das Prinzip ist einfach. Wir vergleichen den jeweiligen Array-Inhalt, dessen Feldelement wir mit der Indexvariablen I selektieren, daraufhin, ob dieser kleiner (also im Alphabet niedriger) als eine gegebene Vergleichsvariable (hier: Stringvariable F$) ist (Zeilen 4260, 4300, 4340, 4380). Ist das der Fall, wird der jeweils gefundene „kleinste" Eintrag durch die Variable F gemerkt (Zeilen 4270, 4310, 4350, 4390) und dieser nach dem Durchmustern aller Einträge des betreffenden Arrays vermittels des sechsten Untermoduls (siehe dort) ausgegeben (Zeilen 4420, 4430).

Vergleich zweier Stringvariablen

Damit wir beim nächsten Suchdurchlauf (FOR J = 1 TO P) nicht wiederum denselben Eintrag identifizieren können, wird eine einmal ausgegebene Person in ihrem betreffenden Arrayelement auf „0" gesetzt (Zeilen 4450 bis 4480). Wird beim nächsten Suchvorgang eine 0 gefunden, wird dieser Eintrag übergangen (Zeilen 4250, 4290, 4330, 4370). Die Vergleichsvariable F$ wird auf den größten alphabetisch zu erwartenden Wert gesetzt (Zeilen 4180, 4490), damit beim Vergleich stets der kleinste alphabetische Wert ermittelt wird.

Es handelt sich hier um eine logische Operation des Vergleichs zweier Stringvariablen, der des Vergleichsstrings F$ und des jeweiligen Elementes des Stringarrays.

Die Zeilen 4210 bis 4240 bzw. 4450 bis 4480 selektieren je nach gewähltem Untermenü das zu durchmusternde Stringarray heraus. Die Zeilen 4190 bis 4500 bilden zwei ineinander verschachtelte Programmschleifen, wobei die der Zeilen 4190 bzw. 4500 die äußere und die der Zeilen 4200 bzw. 4400 die innere Schleife darstellen. Wie schon oben angeführt, sucht die innere Schleife den momentan kleinsten Eintrag des betreffenden Arrays, während die äußere Schleife die Ausgabe und anschließende Löschung dieses Eintrages organisiert sowie die Suche über alle Einträge unseres Adreßbuches ausdehnt.

Die Zeilen 4510 bis 4570 haben eine sehr wichtige Funktion: Sie bewirken das Neueinlesen der DATA-Konstanten in die jeweiligen Arrays, da diese ja

durch das „Streichen" der Einträge (Zeilen 4450 bis 4480) zerstört werden. Das Untermodul wird auf Zeile 4500 verlassen.
Damit ist unser Programm komplett. Sie finden es auch in einer vollständigen Form im Kapitel 6 unter der Bezeichnung „Organisation" wieder.
Vergessen Sie abschließend nicht, Ihre Liste der Variablenbezeichner zu aktualisieren (Tabellen 5 und 6).

Tabelle 5

Array-Name	Typ	Inhalt
N$	String	Name
V$	String	Vorname
P$	String	Postleitzahl
S$	String	Ort
R$	String	Straße
H$	String	Hausnummer
T$	String	Tel.-Nr.
G$	String	Geburtstag

Tabelle 6

Variable	Typ	Inhalt
P	numerisch	Personenzahl der DATA-Liste
B	numerisch	Wahl der Betriebsart
BE	numerisch	Maximalzahl bei Betriebsart
I, J	numerisch	Indexvariable für verschiedene Anwendungen
F$	String	Suchstring zum Vergleich
F	numerisch	Merker, ob gefunden (1) oder nicht (0)
D$	String	Dummy-Variable
Q$	String	Dialogstring bei Sucheingabe
XX	numerisch	Indizes bei Vergleich und Suche

3.3. Testung des Programms

Wie aus den vorangegangenen Abschnitten deutlich wurde, ist schon das Editieren eines Programms mit wesentlichen Testungen verbunden. Die Zweckmäßigkeit eines solchen Vorgehens ergibt sich aus der Tatsache, daß es kaum sinnvoll ist, ein Programm weiter editieren zu wollen, wenn es noch nicht einmal bis zu einem bestimmten Reifegrad funktionsfähig ist.

- Schreiben Sie so viele Kommentare wie nötig! Denken Sie immer daran, daß auch andere das Programm verstehen müssen!
- Schreiben Sie nach Möglichkeit modular, wobei Sie darauf achten sollten, daß jedes Modul für sich lauffähig ist!
- Testen Sie die einzelnen schon editierten Programmsegmente stets ab, bevor Sie weiter editieren!
- Arbeiten Sie bei schwierigen Passagen mit den `STOP`- bzw. `CONTINUE`-Optionen ihres BASIC; „tasten" Sie sich schrittweise durch diese Sequenzen!
- Verfolgen Sie die Änderung der Variableninhalte sehr genau! Das Auftreten von unerwarteten Inhalten von Variablen deutet mit ziemlicher Sicherheit auf einen logischen Fehler hin. Hier hilft die aktuelle Liste der Variablenbezeichner sehr.
- Benutzen Sie auch die `TRACE`-Möglichkeiten zum Test!
- Vermeiden Sie strikt den Spaghetti-Code!

Lassen Sie sich von ausbleibenden Fehlermeldungen nicht täuschen. BASIC testet im wesentlichen nur die Syntax Ihrer Befehle. Bei falscher Programmlogik, jedoch richtiger Syntax, wird im wesentlichen ohne Fehlermeldung das Falsche berechnet werden ...

Manche Programme sind so einfach, daß sie offensichtlich keine Fehler enthalten. Manche Programme sind jedoch so kompliziert, daß sie keine offensichtlichen Fehler enthalten ...

Für die Tätigkeit der Fehlersuche und -beseitigung hat sich der Fachausdruck debuggen (deutsch: entwanzen) festgeschrieben.

3.4. Optimierung des Programms

Die Optimierung eines Programms kann entweder aus physischer Sicht erfolgen oder funktional sein. Die Grenzen dabei sind fließend. Jede Optimierung ist darauf gerichtet, das Programm leichter zu handhaben und aussagekräftiger zu nutzen.

Physische Optimierung bedeutet, daß das Programm hinsichtlich Laufzeit und Speicherplatzbedarf sowie Bediensicherheit und -freundlichkeit verbessert wird. Sie trägt somit hauptsächlich quantitativen Charakter.

Funktionale Optimierung zielt auf die Steigerung des Umfanges der durch das Programm abgearbeiteten Alogirthmen und trägt somit hauptsächlich qualitative Momente, die jedoch zwangsläufig auch quantitative Veränderungen nach sich ziehen.

■ Projizieren wir diese Aussagen auf unser Programmbeispiel, so wären folgende Optimierungen denkbar:

Physische Optimierung
• besserer Suchalgorithmus zur alphabetischen Ausgabe; spart Laufzeit [17], [18] • Verwendung des sogenannten „berechneten Sprunges" (`ON B GOTO ...`) statt der mühsamen Abtestung der Betriebsart (`IF B = ...THEN...`); spart Speicherplatz, Laufzeit und ist übersichtlicher (jedoch kein Standard-BASIC) • noch bessere Abtestung der Eingaben, um weitere Fehlbedienungen auszuschließen • Zusammenfassung der einzelnen Stringarrays zu einem gemeinsamen zweidimensionalen Stringarray mit P (wie Personenzahl) Zeilen und acht (Anzahl Daten je Person) Spalten z. B. `DIM` G$ (P, 8). Nach dem Einlesen der Daten in dieses Array bezeichnet beispielsweise bei unserer Reihenfolge das Element G$ (4,2) den zweiten Eintrag der vierten Person, also den Vornamen von Frau Schmidt („Inge"). Der Vorteil dieser Zusammenfassung liegt in der besseren Ansprechbarkeit der Arrayelemente unter einem gemeinsamen Namen G$ (I, J)
Funktionale Optimierung
• Erweiterung der Personendaten um weitere Einträge (z. B. das Verwandtschaftsverhältnis, so daß man alle Tanten suchen lassen kann). Damit einhergehend müssen natürlich neue Arrays gehandhabt werden • Kombination der Suche nach mehreren Eigenschaften gleichzeitig (z. B. alle Meier's, die in Berlin wohnen)

Einteilung der Sprachelemente 4

Nachfolgend soll der Versuch unternommen werden, die Sprachelemente von BASIC in ihrem Sprachraum zu definieren.

Sprachelemente von BASIC

> Unter Sprachelementen sollen alle Sonderzeichen, reservierten Worte, Befehle und Funktionsnamen verstanden werden, sofern sie eigenständige Bedeutung in BASIC besitzen.

Sprachraum von BASIC

> Unter dem Sprachraum soll die Gesamtheit aller in einer BASIC-Implementierung vorhandenen Sprachelemente – also das konkrete Vokabular – verstanden werden.
> Dieser Sprachraum wird – internationalen Gepflogenheiten folgend – in drei hauptsächliche Gruppen aufgeteilt:
> - Tiny-BASIC
> - Standard-BASIC und
> - Extended BASIC.

Tiny-BASIC

Tiny-BASIC ist, wie sein Name sagt, nur ein winziger Teil (englisch: tiny) von BASIC, eine Teilmenge der Programmiersprache sozusagen. Das heißt in den meisten Fällen, daß eine Gleitkomma-Arithmetik fehlt und auch leistungsfähige Befehle zur Stringverarbeitung. Dafür bietet Tiny-BASIC den Vorteil des geringen Speicherplatzbedarfes und der kurzen Abarbeitungszeit von BASIC-Programmen. Es ist daher vorzugsweise in Minimalsystemen, bei regelungstechnischen Aufgaben oder in Billigprodukten anzuwenden.

Standard-BASIC

Unter Standard-BASIC soll nachfolgend die Menge aller von ANSI (**A**merican **N**ational **S**tandards **I**nstitute) im Jahre 1978 als Standardmenge definierter Sprachelemente verstanden werden. Nicht berücksichtigt sind die in den Publikationen [1], [2] getroffenen Aussagen. Wir wollen davon ausgehen, daß ein in Standard-BASIC geschriebenes Programm ohne Probleme von anderen BASIC-Computern verstanden und verarbeitet wird.

→ 4

Extended BASIC

Die in den letzten Jahren wohl verbreitetste Implementierungsform von BASIC ist das Extended BASIC. Damit sind alle bekannten BASIC-Befehle angesprochen, auch wenn sie weit über das Standard-Niveau hinausreichen. Hier sind auch alle Stilblüten und Sprachentgleisungen anzutreffen, mit denen die Sprache BASIC nun mittlerweile zu kämpfen hat.

Hauptsächliche Unterschiede der Sprachräume

Sprachraum	Anzahl der Befehle (gleichzeitig in einem Gerät)	Möglicher Zahlenbereich	Relativer Faktor des Speicherbedarfs
Tiny	30…50	−32 000 <= X <= + 32 000 integer	1
Standard	60…70	− 1E32 < = X <= 1E+32 real	4
Extended	100…200	− 1E32 < = X <= − 1E+32 real	16

Einteilung der Sprachelemente

Der Autor hat sich bemüht, aus etwa 500 bekannten BASIC-Sprachelementen eine sinnvolle Auswahl zu treffen. Nicht berücksichtigt wurden vor allem Exoten und stark modellabhängige Befehle (Grafik, Diskettenarbeit, Spielknüppel, Soundbefehle usw.).
Die nachfolgende Auswahl und Einteilung wurde von der Absicht bestimmt, Ihnen eine Starthilfe für das Programmieren in die Hand zu geben.
Grundsätzlich ist es jedoch notwendig, sich in der Bedienungsanleitung zum Computermodell darüber zu informieren, welche Sprachelemente mit welchen Funktionen und Anwendungen implementiert sind. Es stehen Ihnen selbstverständlich bei einem Modell nicht alle hier genannten Sprachelemente zur Verfügung …
Eine Einteilung der Sprachelemente gibt dem noch Ungeübten, jedoch schon disziplinierten Programmierer eine große Unterstützung bei der Formulierung seines Programms.

■ Wird eine ständig wiederkehrende Handlung bis zu einem bestimmten Abbruchkriterium vorgenommen, so nennt man das eine Programmschleife. Der Ungeübte, der noch nicht alle Variationen der Programmschleifen im

Kopf hat, findet unter dem Schlagwort „Programmschleifen" (siehe dort) alle in diesem Buch angeführten Varianten von Programmschleifen „im Angebot". Anschließend kann er im alphabetischen Verweis der Sprachelemente (Kapitel 5) nachschlagen und sich die für seinen Zweck günstigste Befehlsfolge heraussuchen.
Das klappt jedoch nur bei disziplinierten Programmierern. Anfänger neigen leider dazu, nach ersten Anfangserfolgen einfach „drauflos" zu programmieren und vielleicht statt einer Programmschleife einfach mit `IF- THEN`-Anweisungen, also Programmverzweigungen, zu arbeiten. Dann entstehen herrliche Spaghetticodes ...
Die tabellarische Gliederung der Sprachelemente erfolgt gemäß ihrer Funktion innerhalb des Programms. Es wurde die folgende Einteilung vorgenommen (siehe S. 77 bis 86):

- Deklarationen und Bezeichner
- Programmeingabe
- Programmabarbeitung
- Programmtest und Fehlerbehandlung
- Speichern und Laden von Programmen
- Dateiarbeit
- Eingabe von Daten
- Ausgabe von Daten (unformatiert und formatiert)
- Grafik und Bildschirmsteuerung
- Operationen (mathematisch, relational, logisch und zuweisend)
- Arrays und Matrizen
- Funktionen (mathematisch, stringverarbeitend, anwenderorientiert)
- Programmverzweigungen
- Unterprogrammtechnik
- Programmschleifen
- Zugriffe auf die Maschinenebene
- Sonstiges

Deklarationen und Bezeichner

Name	Tiny	Standard	Extended
"	ja	ja	ja
$	ja	ja	ja
.	ja	ja	ja
CDBL	nein	nein	ja
COMMON	nein	nein	ja
DEFDBL	nein	nein	ja
DEFINT	nein	nein	ja
DEFSNG	nein	nein	ja
DEFSTR	nein	nein	ja
E	nein	ja	ja

Programmeingabe

Name	Tiny	Standard	Extended
AUTO	nein	nein	ja
COPY	nein	nein	ja
DELETE	nein	nein	ja
EDIT	nein	nein	ja
LIST	ja	ja	ja
LLIST	nein	nein	ja
MAN	nein	nein	ja
NEW	ja	ja	ja
RENUMBER	nein	nein	ja
SCRATCH	nein	nein	ja

Programmabarbeitung

Name	Tiny	Standard	Extended
'	nein	nein	ja
:	ja	ja	ja
END	ja	ja	ja
REM	ja	ja	ja
RUN	ja	ja	ja
SLEEP	nein	nein	ja

Programmtest und Fehlerbehandlung

Name	Tiny	Standard	Extended
BREAK	nein	nein	ja
CONT	nein	nein	ja
ERL	nein	nein	ja
ERR	nein	nein	ja
ERROR	nein	nein	ja
FLOW	nein	nein	ja
NOFLOW	nein	nein	ja
NOTRACE	nein	nein	ja
STOP	ja	nein	ja
TRACE	nein	nein	ja
TRACE OFF	nein	nein	ja
TRACE ON	nein	nein	ja
TROFF	nein	nein	ja
TRON	nein	nein	ja

Speichern und Laden von Programmen

Name	Tiny	Standard	Extended
APPEND	nein	nein	ja
CHAIN	nein	nein	ja
CLOAD	nein	nein	ja
CSAVE	nein	nein	ja
LOAD	nein	nein	ja
MERGE	nein	nein	ja
RECALL	nein	nein	ja
SAVE	nein	nein	ja
SKIPF	nein	nein	ja
STORE	nein	nein	ja
TAPPEND	nein	nein	ja
TLOAD	nein	nein	ja
TSAVE	nein	nein	ja

Eingabe von Daten

Name	Tiny	Standard	Extended
DATA	nein	ja	ja
GET	nein	nein	ja
INKEY$	nein	nein	ja
INP	nein	nein	ja
INPUT	ja	ja	ja
INPUT$	nein	nein	ja
INPUT1	nein	nein	ja
INPUTLINE	nein	nein	ja
LINE INPUT	nein	nein	ja
PDL	nein	nein	ja
PIN	nein	nein	ja
READ	nein	ja	ja
RESTORE	nein	ja	ja

Ausgabe von Daten (unformatiert)

Name	Tiny	Standard	Extended
?	ja	ja	ja
LPRINT	nein	nein	ja
OUT	nein	nein	ja
PRINT	ja	ja	ja
WRITE	nein	nein	ja

Ausgabe von Daten (formatiert)

Name	Tiny	Standard	Extended
,	ja	ja	ja
;	ja	ja	ja
IMAGE	nein	nein	ja
LIN	nein	nein	ja
LPOS	nein	nein	ja
LPRINT USING	nein	nein	ja
LWIDTH	nein	nein	ja
POS	nein	nein	ja
PRECISION	nein	nein	ja
PRINT AT	nein	nein	ja
PRINT USING	nein	nein	ja
TAB	ja	ja	ja

Dateiarbeit

Name	Tiny	Standard	Extended
CLEAR	nein	nein	ja
CLOSE	nein	nein	ja
EOF	nein	nein	ja
FIELD	nein	nein	ja
FILES	nein	nein	ja
INPUT#	nein	nein	ja
KILL	nein	nein	ja
LOC	nein	nein	ja
LOF	nein	nein	ja
LSET	nein	nein	ja
NAME	nein	nein	ja
OPEN	nein	nein	ja
PRINT#	nein	nein	ja
PRINT# USING	nein	nein	ja
RSET	nein	nein	ja

Grafik und Bildschirmsteuerung

Name	Tiny	Standard	Extended
@	nein	nein	ja
AT	nein	nein	ja
CLRDOT	nein	nein	ja
CLS	nein	nein	ja
COLOR	nein	nein	ja
CUR	nein	nein	ja
DOT	nein	nein	ja
DRAW	nein	nein	ja
FLASH	nein	nein	ja
GR	nein	nein	ja
HLIN-AT	nein	nein	ja
HOME	nein	nein	ja
INVERSE	nein	nein	ja
NORMAL	nein	nein	ja
PLOT	nein	nein	ja
POINT	nein	nein	ja
RESET	nein	nein	ja
SCRN	nein	nein	ja
SET	nein	nein	ja
SETDOT	nein	nein	ja
TEXT	nein	nein	ja
VLIN-AT	nein	nein	ja
VTAB	nein	nein	ja
WIDTH	nein	nein	ja

Operationen (mathematisch)

Name	Tiny	Standard	Extended
*	ja	ja	ja
+	ja	ja	ja
−	ja	ja	ja
/	ja	ja	ja
\	nein	nein	ja
∧	nein	ja	ja
MOD	nein	nein	ja

Operationen (relational)

Name	Tiny	Standard	Extended
<	ja	ja	ja
<=	ja	ja	ja
<>	ja	ja	ja
>	ja	ja	ja
>=	ja	ja	ja
EQ	nein	nein	ja
GE	nein	nein	ja
GT	nein	nein	ja
LE	nein	nein	ja
LT	nein	nein	ja
MAX	nein	nein	ja
MIN	nein	nein	ja
NE	nein	nein	ja

Operationen (logisch)

Name	Tiny	Standard	Extended
AND	nein	nein	ja
EQV	nein	nein	ja
IMP	nein	nein	ja
NOT	nein	nein	ja
OR	nein	nein	ja
XOR	nein	nein	ja

Operationen (zuweisend)

Name	Tiny	Standard	Extended
=	ja	ja	ja
EXCHANGE	nein	nein	ja
IF-LET	nein	ja	ja
LET	ja	ja	ja
PI	nein	nein	ja
SWAP	nein	nein	ja

Funktionen (mathematisch)

Name	Tiny	Standard	Extended
ABS	ja	ja	ja
ACS	nein	nein	ja
ASN	nein	nein	ja
ATN	nein	ja	ja
CINT	nein	nein	ja
COS	nein	ja	ja
COSH	nein	nein	ja
CSNG	nein	nein	ja
CVD	nein	nein	ja
CVI	nein	nein	ja
CVS	nein	nein	ja
EXP	nein	ja	ja
FIX	nein	nein	ja
FRAC	nein	nein	ja
INT	nein	ja	ja
LOG	nein	ja	ja
LOG10	nein	nein	ja
RANDOMIZE	nein	ja	ja
RND	ja	ja	ja
SGN	nein	nein	ja
SIN	nein	ja	ja
SINH	nein	nein	ja
SQR	nein	ja	ja
TAN	nein	ja	ja
TANH	nein	nein	ja

Funktionen (anwenderorientiert)

Name	Tiny	Standard	Extended
DEF	nein	ja	ja
DEF FN	nein	ja	ja
FEND	nein	ja	ja
FN	nein	ja	ja
FNEND	nein	ja	ja

→ 4

Funktionen (stringverarbeitend)

Name	Tiny	Standard	Extended
ASC	nein	nein	ja
CHR$	nein	nein	ja
HEX$	nein	nein	ja
INDEX	nein	nein	ja
INSTR	nein	nein	ja
LEFT$	nein	nein	ja
LEN	ja	ja	ja
MATCH	nein	nein	ja
MID$	nein	nein	ja
MKD$	nein	nein	ja
MKI$	nein	nein	ja
MKS$	nein	nein	ja
NUM	nein	nein	ja
NUM$	nein	nein	ja
OCT$	nein	nein	ja
REPEAT$	nein	nein	ja
RIGHT$	nein	nein	ja
SEG$	nein	nein	ja
SPACE$	nein	nein	ja
STR$	nein	nein	ja
STRING$	nein	nein	ja
UCASE$	nein	nein	ja
VAL	nein	nein	ja

Programmverzweigungen

Name	Tiny	Standard	Extended
ELSE	nein	nein	ja
GOTO	ja	ja	ja
GOTO-OF	nein	nein	ja
IF	ja	ja	ja
IF-GOTO	nein	ja	ja
ON	nein	nein	ja
ON-GOTO	nein	nein	ja
THEN	ja	ja	ja

Arrays und Matrizen

Name	Tiny	Standard	Extended
BASE	nein	ja	ja
CHANGE	nein	nein	ja
DET	nein	nein	ja
DIM	nein	ja	ja
ERASE	nein	nein	ja
MAT*	nein	nein	ja
MAT+	nein	nein	ja
MAT−	nein	nein	ja
MAT=	nein	nein	ja
MAT CON	nein	nein	ja
MAT IDN	nein	nein	ja
MAT INPUT	nein	nein	ja
MAT INV	nein	nein	ja
MAT PRINT	nein	nein	ja
MAT READ	nein	nein	ja
MAT TRN	nein	nein	ja
MAT ZER	nein	nein	ja
OPTION BASE	nein	ja	ja

Zugriffe auf die Maschinenebene

Name	Tiny	Standard	Extended
CALL	ja	ja	ja
DEEK	nein	nein	ja
DEF USR	nein	nein	ja
DOKE	nein	nein	ja
EXAM	nein	nein	ja
FETCH	nein	nein	ja
FILL	nein	nein	ja
PEEK	ja	nein	ja
POKE	ja	nein	ja
SADD	nein	nein	ja
STUFF	nein	nein	ja
SYSTEM	nein	nein	ja
USR	nein	nein	ja
VARPTR	nein	nein	ja
WAIT	nein	nein	ja

→ 4

Unterprogrammtechnik

Name	Tiny	Standard	Extended
GOSUB	ja	ja	ja
GOSUB-OF	nein	nein	ja
ON-GOSUB	nein	nein	ja
POP	nein	nein	ja
RETURN	ja	ja	ja

Programmschleifen

Name	Tiny	Standard	Extended
EXIT	nein	nein	ja
FOR	ja	ja	ja
NEXT	ja	ja	ja
STEP	ja	ja	ja
UNTIL	nein	nein	ja
WEND	nein	nein	ja
WHILE	nein	nein	ja

Sonstiges

Name	Tiny	Standard	Extended
BYE	ja	ja	ja
DEG	nein	nein	ja
FRE	nein	nein	ja
FRE$	nein	nein	ja
GRAD	nein	nein	ja
MEM	nein	nein	ja
NULL	nein	nein	ja
PAUSE	nein	nein	ja
RAD	nein	nein	ja
TIME	nein	nein	ja
TIME$	nein	nein	ja
TOP	nein	nein	ja

Alphabetischer Verweis der BASIC-Befehle

5

@ (Funktion)

Die Funktion @ (sprich: aet) wird als Abkürzung der Funktion `AT` (siehe dort) verwendet.

Hinweis: Das Zeichen @ wird unkonventionell auch als „Klammeraffe" bezeichnet.

`ABS` (Funktion)

Die Funktion `ABS` ermittelt den Absolutbetrag einer Zahl, eines Ausdrukkes oder einer numerischen Variablen.

```
100 A = ABS(-23)
```

ergibt

```
23
```

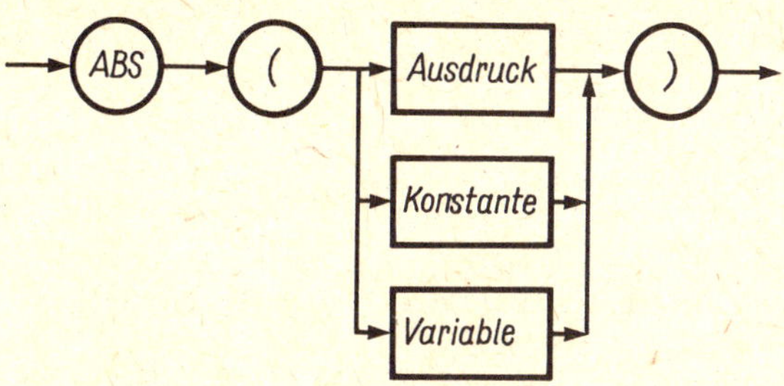

Auch anzutreffende Schreibweise
`A.`

ACS (Funktion)

Die Funktion ACS ermittelt den Arcuscosinus einer Zahl, eines Ausdrukkes oder einer numerischen Variablen. Die Berechnung erfolgt in Bogenmaß, falls nicht anders vereinbart (siehe DEG bzw. RAD).

```
100 A = ACS(0)
```

ergibt

```
1.5708
```

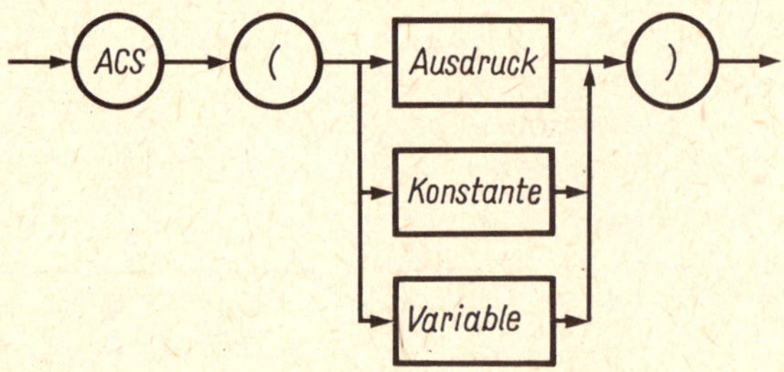

Auch anzutreffende Schreibweise
AC.
ARCOS.

AND (Logischer Operator)

Der logische Operator AND führt eine UND-Verknüpfung von zwei Operanden durch.

```
IF A = 3 AND C = 5
```

Die Bedingung ist wahr, wenn A = 3 UND C = 5 ist, ansonsten gilt sie al nicht erfüllt.
Der Operator AND kann auch dazu benutzt werden, um eine binäre UND Operation durchzuführen.
Bei A = 3 und C = 5 als gegebene Werte erhält
B = A AND C

den Wert 1, da

```
    101 (5)
AND 011 (3)
    001 (1) wird.
```

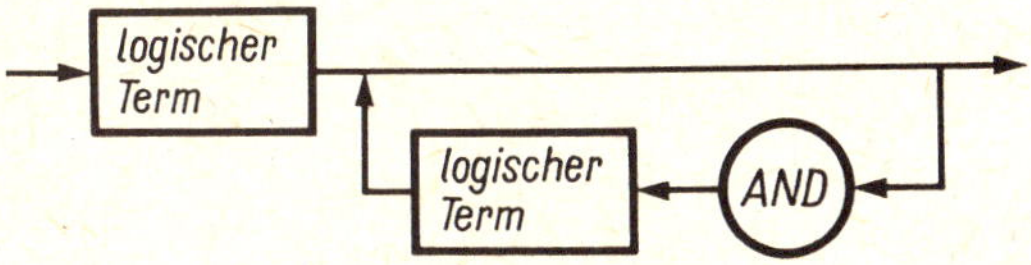

Auch anzutreffende Schreibweise
A.

APPEND (Befehl)

Der Befehl APPEND lädt ein Programm vom externen Massenspeicher und fügt es zu dem vorhandenen Programm hinzu.

Hinweis: Dieser Befehl ist ein „Exote". Es wird deshalb an dieser Stelle kein Syntaxdiagramm gegeben. Informieren Sie sich über seine Funktion und Anwendung!

```
APPEND PROXI
```

lädt das Programm mit Namen PROXI und fügt es an das schon existierende Programm an.
Auch anzutreffende Schreibweise
siehe MERGE
siehe CHAIN

ASC (Funktion)

Die Funktion ASC ergibt den dezimalen Wert des als Argument gegebenen Zeichens aus der ASCII-Tabelle (siehe 3. Umschlagseite). Das Argument muß vom Datentyp String sein.

```
100 C = ASC("A")
```

ergibt

```
65
```

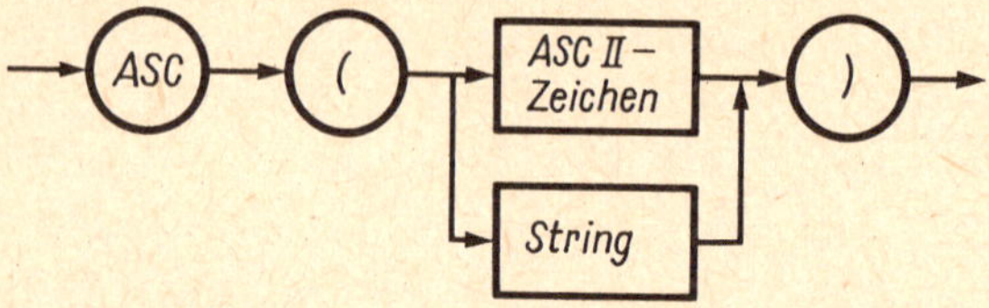

Hinweis: Ist als Argument ein String gegeben, so wird nur der Funktionswert des ersten, linksstehenden Zeichens des Strings ermittelt.

■

```
C = ASC("Tante Anna")
```

ergibt den Wert

```
84
```

Auch anzutreffende Schreibweise
ASCII

ASN (Funktion)

Die Funktion ASN ermittelt den Arcussinus einer Zahl, eines Ausdruckes oder einer numerischen Variablen. Die Angabe erfolgt in Bogenmaß.

■

```
1ØØ A = ASN(Ø.5)
```

ergibt

```
Ø.52359
```

Auch anzutreffende Schreibweise
AS.
ARCSIN

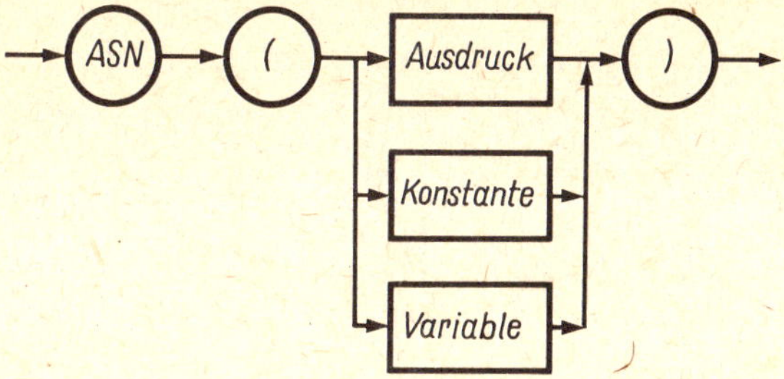

AT (Befehl)

Der Befehl AT positioniert den Kursor auf die spezifizierte Zeichenposition.

Hinweis: Die normale Zählweise beginnt mit Null. Der Befehl AT wird normalerweise immer mit dem Befehl PRINT (siehe dort) gegeben. Manche Computer verlangen bei dem Befehl AT zwei Argumente (X, Y-Position; siehe S. 248ff.).

```
100 PRINT AT 61, "Tante Anna"
110 PRINT AT 5, "Onkel Otto"
```

Ergibt bei einem Bildschirm mit 40 Zeichen je Zeile

```
     Onkel Otto
                     Tante Anna
```

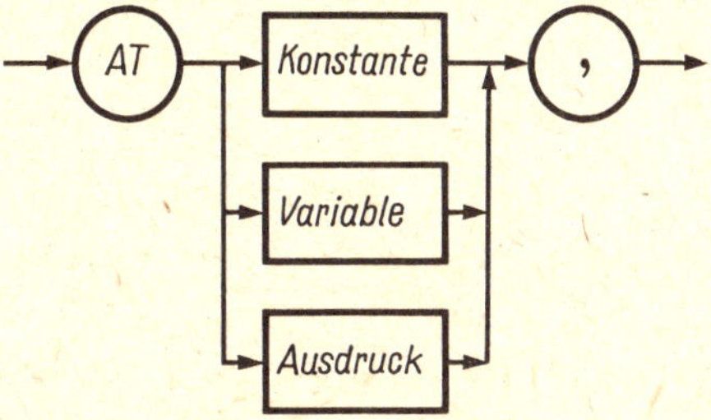

Auch anzutreffende Schreibweise
A.
siehe @

→ 5/A

ATN (Funktion)

Die Funktion ATN ermittelt den Arcustangens einer Zahl, eines Ausdrukkes oder einer numerischen Variablen. Die Angabe erfolgt in Bogenmaß.

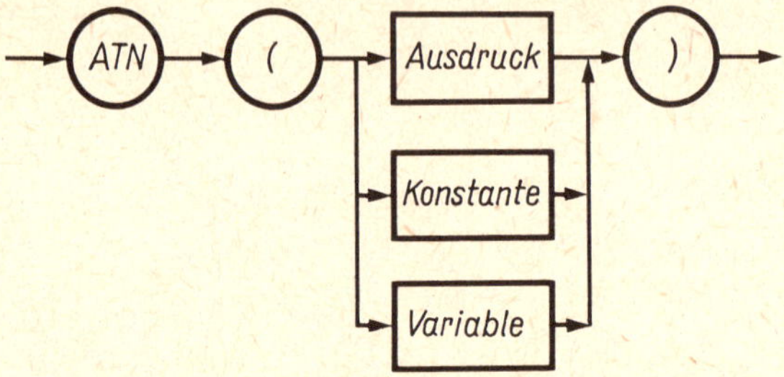

Auch anzutreffende Schreibweise
ATAN
ARCTAN

AUTO (Befehl)

Der Befehl AUTO, welcher nur in der Direkt-Mode (siehe dort) gegeben werden kann, generiert beim Programmieren AUTOmatisch die Zeilennummern.

Hinweis: Dieser Befehl ist implementierungsabhängig. Informieren Sie sich über seine Funktion und Anwendung! Das Syntaxdiagramm stellt nur eine mögliche Implementierung dar, die nicht ungeprüft verallgemeinert werden darf.

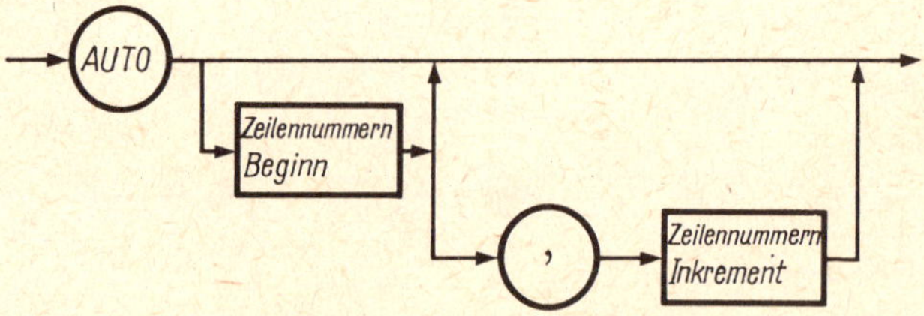


```
AUTO
```

generiert ab Zeile 10 mit Increment (Schrittweite) 10

```
AUTO 1ØØ
```

generiert ab Zeile 10 mit Increment 10

```
AUTO 1ØØ,3
```

generiert ab Zeile 100 mit Increment 3

BASE (Befehl)

Der Befehl BASE definiert je nach gegebener Spezifikation den Index des niedrigsten Elements eines Arrays in der Zählweise mit 0 oder 1 beginnend.

```
1ØØ BASE Ø
11Ø DIM A(5)
```

Zeile 100 definiert das Array A als ein Array mit 6 Elementen A(0) bis A(5).

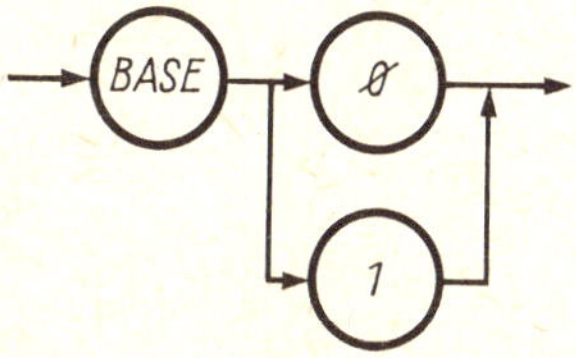

Auch anzutreffende Schreibweise
siehe OPTION BASE

BREAK (Befehl)

Der Befehl BREAK unterbricht die Programmabarbeitung bei den gegebenen Zeilennummern.

Hinweis: Dieser Befehl ist implementierungsabhängig. Informieren Sie sich über seine Funktion und Anwendung! Das Syntaxdiagramm stellt nur eine mögliche Implementierung dar, die nicht ungeprüft verallgemeinert werden darf.

```
1ØØ BREAK 13Ø, 14Ø, 18Ø–2ØØ
```

unterbricht jeweils bei Zeile 130, Zeile 140 und jeder Zeile zwischen 180 und 200 die Programmabarbeitung und geht in die Direkt-Mode (siehe dort) über.

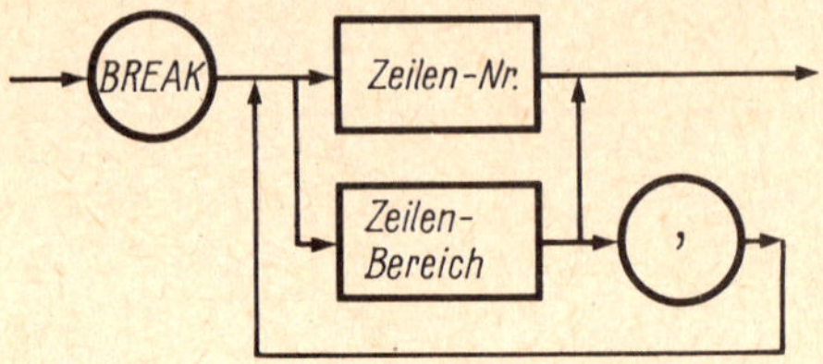

Auch anzutreffende Schreibweise
siehe `STOP`

`BYE` (Befehl)

Der Befehl `BYE` wird gegeben, um BASIC zu verlassen und die Verwaltung dem jeweiligen Betriebssystem des Rechners zu übergeben.

Hinweis: Dieser Befehl ist stark implementierungsabhängig. Informieren Sie sich über seine Funktion und Anwendung! Bei einigen Systemen werden eventuell noch im Speicher befindliche BASIC-Programme bzw. Daten unwiederbringlich zerstört!
Auch anzutreffende Schreibweise
siehe `SYSTEM`
`CTRL- X`

`CALL` (Befehl)

Der Befehl `CALL` übergibt die Programmsteuerung zwecks Programmausführung an die auf der spezifizierten Speicherstelle befindliche Maschinen-Routine. Es können Parameter übergeben werden.

Hinweis: Dieser Befehl ist stark implementierungsabhängig. Das betrifft sowohl die Angabe der „Adresse“ (dezimal, oktal, hexadezimal) als auch Anzahl und Art der Parameterübergabe (Speicher, Stack). Informieren Sie sich über seine Funktion und Anwendung! Das Syntaxdiagramm ist in diesem Fall mehr als ein semantisches Schema und unter Vorbehalt zu lesen.

■
```
1ØØ CALL 24244
```

ruft ein Programm ab Speicherstelle 24244 auf

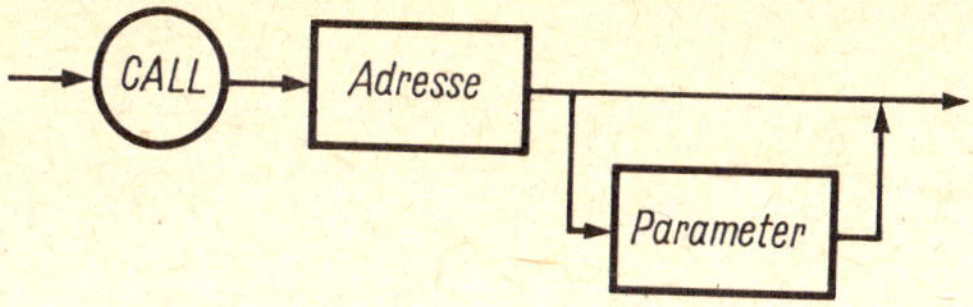

Auch anzutreffende Schreibweise
siehe SCALL
siehe USR

CDBL (Funktion)

Die Funktion CDBL wandelt Zahlen oder Variable aus einer beliebigen Darstellung in eine REAL-Darstellung mit doppelter Genauigkeit um.

Hinweis: Es ist zu beachten, daß die durch CDBL geforderten Zahlen nicht nur eine Pseudogenauigkeit vortäuschen.

```
1ØØ A=3
1ØØ B=2
12Ø C=B/A
13Ø D=CDBL(B)/CDBL(A)
```

in Zeile 120 wird C zu

```
Ø. 666667
```

in Zeile 130 wird D zu

```
Ø. 6666666666666667
```

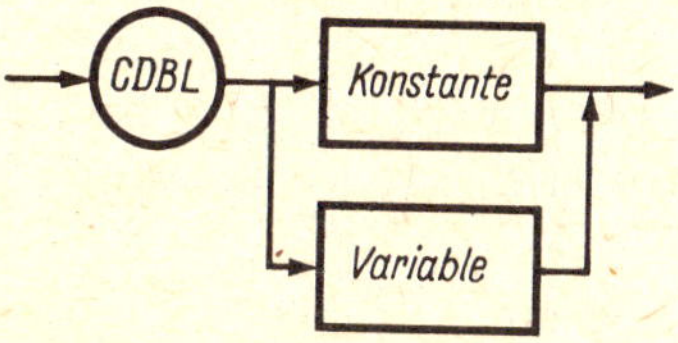

CHAIN (Befehl)

Der Befehl CHAIN lädt ein spezifiziertes Programm vom externen Speicher und läßt es vollständig ablaufen.

Hinweis: Dieser Befehl ist stark implementierungsabhängig. Informieren Sie sich über seine Funktion und Anwendung. Das Syntaxdiagramm stellt daher nur eine mögliche Implementierung dar, die nicht ungeprüft verallgemeinert werden darf.

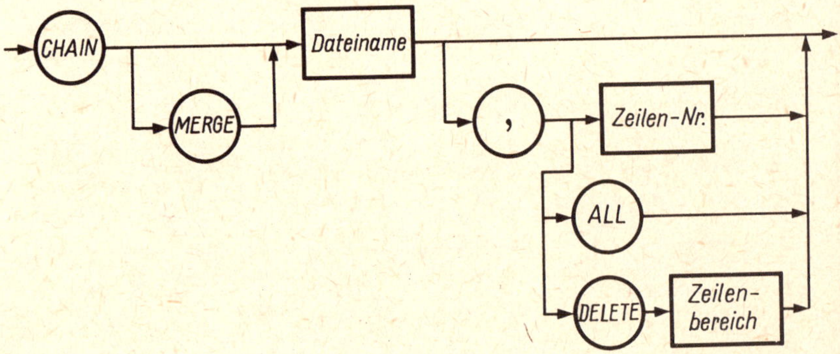

■

```
1ØØØ CHAIN "PROGR1"
```

Ein Programm mit Namen „PROGR1" wird geladen und an seiner niedrigsten Zeilennummer gestartet. Das zuvor im Speicher befindliche Programm wird gelöscht.

■

```
1ØØØ CHAIN "PROGR1",ALL, 1Ø9Ø
```

Ein Programm mit Namen „PROGR1" wird geladen und ab Zeile 1090 gestartet. Das zuvor im Speicher befindliche Programm wird gelöscht, aber alle Variablen werden mit ihrem aktuellen Wert dem neuen Programm übergeben. Sollen nur bestimmte Variablen übergeben werden, so müssen diese mit COMMON (siehe dort) vordefiniert werden.

■

```
1ØØØ CHAIN MERGE "PROGR1",2ØØØ,DELETE 1ØØØ-5ØØØ
```

In dem im Arbeitsspeicher befindlichen Programm werden die Zeilen 10C

bis 5000 gelöscht. Dann wird ein Programm mit dem Namen „PROGR1" überlagert, welches ab Zeile 2000 gestartet wird. Es werden nur die vordefinierten COMMON-Variablen übergeben.
Auch anzutreffende Schreibweise
siehe CLOAD

CHANGE (Befehl)

Der Befehl CHANGE konvertiert einen gegebenen String in die entsprechenden ASCII-Zahlen und speichert diese in einem Array. Dabei ist die Länge des Strings der Dimension des Arrays äquivalent. Sie wird im Element 0 des Arrays gehalten. Dieser Vorgang ist umkehrbar.

```
1ØØ C$="Tante Anna"
11Ø CHANGE C$ TO C
12Ø FOR I=1 TO C(Ø)
13Ø PRINT C(I);
14Ø NEXT I
15Ø PRINT
16Ø CHANGE C TO C$
17Ø PRINT C$
18Ø END
```

ergibt

```
84 97 11Ø 116 1Ø1 32 65 11Ø 11Ø 97
Tante Anna
```

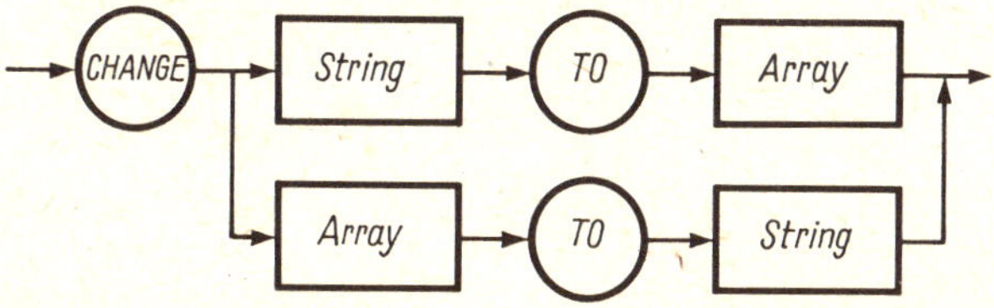

➡ 5/C

Ersatzlösung
Hier bietet sich die Verwendung der Funktionen LEN, ASC, MID$, und CHR$ (siehe dort) an.
Das oben angeführte Beispiel hätte dann folgende Form:

```
100 C$="Tante Anna"
101 A=LEN(C$)
102 DIM C(A)
110 C(0)=A
111 FOR I=1 TO C(0)
112 C(I)=ASC(MID$(C$,I,1))
113 NEXT I
120 FOR I=1 TO C(0)
130 PRINT C(I);
140 NEXT I
150 PRINT
160 C$=""
161 FOR I=1 TO C(0)
162 C$=C$+CHR$(C(I))
163 NEXT I
170 PRINT C$
180 END
```

CHR$ (Funktion)

Die Funktion CHR$ ergibt eine Zeichenkette der Länge eins, deren ASCII-Code durch das Argument gegeben ist. Das Argument darf Werte zwischen 0 und 255 haben.

Hinweis: Die Funktionen CHR$ und ASC können verallgemeinert auch als gegenseitige Umkehrfunktionen verstanden werden.

```
100 FOR I=83 TO 88
110 PRINT CHR$(I),
120 NEXT I
```

ergibt

```
STUVWX
```

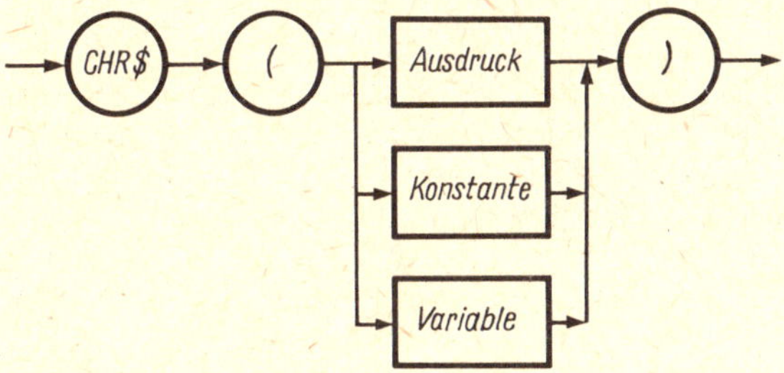

Auch anzutreffende Schreibweise
CHR
CHAR
CHARS

CINT (Funktion)

Die Funktion CINT wandelt ihr Argument in einen Wert vom Typ Integer um.

Hinweis: Einige Computer erlauben bei der Verarbeitung durch die Funktion CINT nur einen Wertebereich von −32768 <= X <= 32767.
Einen erweiterten Wertebereich besitzt in jedem Fall die Funktion INT (siehe dort).

```
100 A=-3.68
110 PRINT CINT(A)
```

→ 5/C

ergibt

```
-4
```

■

```
100 A=3.68
110 PRINT CINT(A)
```

ergibt

```
3
```

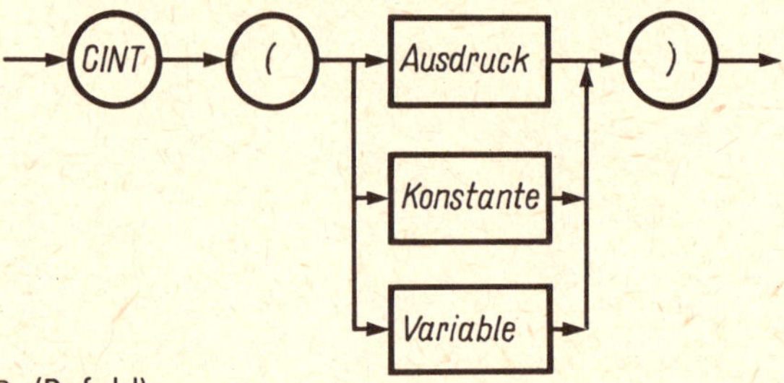

CLEAR (Befehl)

Der Befehl CLEAR setzt alle numerischen Variablen auf Null, weist allen String-Variablen einen Leerstring zu und schließt offene Dateien.

Hinweis: Dieser Befehl ist stark implementierungsabhängig. Informieren Sie sich über seine Funktion und Anwendung! Das Syntaxdiagramm stellt daher nur eine mögliche Implementierung dar, die nicht ungeprüft verallgemeinert werden darf.

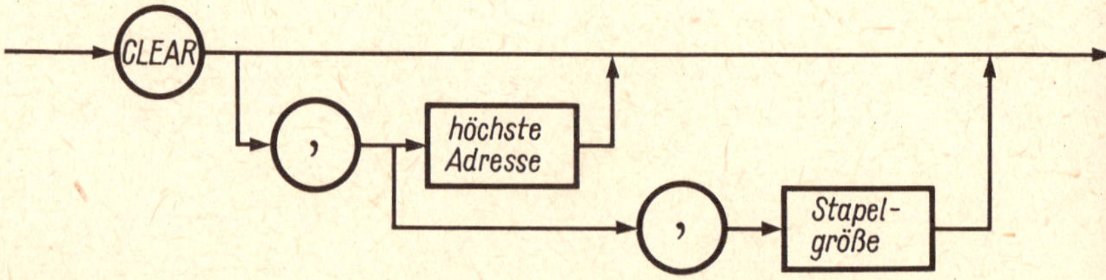

■

```
1000 CLEAR
```

Wirkt ausschließlich wie in der Definition angegeben.

```
1ØØØ CLEAR ,,32ØØØ
```

Wirkt wie in der Definition angegeben. Begrenzt jedoch den für BASIC zur Verfügung stehenden Bereich auf 32000 Byte. Diese Option wird hauptsächlich zum Reservieren von Speicherplatz für Maschinen-Routinen herangezogen.

```
1ØØØ CLEAR,2ØØØ
```

Wirkt wie in der Definition angegeben – mit dem Zusatz, daß die Stapelspeichergröße auf 2000 Byte gesetzt wird. Die Stapelspeichergröße wird normalerweise mit 256 angenommen, sollte jedoch bei extensiven Schleifen bzw. Unterprogrammen sicherheitshalber vergrößert werden.

```
1ØØØ CLEAR,32ØØØ,2ØØØ
```

Ist eine Kombination der letzten beiden Beispiele.
Auch anzutreffende Schreibweise
CLR

CLOAD (Befehl)

Der Befehl CLOAD lädt ein spezifiziertes Programm von der Kassette in den Computer.

Hinweis: Einige Implementierungen führen bei einem nachgestellten Fragezeichen CLOAD? nur einen Vergleich des im Speicher stehenden Programms mit dem auf der Kassette befindlichen durch.

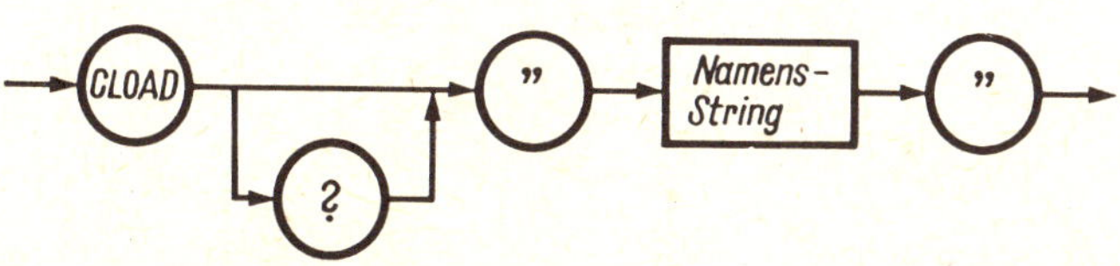


```
1ØØ CLOAD "TEST1"
```

➡ 5/C

lädt das Programm mit dem Namen „TEST1" in den Speicher
Auch anzutreffende Schreibweise
siehe LOAD

CLOSE (Befehl)

Der Befehl CLOSE schließt die zum Bearbeiten eröffneten Dateien ab.

■
```
100 CLOSE # 1
```

Schließt die unter Kanalnummer 1 geöffnete Datei (siehe OPEN) und gibt die Kanalnummer zur Nutzung frei.
Es ist notwendig, sich zu informieren, wie im Einzelfall auf die Dateien zugegriffen werden kann.

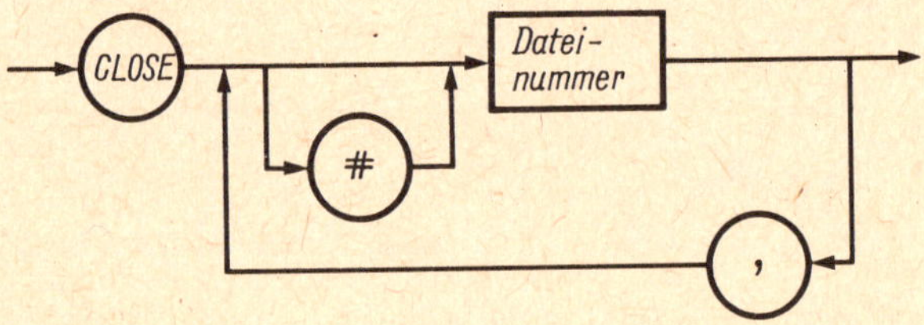

CLRDOT (Befehl)

Der Befehl CLRDOT löscht den durch seine Argumente spezifizierten Bildpunkt in der Grafik-Anwendung.

Hinweis: Die Zählweise in der sogenannten Grafik-Mode ist in fast allen Fällen zu der Zeilen- und Spaltenzählweise in der alphanumerischen Darstellung völlig verschieden. So kann ein Display bei alphanumerischer Darstellung z. B. 18 Zeilen und 40 Spalten „besitzen", die bei der Grafik-Mode in 180 Bildpunkte je Zeile bzw. 280 je Spalte aufgeteilt sind. Es ist notwendig sich über die spezielle Zählweise zu informieren.

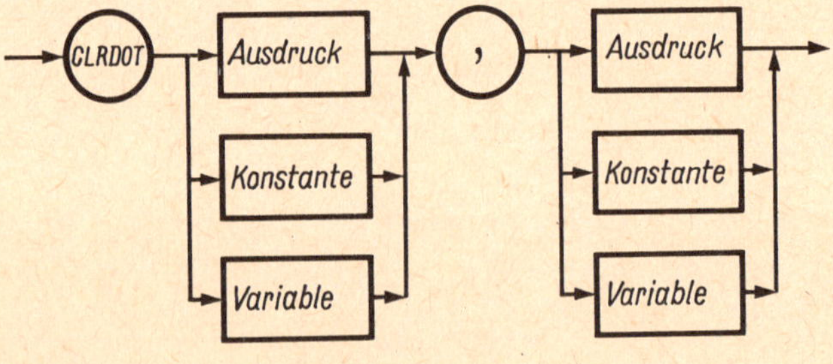

CLS (Befehl)

Der Befehl CLS löscht den gesamten Bildschirm von allen vorhandenen Zeichen und plaziert den Kursor (falls vorhanden) in die linke obere Ausgangsposition.

Hinweis: Einige Computer mit Farbdisplay gestatten im Zusammenhang mit diesem Befehl über die Angabe einer Kennzahl das Einstellen der Hintergrundfarbe.

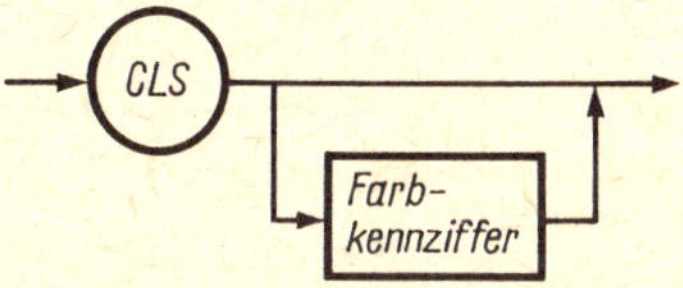

Ersatzlösung
Die Löschung des gesamten Bildschirms kann mit Hilfe des Befehls PRINT erfolgen.

```
1000 REM Zeilenzahl = 24
1010 FOR I=1 TO 24
1020 PRINT
1030 NEXT I
```

Als Nachteil erweist sich, daß der Kursor bzw. die aktuelle Schreibposition sich danach in der linken unteren Ecke des Displays befindet.

COLOR (Befehl)

Der Befehl COLOR stellt die Schreibfarbe entsprechend dem in der Angabe spezifizierten Wert. Die Farbe wird so lange beibehalten, bis ein neuer Befehl COLOR gegeben wird.

Hinweis: Dieser Befehl ist implementierungsabhängig. Informieren Sie sich über seine Funktion und Anwendung! Das Syntaxsystem stellt daher nur eine mögliche Implementierung dar, die nicht ungeprüft verallgemeinert werden darf.

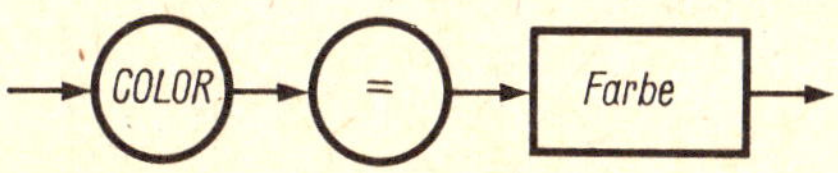

■
```
100 REM Schluessel für gelb = 13
110 COLOR=13
```

Alle weiteren Ausgaben erfolgen in der Farbe gelb.

COMMON (Befehl)

Der Befehl COMMON stellt eine Deklarationsanweisung für Variable dar, die von mehreren Programmen gemeinsam genutzt werden sollen.

■
```
100 COMMON A, B, C$, D()
```

Die numerischen Variablen A, B
der String C$
das Array D( )
werden als COMMON-Variablen deklariert.

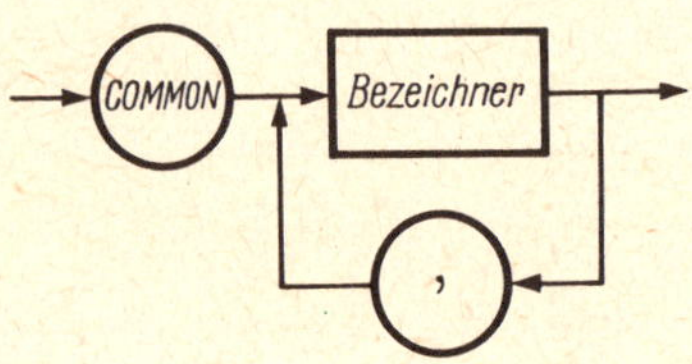

Auch anzutreffende Schreibweise
COM

CONT (Befehl)

Der Befehl CONT startet ein Programm ab der Stelle, an der es entweder durch eine STOP-Anweisung bzw. durch Control C unterbrochen wurde. Die Anweisung CONT ist nur in der Direkt-Mode (siehe dort) statthaft.

Hinweis: Die Anweisung CONT wirkt wie der Befehl GOTO (siehe dort), nu daß das Programm an der unterbrochenen Stelle fortgesetzt wird. Zwische der Programmunterbrechnung und der Anweisung CONT können beliebi viele Direkt-Befehle bzw. Anweisungen gegeben werden. Jedoch darf das Prc gramm selbst nicht verändert werden (z. B. EDIT).
CONT wird bevorzugt in Zusammenarbeit mit dem Befehl STOP (siehe dor zum Programmtest verwendet.

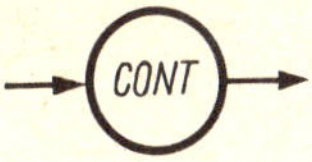

Auch anzutreffende Schreibweise
CONTINUE
CON
CO
C

COPY (Befehl)

Der Befehl COPY kopiert Programmzeilen an die angegebene Stelle und spart dadurch bei häufig wiederkehrenden Sequenzen das wiederholte Eingeben.

Hinweis: Der Befehl COPY ist nur in Direkt-Mode (siehe dort) möglich. Er ist stark implementierungsabhängig. Informieren Sie sich über seine Funktion und Anwendung!

■

```
1ØØ A=3
11Ø PRINT A
```

```
COPY 3ØØ,5=1ØØ-11Ø;
```

kopiert die Sequenz von Zeile 100 bis 110 nach Zeile 300 mit dem Zeilenincrement 5

```
LIST 3ØØ-31Ø
```

ergibt

```
3ØØ A=3
3Ø5 PRINT A
```

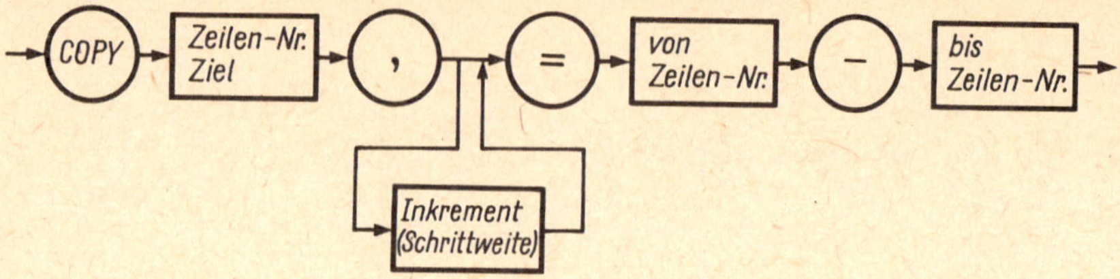

COS (Funktion)

Die Funktion COS ermittelt den Cosinus einer Zahl, eines Ausdruckes oder einer numerischen Variablen. Ihre Angabe erfolgt in Bogenmaß, falls nicht anders vereinbart (siehe DEG bzw. RAD).

■
```
1ØØ C=COS(Ø.5)
```

ergibt

```
Ø.87758
```

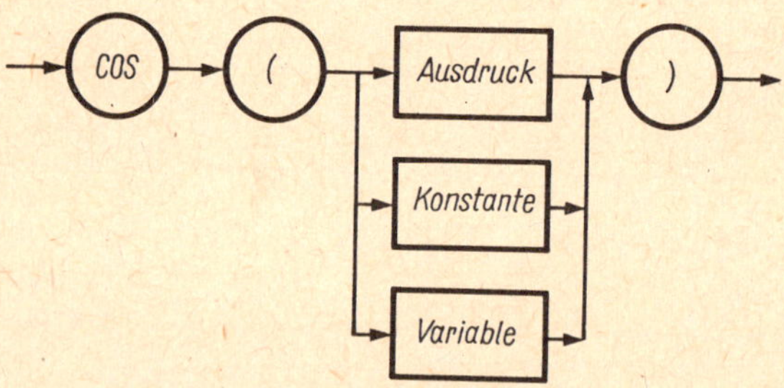

Auch anzutreffende Schreibweise
COSIN

COSH (Funktion)

Die Funktion COSH ermittelt den Cosinus hyperbolicus einer Zahl, eines Ausdruckes oder einer numerischen Variablen.

■
```
1ØØ A=COSH(1)
```

ergibt

```
1.54308
```

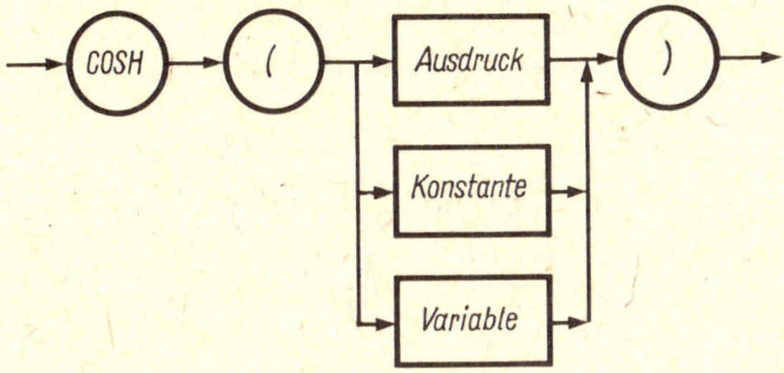

Auch anzutreffende Schreibweise
CSH

CSAVE (Befehl)

> Der Befehl CSAVE speichert das aktuelle Programm vom Hauptspeicher des Computers auf eine Kassette.

Hinweis: Es ist notwendig, sich über die genaue Wirkung dieses Kommandos zu informieren.

■
```
100 CSAVE "TEST2"
```

speichert das im Hauptspeicher befindliche Programm unter dem Namen „TEST2" auf die Kassette

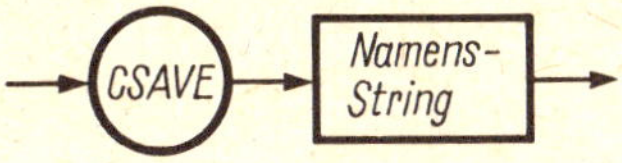

Auch anzutreffende Schreibweise
siehe SAVE

CSNG (Funktion)

> Die Funktion CSNG wandelt Zahlen oder Variable aus einer beliebigen Darstellung in eine REAL-Darstellung mit einfacher Genauigkeit um.

```
100 A=3
110 B=2
120 C=CSNG(B)/CSNG(A)
```

ergibt C zu

```
0.666667
```

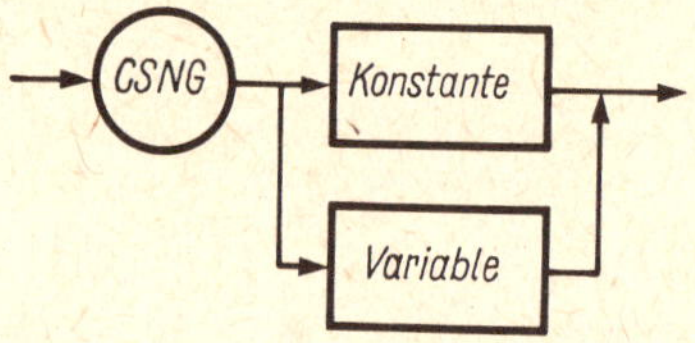

CUR (Funktion)

Die Funktion CUR bewirkt im Zusammenhang mit dem Befehl PRINT eine Positionierung des Kursors auf die spezifizierte Position.

```
100 PRINT CUR(6,12) "Tante Anna"
```

druckt ab der sechsten Zeile und der zwölften Spalte den String

```
Tante Anna
```

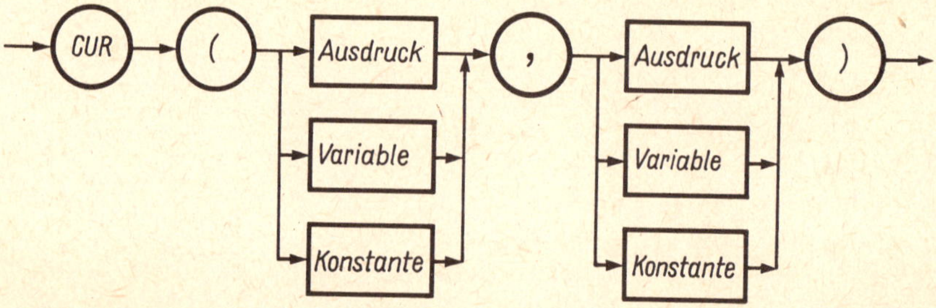

CVI, CVS, CVD (Funktionen)

Diese Funktionen wandeln Stringwerte, wie sie nach dem Befehl GET (siehe dort) im Datenpuffer stehen, in numerische Werte um.

Aus einer Zeichenkettendatei sollen die Werte
A$="3E"
B$="123E"
C$="123456789"
in einen Datenpuffer gelesen worden sein.
Die Sequenz

```
100 PRINT CVI(A$)
110 PRINT CVS(B$)
120 PRINT CVD(C$)
```

ergibt

```
62
4670
123456789
```

DATA (Befehl)

Der Befehl DATA ist nicht ausführbar. Er definiert eine Folge von Konstanten, die durch den Befehl READ (siehe dort) Variablen zugeordnet werden können.

```
200 DATA 1,2,4.57,-33.12E12
210 DATA "Tante Anna","Onkel Otto"
220 DATA "+-:&%","c...u"
230 DATA "1","2","3"
```

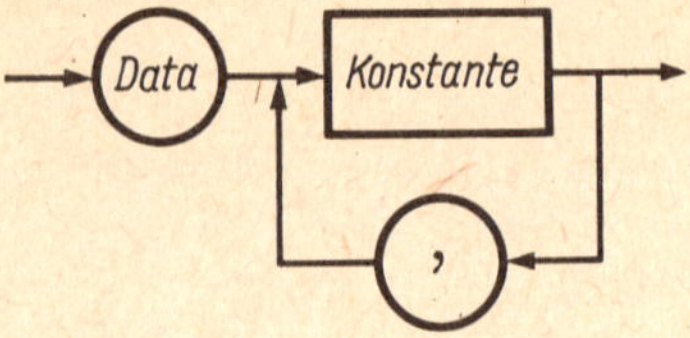

Zeile 200 definiert numerische Werte
Zeile 210 definiert Strings
Zeile 220 definiert Sonderzeichen
Zeile 230 definiert Ziffern als Strings

Auch anzutreffende Schreibweise
DAT
D.

DEEK (Funktion)

Die Funktion DEEK entspricht der Funktion PEEK (siehe dort), nur daß DEEK 16 bit Integerwerte liest.

DEF (Befehl)

Der Befehl DEF erlaubt dem Anwender, sowohl USR-Ansprünge (siehe dort) zu definieren, als auch eigene Funktionen zu erzeugen. Diese Anweisung kann allein nicht gegeben werden, sondern ist stets im Zusammenhang mit den durch sie zu definierenden Ausdrücken zu betrachten (siehe DEF FN und DEF USR).

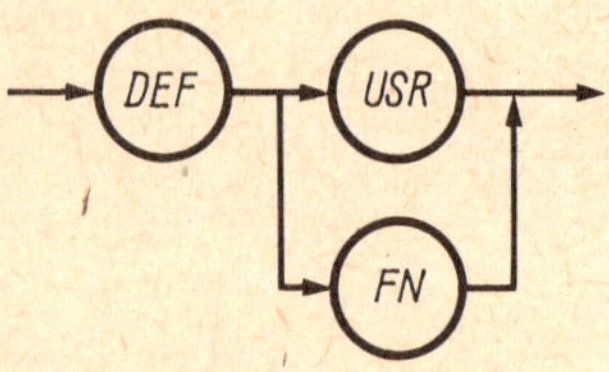

DEF FN (Befehl)

Der Befehl DEF FN definiert eine Anwenderfunktion, welche dann im Programm wie eine normale Funktion benutzt werden kann. Die Definition kann für einzeilige und mehrzeilige Funktionen erfolgen.

```
100 A=3
110 DEF FNC(B) = SIN(B) * SIN(B)
120 PRINT FNC(A)
```

Die Funktion ermittelt das Quadrat des Sinus des Arguments, in diesem Fall wird der Wert 0.00274 ermittelt. In Zeile 110 wird eine Funktion mit dem Namen „C" definiert. Das angegebene Argument „B" ist eine Festlegung, die besagt, daß ein Argument übergeben werden soll. Bei der Funktionsdeklaration ist der Name dieses Arguments bedeutungslos. Für die konkrete Anwendung (Zeile 120) wird diese Funktion wie jede andere mit ihrem Namen „FNC" aufgerufen und das zu berechnende Argument „(A)" angegeben.
Bei mehrzeiligen Funktionen geschieht das in ähnlicher Weise:

```
200 REM wandelt Klein- in
201 REM Grossbuchstaben um
210 DEF FNU(P$)
220 IF P$ < "a" THEN GOTO 250
230 IF P$ > "z" THEN GOTO 250
240 P$ = CHR$(ASC(P$)-32)
250 FNEND
```

In Zeile 210 wird der Funktionsname definiert und eine Stringvariable als Übergabeparameter festgelegt. Die Zeilen 220 bis 240 bilden den Funktionskörper, und Zeile 250 sagt, daß nun die Funktionsdefinition beendet ist.

```
500 INPUT "Wollen Sie Informationen (J/N)?"; A$
510 A$ = LEFT$(A$,1)
520 IF FNU(A$) = "J" THEN GOTO 2000
530 PRINT "Na dann eben nicht!!"
... END
2000 REM Druck der Informationen
... END
```

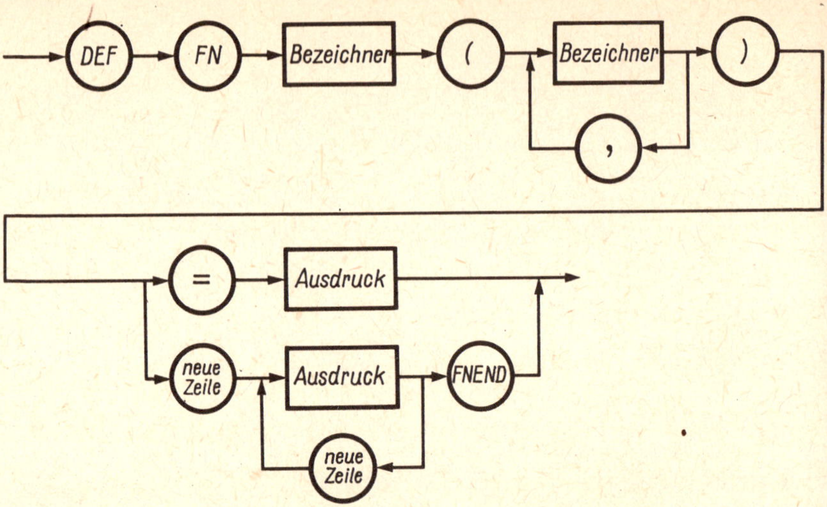

Auch anzutreffende Schreibweise
DEFFN
DEFN
siehe FN

DEFDBL (Befehl)

Der Befehl DEFDBL deklariert Variable als sogenannte Double-precision-Variable, also mit doppelter Genauigkeit bei der internen Behandlung. (Siehe auch DEFSNG)

Hinweis: Dieser Befehl ist stark implementierungsabhängig. Informieren Sie sich über seine Funktion und Anwendung!

```
100 A = 1.234567890123
200 PRINT A
```

ergibt

```
1.23456
```

als Single-precision-Variable

Aber

```
300 DEFDBL A
400 A = 1.2345678901 23
500 PRINT A
```

ergibt

```
1.2345678901 23
```

als Double-precision-Variable

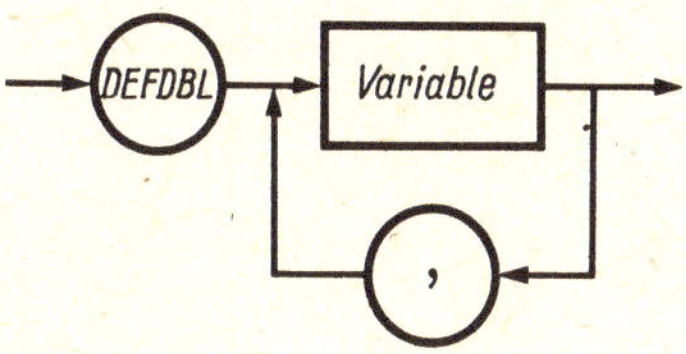

DEFINT (Befehl)

Der Befehl DEFINT deklariert Variable als sogenannte Ganzzahl-(Integer-) Variable bei der weiteren internen Bearbeitung.

Hinweis: Dieser Befehl ist stark implementierungsabhängig. Informieren Sie sich über seine Funktion und Anwendung!

```
10 A = 11.235
20 PRINT A
```

ergibt

```
11.235
```

```
30 DEFINT A
40 PRINT A
```

ergibt

```
11
```

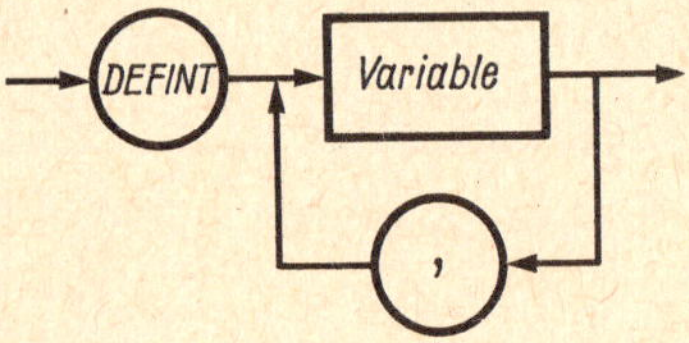

DEFSNG (Befehl)

Der Befehl DEFSNG deklariert Variable als sogenannte Single-precision-Variable, also mit einfacher Genauigkeit bei der internen Behandlung. (Siehe auch DEFDBL)

Hinweis: Dieser Befehl ist stark implementierungsabhängig. Informieren Sie sich über seine Funktion und Anwendung (speziell über die Anzahl der signifikanten Stellen bei der Variablendefinition)!

■

```
10 DEFDBL A
20 A = 1.234567890123
30 PRINT A
```

ergibt

```
1.234567890123
```

als Double-precision-Variable

```
40 DEFSNG A
50 PRINT A
```

ergibt

```
1.23456
```

als Single-precision-Variable

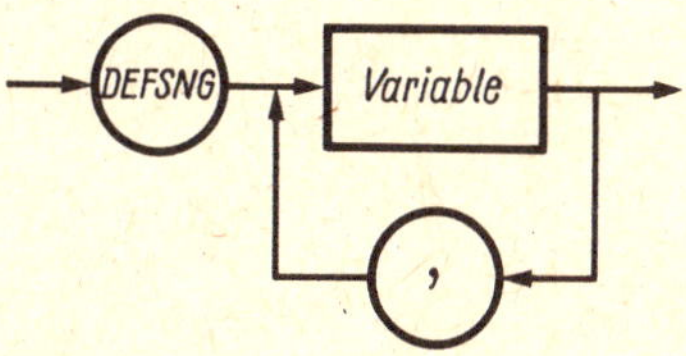

DEFSTR (Befehl)

Der Befehl DEFSTR deklariert Variable als sogenannte String-Variable.

Hinweis: Der Vorteil dieses Befehls liegt einerseits in einer sauberen Typendeklaration von Variablen, andererseits kann nach einmalig erfolgter Typvereinbarung das Geben des $-Zeichens, als Typdeklarator bei der Erweiterung der Variablen, entfallen.

```
10 A$ = "Tante Anna"
20 PRINT A$
```

ergibt

```
Tante Anna
```

```
30 DEFSTR A, B
40 A = "Tante"
```

```
50 B = "Anna"

60 PRINT A; +" "; +B
```

ergibt

```
Tante Anna
```

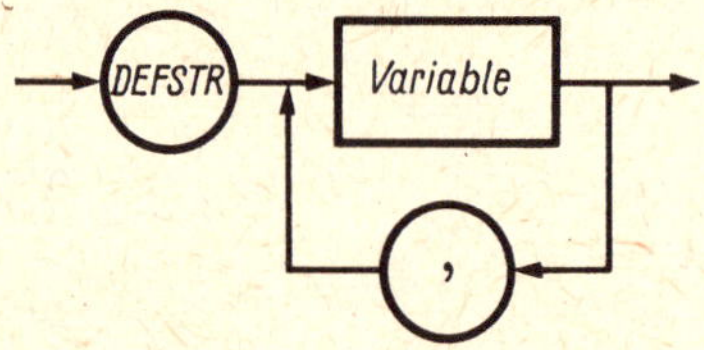

DEF USR (Funktion)

Die Funktion DEF USR deklariert eine Maschinenroutine als Anwenderprogramm, bezeichnet sie durch eine Numerierung und legt deren Startadresse fest. (Siehe USR)

```
100 DEF USR 1 = 32768
```

deklariert die Maschinenroutine Nummer 1 mit ihrer Startadresse ab 32768 (8000H)

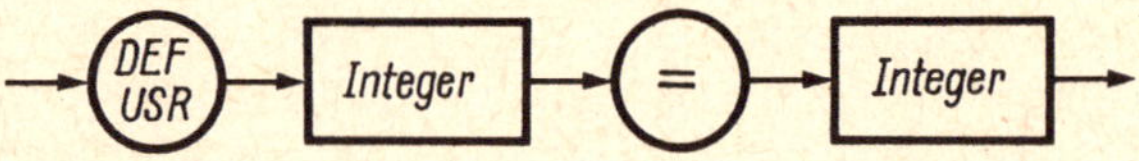

DEG (Befehl)

Der Befehl DEG läßt die Berechnung von trigonometrischen Funktionen in Grad (englisch: degree) zu.

```
100 PRINT "Der Sinus von 10 rad ist";

110 PRINT SIN(10)
```

```
12Ø DEG

13Ø PRINT "Der Sinus von 1Ø Grad ist";

14Ø PRINT SIN(1Ø)
```

DELETE (Befehl)

Der Befehl DELETE löscht aus einem gegebenen Quellprogramm den spezifizierten Bereich.

Hinweis: Die Angabe des zu löschenden Bereiches ist stark implementierungsabhängig. Die Beispiele sowie das Syntaxdiagramm beziehen sich nur auf eine mögliche Form. Informieren Sie sich über die Funktion und Anwendung dieses Befehls!

```
DELETE 12Ø
```

löscht Zeile 120

```
DELETE -8Ø
```

löscht alle Zeilen bis einschließlich Zeile 80

```
DELETE 8Ø-
```

löscht ab Zeile 80 das restliche Programm

```
DELETE 8Ø-12Ø
```

löscht alle Zeilen von 80 bis 120

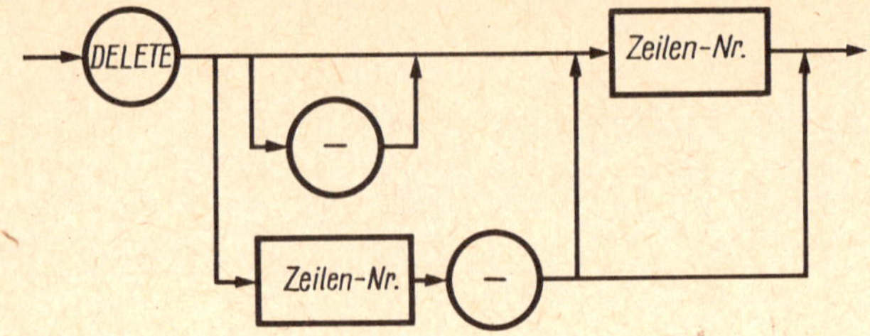

DET (Funktion)

Die Funktion DET berechnet die Determinante einer quadratischen Matrix (das heißt, die zu berechnende Matrix muß die gleiche Zeilenanzahl wie Spaltenanzahl besitzen).

```
10 DIM A(3,3)
20 FOR I=1 TO 3
30   FOR J=1 TO 3
40     READ A(I,J)
50   NEXT J
60 NEXT I
70 D=DET(A)
80 PRINT "Determinante = "; D
90 DATA 1,1,1,1,2,3,1,4,9
100 END
```

ergibt

```
Determinante = 2
```

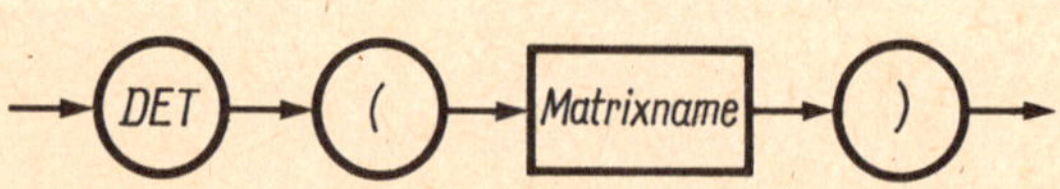

DIM (Befehl)

Der Befehl DIM initialisiert eine Matrix gemäß den spezifizierten Bedingungen in der angegebenen Dimension.

```
1Ø DIM A(3)

2Ø DIM B(3,4)

3Ø DIM C$(1Ø,2Ø)

4Ø DIM E(5,3,4),A1$(5),CV(7,7)
```

In Zeile 10 wird das numerische Array mit Namen A auf drei Elemente dimensioniert.
In Zeile 20 wird eine numerische Matrix mit Namen B definiert. Sie enthält drei Zeilen mit je vier Spalten.
In Zeile 30 wird die Stringmatrix (C$) mit 10 Zeilen, 20 Spalten dimensioniert.
In Zeile 40 werden die Matrizen E (numerisch, dreidimensional) und CV (numerisch, quadratisch, 7 mal 7 Elemente) und A1$ (Stringarray, 5 Elemente) dimensioniert.
Die Benennung der Beispiele erfolgte in der Annahme, daß die Zählweise der Matrix mit dem Element Nummer 1 beginnt. Das ist normalerweise erst nach Angabe von BASE 1 bzw. OPTION BASE 1 (siehe dort) der Fall.

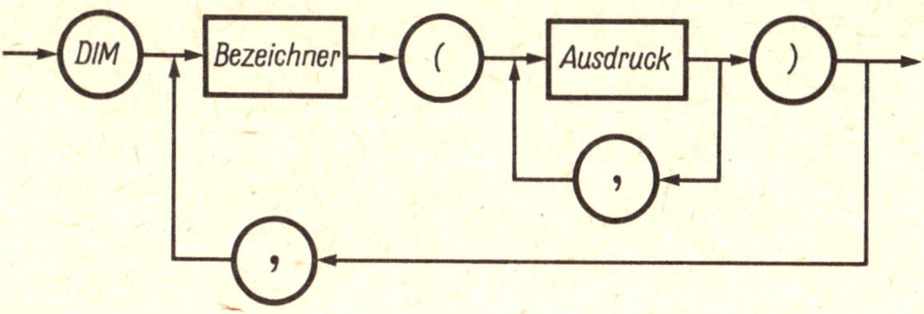

OKE (Befehl)

Der Befehl DOKE speichert einen 16-bit-Integerwert ab der spezifizierten Speicheradresse. (Siehe auch POKE)

OT (Funktion)

Die Funktion DOT prüft, ob in der Grafik-Mode ein Bildpunkt an den angegebenen Koordinaten existiert oder nicht.

```
1ØØ IF DOT(3,12) THEN GOTO 2ØØ
```

prüft, ob in Zeile 3, Spalte 12 (Grafikzählweise) ein Bildpunkt vorhanden ist. Wenn ja, wird mit der Programmabarbeitung ab Zeile 200 fortgefahren.

Hinweis: Die Zählweise in der sogenannten Grafik-Mode unterscheidet sich häufig von der Zeilen- und Spaltenzählweise in alphanumerischer Darstellung. Informieren Sie sich über die Zählweise!

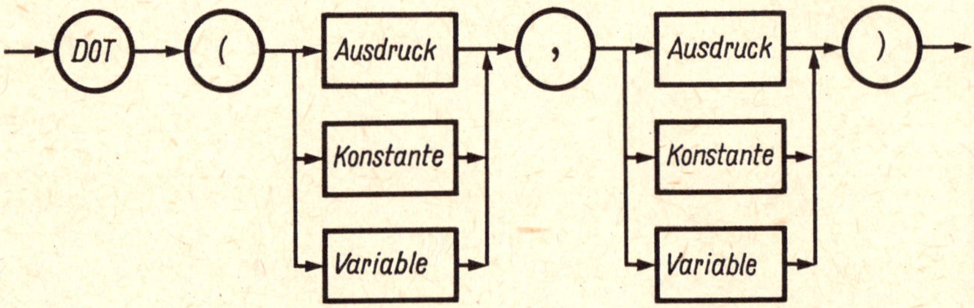

DRAW (Befehl)

Der Befehl DRAW veranlaßt, daß von der momentanen Kursorposition (Zeichenposition) zur spezifizierten Position eine Linie gezeichnet wird.

```
1ØØ DRAW 12,22
```

zeichnet ab der momentanen Position eine Linie zur Position Zeile 12, Spalte 22 (Zählweise in der Grafik-Mode)

Hinweis: Die Zählweise in der sogenannten Grafik-Mode unterscheidet sich häufig von der Zeilen- und Spaltenzählweise in alphanumerischer Darstellung. Informieren Sie sich über die Zählweise und über die implementierungsabhängige Funktion des Befehls!

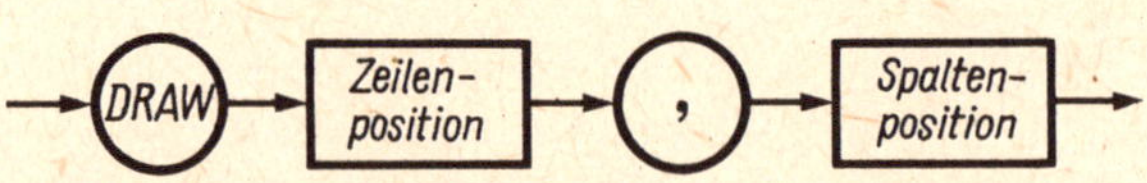

Auch anzutreffende Schreibweise
DRAWTO

`E` (Operator)

Die Verwendung des Buchstabens `E` zwischen zwei Zahlen weist ihn als Operator aus. Er gibt an, daß die rechts von ihm stehende Zahl (eventuell mit Vorzeichen) der Exponent einer Exponentialschreibweise ist.

Hinweis: Informieren Sie sich darüber, in welchem Wertebereich welche Zahlendarstellung erlaubt ist!

```
1ØØ C=1.23E-2
```

ergibt

```
Ø.Ø123
```

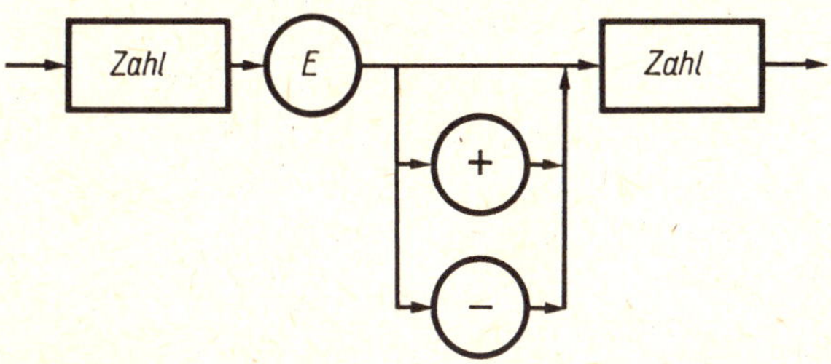

`EDIT` (Befehl)

Der Befehl `EDIT` erlaubt das Editieren der spezifizierten Programmzeile durch den Anwender.

Hinweis: Dieser Befehl ist stark implementierungsabhängig. Informieren Sie sich über seine Funktion und Anwendung!

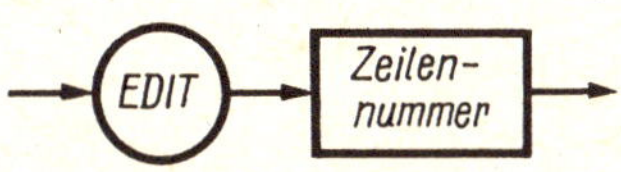

`ELSE` (Befehl)

Der Befehl `ELSE` bewirkt, daß die ihm nachfolgende Sequenz abgearbeitet wird, falls eine `IF`- `THEN`- Anordnung nicht „wahr“ wurde.

Hinweis: Die Anweisung ELSE kann nicht allein gegeben werden, sondern immer nur im Zusammenhang mit IF- THEN. Das Syntaxdiagramm ist daher nur ein Auszug aus der genannten Befehlsgruppe (siehe IF).

```
1ØØ IF C=3 THEN GOTO 15Ø ELSE GOTO 2ØØ
```

Ist C ungleich 3, wird nicht zu Zeile 150 gesprungen, sondern zu Zeile 200.

END (Befehl)

Der Befehl END kennzeichnet das physische Programmende. Eventuell geöffnete Dateien werden geschlossen; es erfolgt der Übergang in die Direkt-Mode (siehe dort).

Hinweis: Ist das Programm mit der höchsten Programmzeilennummer auch tatsächlich am Ende, so ist der Befehl END optional. Es entspricht jedoch einem guten Programmstil, das physische Ende eines Programms auch als solches zu bezeichnen.

```
2ØØØ END
```

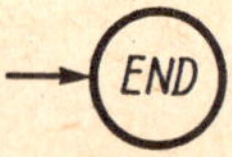

EOF (Funktion)

Die Funktion EOF dient dem Bestimmen des physischen Dateiendes beim Lesen. Sie liefert den Wert – 1 (wahr), wenn das Ende erreicht ist.

```
1ØØ OPEN "I",1,"TEST.DAT"
11Ø IF EOF(1) THEN GOTO 2ØØ
12Ø LINE INPUT #1,T$
```

```
130 PRINT T$
140 GOTO 110
200 CLOSE 1
210 END
```

Dieses Beispiel eröffnet in Zeile 100 die Datei „TEST“ zum Lesen.
Zeile 110 prüft, ob das Ende der Lesedatei erreicht ist. Wenn nicht, wird der Dateiinhalt gemäß Zeile 120 bis 140 zeilenweise gelesen und auf dem Display angezeigt. Ist durch den Test in Zeile 110 das Ende der Datei festgestellt, wird zu Zeile 200 verzweigt und die Datei geschlossen.
Zeile 210 beendet das Programm.

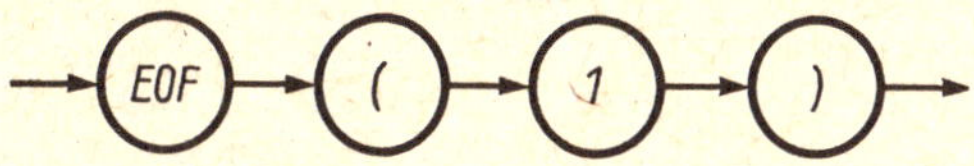

EQ (Operator)

Der Operator EQ ist eine andere Schreibweise des relationalen Operators = (Gleichheit).

Hinweis: Der Operator EQ ist eindeutig. Seine Verwendung zur Zuweisung ist nicht gestattet!

Die Zeilen

```
100 IF A=3 THEN GOTO 190
```

und

```
100 IF A EQ 3 THEN GOTO 190
```

sind identisch.

Aber:

```
200 A=3
```

ist als Zuweisung erlaubt;

```
2ØØ A EQ 3
```

ist verboten.

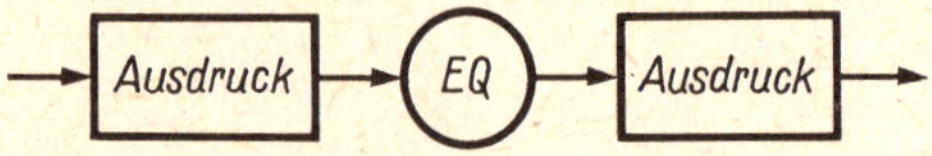

Auch anzutreffende Schreibweise
siehe =

EQV (Operator)

Der Operator EQV ist ein logischer Operator, der genau dann 1 wird, wenn die beiden verknüpften Operanden gleich sind.

Hinweis: Man kann sich den Operator EQV als ein negiertes XOR (siehe dort) vorstellen.

■

```
1 EQV 1
```

ergibt

```
1
```

```
1 EQV Ø
```

ergibt

```
Ø
```

```
Ø EQV 1
```

ergibt

```
Ø
```

```
Ø EQV Ø
```

ergibt

```
1
```

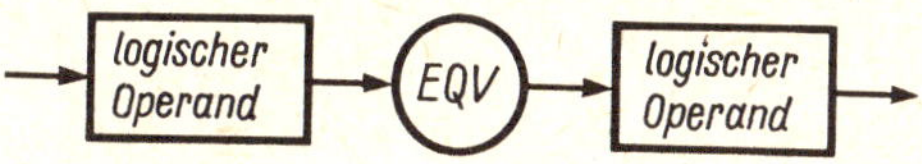

ERASE (Befehl)

Der Befehl ERASE kann zwei Bedeutungen haben. Informieren Sie sich darüber, welche Implementierungsform auf dem eigenen Computer vorhanden ist!

Der Befehl ERASE löscht ein im Speicher befindliches Programm vollständig und endgültig.

1. Variante
Der Befehl ERASE wirkt wie SCRATCH oder NEW (siehe dort).
Er ist hervorragend dazu geeignet, tagelanges Bemühen in Bruchteilen von Sekunden zuverlässig zu vernichten.

```
1ØØ PRINT "TEST ERASE"
11Ø END
```

Nach Start druckt dieses Programm seinen Text auf den Bildschirm. Jetzt geben wir ERASE und versuchen LIST. Das Programm ist gelöscht.

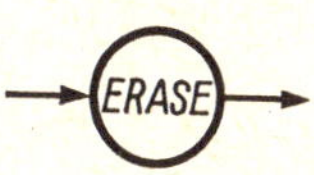

Auch anzutreffende Schreibweise
siehe NEW
siehe SCRATCH

2. Variante

Der Befehl ERASE löscht ein dimensioniertes Array und gibt den reservierten Speicherbereich wieder frei.

Hinweis: Nun kann ein Array mit gleichem Namen neu dimensioniert wer den. Die alten Arrayinhalte sind mit gelöscht worden. Die Löschung und Neudimensionierung ist nicht nur für eine optimale Speicherauslastung sinn voll, sondern man kann damit auch Arrays mit „fließenden Dimensionen" vortrefflich handhaben.

■
```
1ØØ ERASE A,BX
11Ø DIM A(1Ø,1Ø),BX(15Ø,2)
```

löscht die Arrays A und BX und dimensioniert sie in Zeile 110 neu.

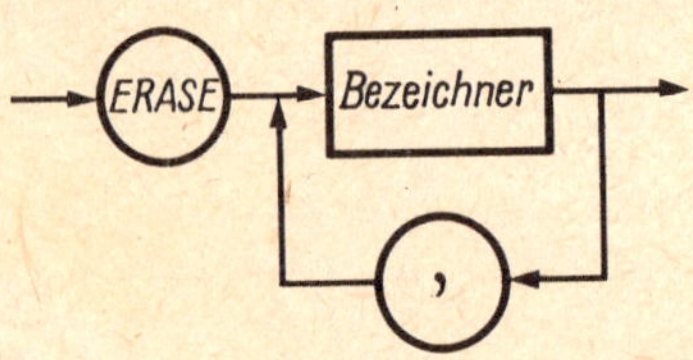

ERL (Funktion)

Die Funktion ERL übergibt im Ereignisfall die Zeilennummer der Pro grammzeile, in der ein Fehler detektiert wurde.

Hinweis: Diese Funktion ist eine semantische Besonderheit. Sie wird w eine Variable gehandhabt.

■
```
1ØØ PRINT "Tante Anna"

11Ø PRINT 1Ø/3

12Ø PRINT 1Ø/Ø
```

ergibt ERL mit dem Wert 120, man könnte das Programm wie folgt fortführen:

```
130 PRINT "Fehler in Zeile"; ERL
```

ergibt

```
Fehler in Zeile 120
```

Auch anzutreffende Schreibweise
ERRL

ERR (Funktion)

Die Funktion ERR übergibt im Ereignisfall den Fehlerschlüssel der Programmstelle, an der ein Fehler detektiert wurde.

Hinweis: Diese Funktion ist eine semantische Besonderheit. Sie wird wie eine Variable gehandhabt.

```
100 PRINT "Tante Anna"
110 PRINT 10/3
120 PRINT 10/0
```

ergibt in Zeile 120 einen Funktionswert für ERR, der dem Fehlercode „Division durch Null nicht erlaubt" entspricht.
Informieren Sie sich über den Fehlercode dieser Funktion!

Auch anzutreffende Schreibweise
ERRN

→ 5/E

`ERROR` (Befehl)

> Der Befehl ERROR simuliert das Auftreten eines Fehlers beim Programmtest. Er erlaubt gleichzeitig eine Definition von Fehlercodes durch den Anwender.

Hinweis: Dieser Befehl ist stark implementierungsabhängig. Informieren Sie sich über die Fehlercodes dieses Befehls! Erst dann kann man sich die Freiräume für die Definitionen eigener Fehlercodes abstecken.
Der Befehl ERROR ist eine semantische Besonderheit. Er wird wie eine Variable gehandhabt.

■

```
1ØØ DIM N(999)

11Ø INPUT N

12Ø IF N > 1ØØØ THEN ERROR 7
```

Wenn der eingegebene Wert von N die Zahl 1000 übersteigt, wird Fehler 7 generiert. Angenommen, der Computer hat bei Fehler 7 die Meldung „ba Subscript", so wird diese durch Zeile 120 aktiviert.

■ Angenommen, der Computer benutzt intern nur Fehlermeldungen bis 55 dann kann man eine Fehlermeldung wie folgt generieren:

```
1ØØ ON ERROR GOTO 1ØØØ

11Ø INPUT N

12Ø IF N > 1ØØØ THEN ERROR 99

• • •

1ØØØ IF ERR=99 THEN PRINT "Betrag zu gross"

1Ø1Ø IF ERL=12Ø THEN GOTO 11Ø
```

Die Zahl 99 wurde willkürlich als Fehlercode ausgewählt, da sie einersei größer ist als der angenommene Fehlercodebereich bis 55 und um andere seits zwischen 55 und 99 genügend Freiraum für spätere Versionen des B SIC im Computer zulassen, die ja möglicherweise eine größere Anzahl Fe lercodes bedienen.

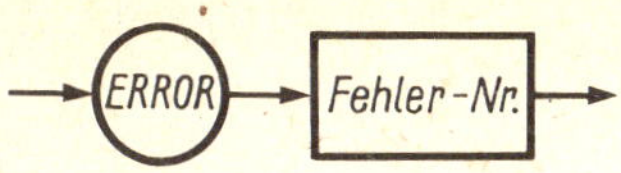

EXAM (Funktion)

siehe PEEK

EXCHANGE (Befehl)

Der Befehl EXCHANGE tauscht die Inhalte der spezifizierten Variablen untereinander aus.

Hinweis: Die zu tauschenden Variablen können auch Array-Elemente bzw. Strings sein. Jedoch müssen die zu tauschenden Variablen stets vom gleichen Datentyp sein.

```
100 A=3
110 B=5
120 PRINT A,B
130 EXCHANGE A,B
140 PRINT A,B
```

ergibt in Zeile 120

```
3             5
```

und in Zeile 140

```
5             3
```

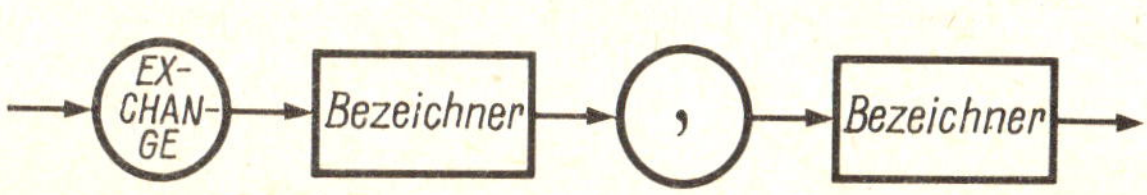

➡ 5/E

Ersatzlösung

```
100 A=3
110 B=5
120 PRINT A,B
130 C=A
140 A=B
150 B=C
160 PRINT A,B
```

Der Tausch erfolgt über die Hilfsvariable C.

EXIT (Befehl)

Der Befehl EXIT veranlaßt den Computer, eine FOR-TO-NEXT-Schleife zu verlassen, bevor sie völlig abgearbeitet ist.

Hinweis: Der „saubere" Programmierer vermeidet, aus einer Zählschleife herauszugehen, indem er sich gegebenenfalls der DO-WHILE-Schleife bedient.

■

```
100 FOR I=1 TO 500
• • •
200 INPUT A
210 IF A=0 THEN EXIT 1200
• • •
900 NEXT I
1000 PRINT "ENDE"
1010 END
```

```
• • •
1200 PRINT "Schleife wurde abgebrochen"
```

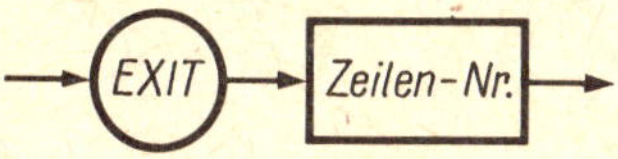

EXP (Funktion)

Die Funktion EXP ist die Exponentialfunktion zur Basis e. (e=2,718281828459)

Hinweis: Man kann die Funktion EXP auch als Umkehrfunktion zur Logarithmusfunktion mit der Basis e betrachten (siehe LOG).

```
100 A=3
110 B=EXP(A)
120 PRINT B
```

ergibt

```
20.08554
```

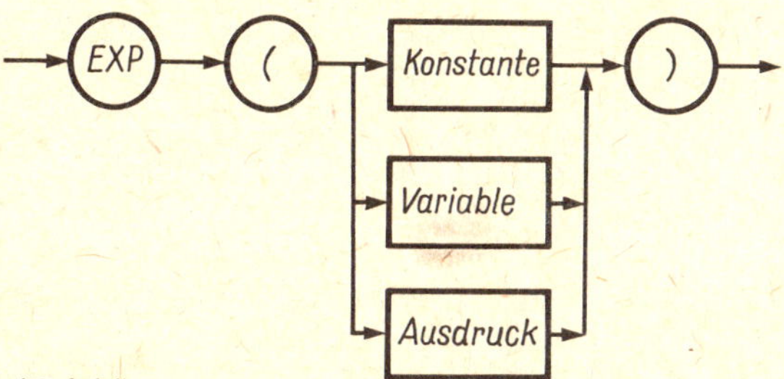

FEND (Befehl)

Der Befehl FEND schließt die Deklaration mehrzeiliger Funktionen ab.

siehe DEF FN

FETCH (Funktion)

siehe PEEK

FIELD (Befehl)

Der Befehl FIELD weist einem Datenpuffer seine einzelnen String-Datenfeldformate zu.

Hinweis: Der Datenpuffer muß zuvor mittels des Befehls OPEN (siehe dort) eröffnet worden sein. Die Gesamtlänge aller Datenfeldformate in FIELD darf die in dem OPEN-Befehl spezifizierte Satzlänge nicht überschreiten.

```
1ØØ OPEN "X",1,"TEST.DAT",45
12Ø FIELD 1,2Ø AS DK$,15 AS VK$,1Ø AS UU$
```

eröffnet in Zeile 100 die Datei Nummer 1 mit der Satzlänge 45; spezifiziert in Zeile 120 die Felder der Datei zu einem mit Namen
DK$ und 20 Zeichen Länge,
VK$ und 15 Zeichen Länge,
UU$ und 10 Zeichen Länge.

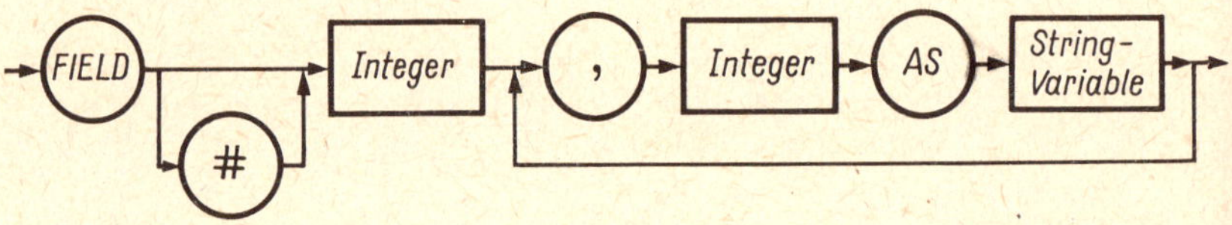

FILES (Befehl)

Der Befehl FILES veranlaßt, daß alle der gegebenen Selektion entsprechenden Files des gewählten Laufwerkes als Namensverzeichnis zur Anzeige gebracht werden.

Hinweis: Informieren Sie sich über den Selektionsmechanismus und die Angabe des Laufwerkes!
Das Beispiel sowie das Syntaxdiagramm beziehen sich auf das Betriebssystem CP/M.

```
1ØØ FILES "B:*.BAS"
```

bringt alle Dateien mit der Klassenbezeichnung (Extension) BAS von Laufwerk B zur Anzeige

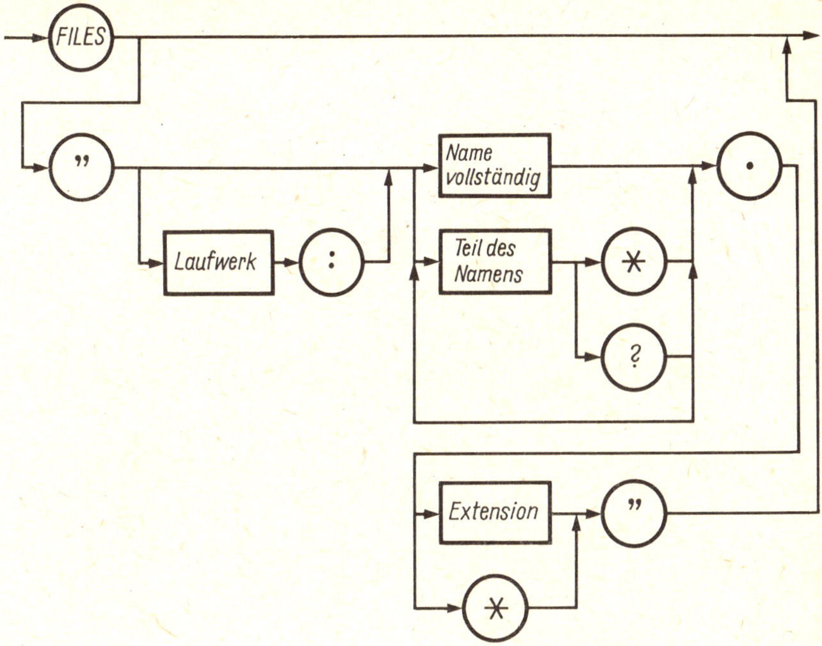

FILL (Befehl)

Der Befehl FILL belegt die angegebenen Speicherstellen mit dem spezifizierten Byte vollständig.

Hinweis: Informieren Sie sich darüber, ab wann im Adressraum der Speicher nicht mehr von BASIC verwendet wird und somit zur Verfügung steht! Eine unkontrollierte und leichtfertige Verwendung dieses Befehls ist hervorragend dazu geeignet, über den Umweg eines konsequenten Computerabsturzes, längst vergessene Verbalinjurien ins Gedächtnis zu rufen.

```
100 FOR I=0 TO 255
110 FILL 32768+I,23
120 NEXT I
```

füllt den Speicherbereich von 32768 (8000H) bis 33024 (80FFH) mit dem Wert 23

➡ 5/F

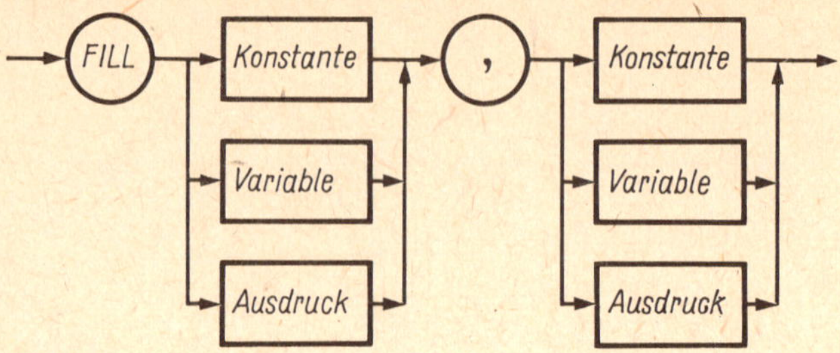

FIX (Funktion)

> Die Funktion FIX beläßt von einer rationalen Zahl nur den ganzzahligen Anteil.

Hinweis: Im Gegensatz zur Funktion INT (siehe dort) werden negative Zahlen nicht abgerundet.

■
```
100 PRINT FIX(3.88)
110 PRINT FIX(-3.88)
```

ergibt in Zeile 100

```
3
```

und in Zeile 110

```
- 3
```

```
120 PRINT INT(3.88)
130 PRINT INT(-3.88)
```

ergibt in Zeile 120

```
3
```

und in Zeile 130

```
- 4
```

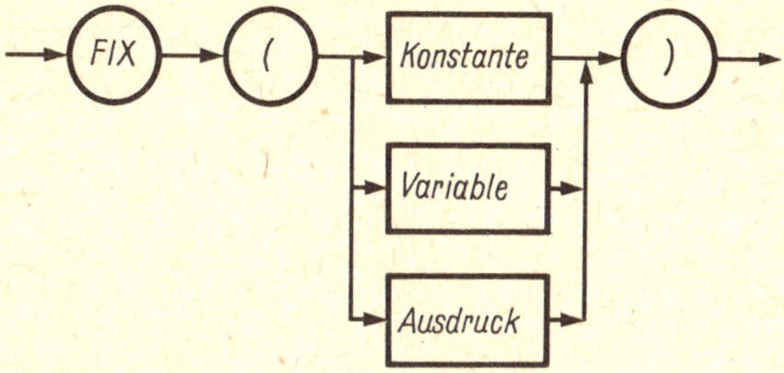

Ersatzlösung
Gegeben: N als Argument
Gesucht: A als Funktionswert
A=SGN(N)*INT(ABS(N))

FLASH (Befehl)

Der Befehl FLASH dient dazu, den Bildschirm in die sogenannte FLASH-Mode zu bringen. Das heißt, jedes Zeichen wird schwarz auf weißem Grund geschrieben (siehe INVERSE).

Hinweis: Der Übergang in die normale Mode geschieht mit dem Befehl NORMAL (siehe dort).

```
10Ø FLASH
11Ø PRINT „Jetzt alles schwarz auf weiss".
```

FLOW (Befehl)

Der Befehl FLOW bewirkt, daß von nun an alle vom BASIC durchlaufenen Zeilen-Nummern auf dem Drucker ausgedruckt werden, was zum Programm-Test benutzt werden kann (siehe TRACE).

Hinweis: Diese Arbeitsweise wird so lange beibehalten, bis ein NOFLOW angetroffen wird (siehe dort).

```
100 FLOW
110 PRINT "Jetzt auf dem Drucker"
120 REM immer noch
130 NOFLOW
```

ergibt auf dem Drucker

```
<110> <120> <130>
```

und auf dem Bildschirm

```
Jetzt auf dem Drucker
```

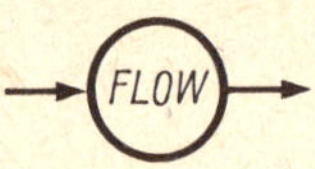

FN (Funktion)

Die Funktion FN ruft eine Anwenderfunktion zwecks Benutzung auf. Diese muß zuvor mittels DEF FN (siehe dort) definiert worden sein.

Es sei definiert DEF FNU(X) = X✱X, also eine Funktion, welche das Quadrat ihres Argumentes ermittelt. Ihr Aufruf

```
100 Z=3
110 A=FNU(Z)
120 PRINT A
```

ergibt

```
9
```

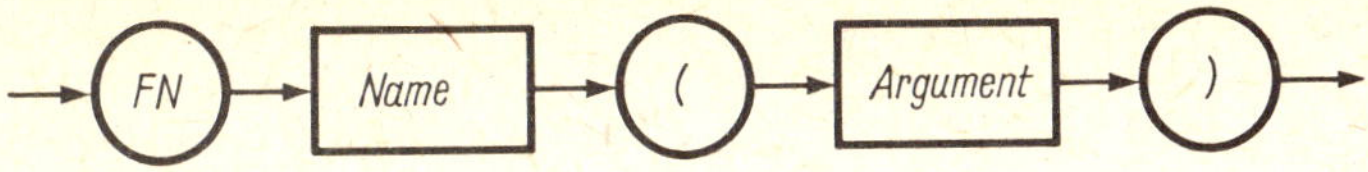

FNEND (Befehl)

Der Befehl FNEND schließt die Deklaration mehrzeiliger Funktionen ab. (Siehe DEF FN)

FOR (Befehl)

Der Befehl FOR eröffnet eine FOR-TO-NEXT-Schleife. Der dem FOR-Befehl folgende Ausdruck ist die Startbedingung, die dem TO-Befehl folgende Sequenz ist die Abbruchbedingung, und dieser kann optional die Angabe der Schrittweite der Schleife folgen. Alle zwischen diesem und dem NEXT-Befehl befindlichen Anweisungen sind der Schleifenkörper und werden bis zum Erreichen der Abbruchbedingung wiederholt durchlaufen.

■
```
100 FOR I=1 TO 100
120 PRINT I,I*I
130 NEXT I
```

Dieses Beispiel druckt die Zahlen von 1 bis 100 und ihre Quadrate auf dem Bildschirm. In Zeile 100 wird die Schleife initialisiert. Die hier mit I benannte Variable ist der „Schleifenzähler", auch Laufindex genannt, der mit dem Wert 1 voreingestellt wird. Die „TO 100" Sequenz besagt, daß der Schleifenkörper so lange durchlaufen wird, bis der Schleifenzähler den Wert 100 erreicht hat. Da keine Schrittweite angegeben wurde, wird diese mit 1 angenommen. Der Schleifenkörper ist in unserem Beispiel die Anweisung zum Ausdrucken des aktuellen Standes des Schleifenzählers und seines Quadrates (Zeile 110). In Zeile 120 wird die Schleife „geschlossen". Ein weiteres Beispiel druckt eine Sinustabelle (in Bogenmaß) mit der Schrittweite von 0.1.

■
```
100 FOR I=0 TO 3.1415 STEP 0.1
110 PRINT I,SIN(I)
120 NEXT I
```

➡ 5/F

Hinweis: Schleifen dürfen „geschachtelt" werden. Dies geschieht so, indem die zuletzt eröffnete Schleife als erste geschlossen wird. Informieren Sie sich darüber, wie viele Schleifen „geschachtelt" werden dürfen!

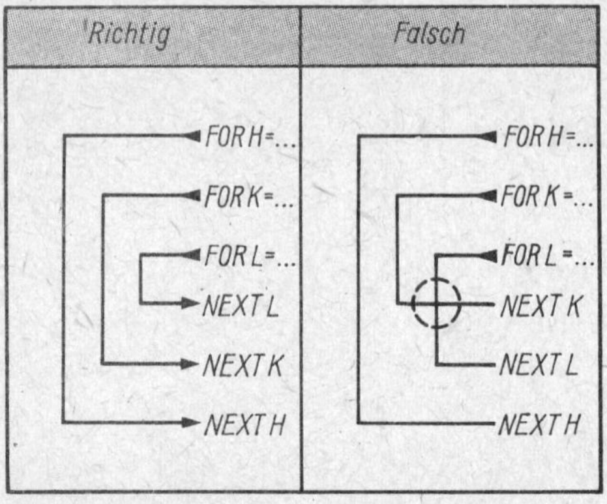

Soll mit der Laufvariablen weiterhin im Programm gearbeitet werden, so muß man wissen, daß die Abbruchbedingung intern im Computer nicht auf Gleichheit, sondern auf Überschreiten der Endebedingung getestet wird. Das heißt, die Laufvariable hat beim Verlassen der Schleife den Wert:
(Anzahl der Durchläufe +1) ∗ Schrittweite.
Es kann auch rückwärts gezählt werden, jedoch muß dann eine negative Schrittweite angegeben werden (z. B. −1).

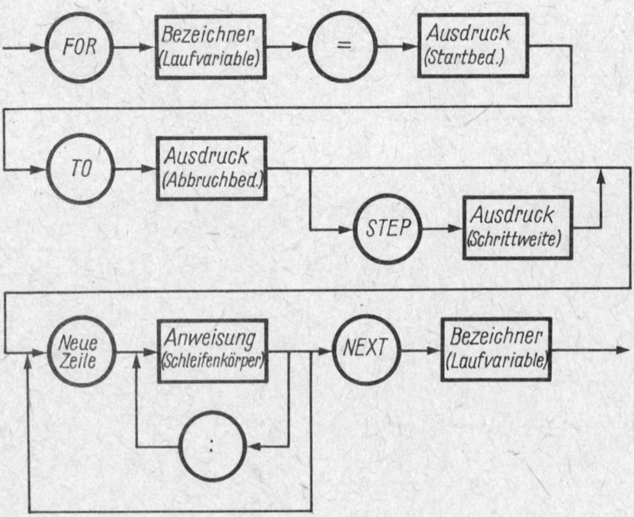

```
100 FOR I=100 TO 1 STEP -1
110 PRINT I,I*I
120 NEXT I
```

bewirkt das gleiche wie in unserem ersten Beispiel, nur daß jetzt von 100 bis 1 rückwärts gezählt wird

Auch anzutreffende Schreibweise
F.

FRAC (Funktion)

Die Funktion FRAC ermittelt den gebrochenen Anteil ihres Argumentes.

```
100 K=-15.123
110 PRINT FRAC(K)
```

ergibt

```
-0.123
```

Ersatzlösung
Gegeben: N als rationale Zahl
Gesucht: F als gebrochener Anteil

```
100 F=N-SGN(N)*INT(ABS(N))
```

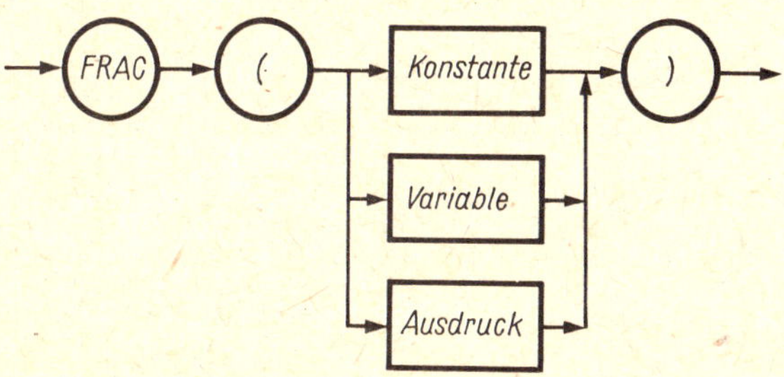

➞ 5/G

FRE/FRE$ (Funktion)

Die Funktion FRE ermittelt den noch freien Speicherplatz zur BASIC-Anwendung.
Die Funktion FRE$ ermittelt den noch freien String-Speicherplatz zur BASIC-Anwendung.

Hinweis: Um der Semantik einer Funktion zu genügen, benötigt FRE bzw. FRE$ einen Variablenbezeichner. Diese Variable wird weder benutzt noch verändert, sie ist ein echter „Dummy".

■
```
1ØØ PRINT FRE(X); "freier Speicherplatz"

11Ø PRINT FRE$(X); "freier Stringspeicherplatz"
```

ermittelt und informiert über die zur Verfügung stehenden Speicherfreiräume

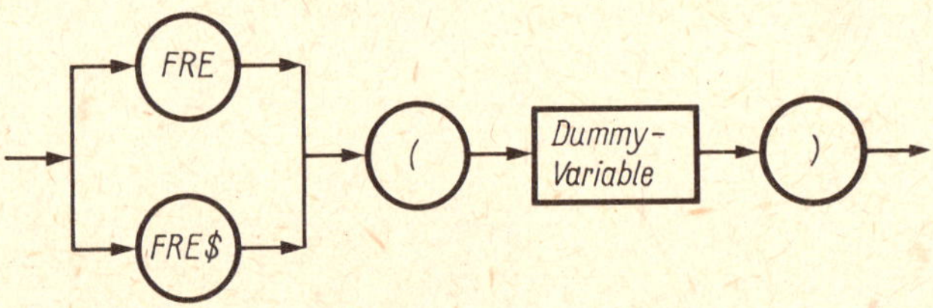

Auch anzutreffende Schreibweise
FREE

GE (Operator)

Der Operator GE ist ein relationaler Operator, der die Operatoren auf größer gleich (greater than or equal to) prüft.

Hinweis: Man beachte die Hierarchie von Operatoren (siehe Kapitel 4).

■
```
1ØØ INPUT A

11Ø IF A GE 1Ø THEN GOTO 1ØØ

12Ø PRINT "Eingabe war kleiner als 1Ø"
```

Der in Zeile 100 eingegebene Wert wird in Zeile 110 daraufhin geprüft, ob er größer oder gleich 10 ist. Wenn ja, wird eine neue Eingabe verlangt, ansonsten erfolgt die Ausschrift der Zeile 120 auf den Schirm.

Auch anzutreffende Schreibweise
siehe >=

GET (Befehl)

Der Befehl GET fragt unverzüglich die Tastatur des Computers nach einem gegebenen Zeichen ab. Zeichen werden sofort akzeptiert, ohne daß die Eingabe von RETURN (siehe dort) bzw. ENTER erforderlich ist.

Hinweis: Es ist notwendig, sich darüber zu informieren, ob GET wartet, bis ein Zeichen auf der Tastatur gegeben wurde, oder sofort mit einem „Nullstring" zurückkehrt. Im Beispiel wird vorausgesetzt, daß GET mit einem „Nullstring" zurückkehrt.

```
100 PRINT "Ich warte auf ein Zeichen";
105 PRINT "von Ihnen"
110 GET A$
120 IF A$="" THEN GOTO 110
130 PRINT "Jetzt geht es weiter".
```

In Zeile 110 wird die Tastatur abgefragt. Sollte keine Taste gedrückt worden sein, was in Zeile 120 festgestellt wird, so wird erneut abgefragt. Diese Routine eignet sich z. B. zum Anhalten längerer Textausgaben, die dann durch Drücken einer beliebigen Taste fortgesetzt werden.

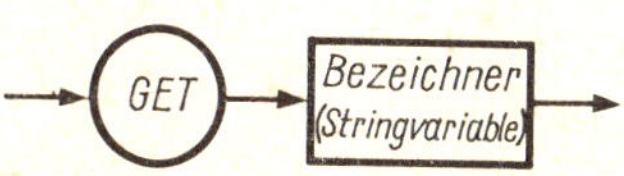

Auch anzutreffende Schreibweise
siehe INKEY$

→ 5/G

GOSUB (Befehl)

Der Befehl GOSUB verzweigt die Programmabarbeitung auf die angegebene Zeilennummer und arbeitet das dort stehende Unterprogramm solange ab, bis ein RETURN (siehe dort) angetroffen wird. Erst dann wird mit der dem GOSUB-Befehl folgenden Programmsequenz fortgefahren.

Hinweis: Bezüglich der Schachtelung und der Schachtelungstiefe gelten die Bemerkungen zur FOR- TO- NEXT- Schleife.

```
100 PRINT "Geben Sie bitte Antwort"
110 GOSUB 1000
120 PRINT "Ich habe verstanden"
999 END
1000 INPUT A$
1010 RETURN
```

Das Unterprogramm ab Zeile 1000 kann jedesmal bei einer Stringeingabe benutzt werden, ohne es neu zu schreiben.
Es entspricht einem guten Programmstil, eine strukturierte Unterprogrammtechnik zu benutzen.

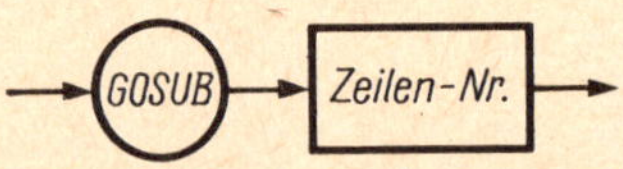

Auch anzutreffende Schreibweise
GOS.

GOSUB- OF (Befehl)

Der Befehl GOSUB- OF stellt einen bedingten Unterprogrammaufruf bereit.

```
100 PRINT "Geben Sie die Rechenart ein"
110 PRINT "Addition             = 1"
```

```
120 PRINT "Subtraktion        = 2"

130 PRINT "Division           = 3"

140 PRINT "Multiplikation     = 4"

150 INPUT R

160 IF R < 1 OR R > 4 THEN GOTO 100

170 GOSUB R OF 1000,2000,3000,4000

180 END

1000 REM Additionsprogramm

• • •

1999 RETURN

2000 REM Subtraktionsprogramm

• • •

2999 RETURN

3000 REM Divisionsprogramm

• • •

3999 RETURN

4000 REM Multiplikationsprogramm

• • •

4999 RETURN
```

Per Menü ist die gewünschte Rechenart zu wählen (Zeile 150). In Zeile 160 werden „ganz schlaue Leute" ausgeblendet, und in Zeile 170 wird je nach eingegebener Zahl R das entsprechende Unterprogramm aufgerufen.

Hinweis: Es ist zu beachten, daß die Zeigervariable eine Integerzahl zwischen 1 und der Anzahl der Subroutinen ist.

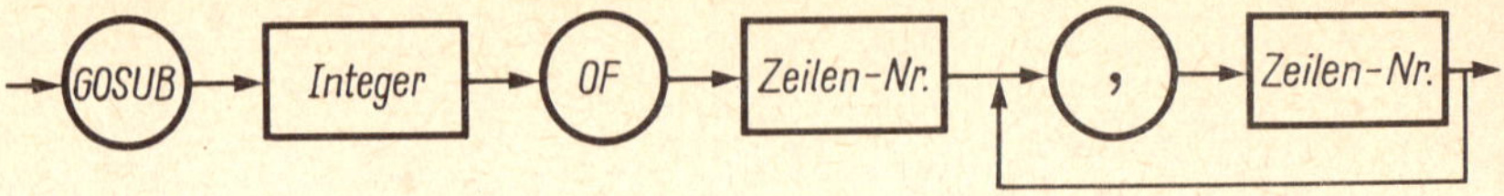

Auch anzutreffende Schreibweise
siehe ON- GOSUB

GOTO (Befehl)

Der Befehl GOTO bewirkt einen unbedingten Sprung zu der angegebenen Zeilennummer, das heißt, das Programm verläßt die gerade bearbeitete Zeile und führt die weitere Abarbeitung ab der angegebenen Zeilennummer fort.

■

```
1ØØ A = 3
11Ø GOTO 2ØØ
12Ø END
• • •
2ØØ PRINT A
21Ø GOTO 12Ø
```

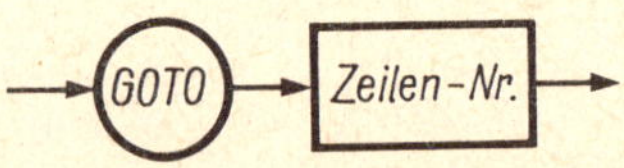

Auch anzutreffende Schreibweise
G.
GOT
GO TO

GOTO- OF (Befehl)

Der Befehl GOTO- OF hat die gleiche Wirkung, wie bei GOSUB- OF (siehe dort) beschrieben, nur daß hier bedingt zu den Programmzeilen verzweigt wird, anstatt Unterprogramme aufzurufen.

GR (Befehl)

Der Befehl GR wird verwendet, um den Computer von der Text-Mode in die Grafik-Mode umzuschalten.

```
1ØØ PRINT "Jetzt Umschaltung"
11Ø GR
12Ø FOR I = 1 TO 2Ø
13Ø HLIN 2,2Ø AT I
14Ø NEXT I
```

In Zeile 110 wird in die Grafik-Mode umgeschaltet. Die Schleife von Zeile 120 bis 140 zeichnet eine Gerade ab Spalte 2 bis 20 in die Zeilen 1 bis 20 (Grafik-Zählweise).

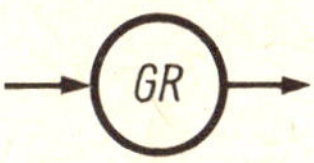

GRAD (Befehl)

Der Befehl GRAD läßt die Berechnung von trigonometrischen Funktionen in Neugrad-Teilung zu.

(100 Neugrad = 90 Grad; 100 Grad = 90 degree)

```
1ØØ PRINT "Der Sinus von 1Ø rad ist";
11Ø PRINT SIN(1Ø)
12Ø PRINT "Der Sinus von 1Ø Neugrad ist";
13Ø GRAD
14Ø PRINT SIN(1Ø)
```

GT (Operator)

Der Operator GT ist ein relationaler Operator. Er vergleicht, ob der links von ihm befindliche Operand größer als (englisch: greater than) der rechts von ihm befindliche Operand ist.

```
100 INPUT "Eingabe einer Zahl"; A
110 IF A GT 100 THEN GOTO 200
120 PRINT "Zahl ist kleiner oder gleich 100"
130 GOTO 100
• • •
200 PRINT "Zahl ist groesser als 100"
210 END
```

In Zeile 110 wird die eingegebene Zahl daraufhin überprüft, ob sie größer als 100 ist. Wenn ja, wird zu Zeile 200 verzweigt, wenn nicht, dann wird über Zeile 100 eine neue Eingabe gefordert.

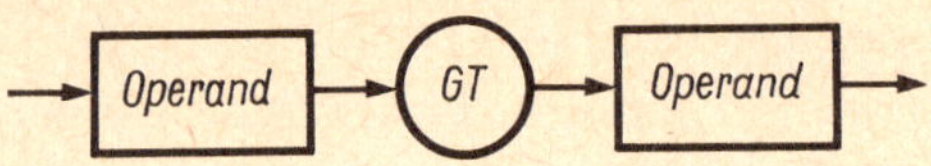

Auch anzutreffende Schreibweise
siehe >

HEX$ (Funktion)

Die Funktion HEX$ liefert einen String, der ihrem dezimalen Argument in hexadezimaler Darstellung entspricht.

Hinweis: Das Argument sollte den Wertebereich einer 16-bit-Vorzeichenzahl nicht überschreiten (−32768< Argument <32767).

```
100 INPUT "Zahleneingabe";Z
110 PRINT HEX$(Z)
120 GOTO 100
```

Dieses Programm gibt in einer Endlos-Schleife die eingegebenen Zahlen in hexadezimaler Darstellung aus.

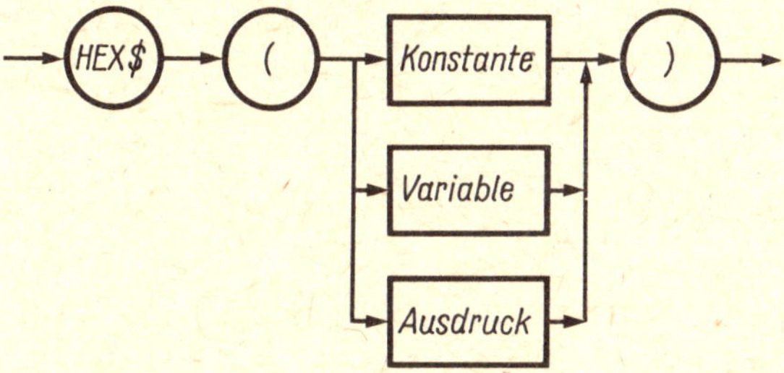

HLIN AT (Befehl)

Der Befehl HLIN AT erzeugt eine horizontale Linie auf (englisch: at) einer speziellen Zeile des Schirms.

Hinweis: Die Zählweise erfolgt für die Anwendung dieses Befehls in der Grafik-Mode.
Diese muß mittels eines geeigneten Befehls, zum Beispiel GR (siehe dort), zugeschaltet werden.

```
100 GR
110 HLIN 2,20 AT 10
```

erzeugt eine Linie in Zeile 10 von Spalte 2 bis 20 (Grafik-Zählweise)

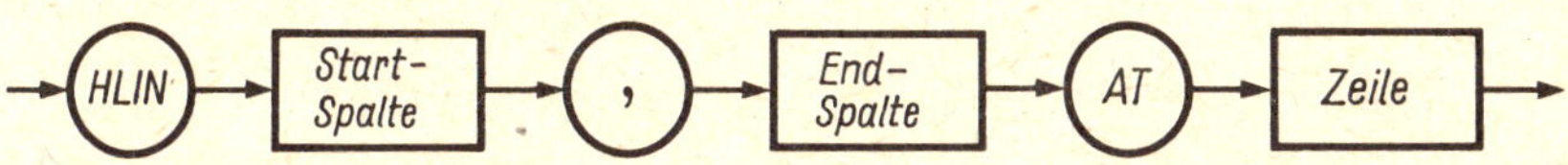

→ 5/I

HOME (Befehl)

Der Befehl HOME löscht den Bildschirm und plaziert den Kursor in die sogenannte HOME-Position, also Zeile 1 und Spalte 1 des Schirms. HOME ist in seiner Wirkung dem Befehl CLS (siehe dort) ähnlich.

■
```
1ØØ PRINT "Jetzt Schirm loeschen"

11Ø HOME
```

IF (Befehl)

Der Befehl IF ist Teil der IF-THEN-ELSE-Struktur und kann allein nicht gegeben werden.
Die IF-THEN-ELSE-Kombination wird vorzugsweise für bedingte Programmverzweigungen angewandt. Die IF-Klausel leitet den Bedingungsausdruck ein.

■
```
1ØØ IF A = 3 THEN B = 5 ELSE GOTO 2ØØ

11Ø ...
```

Das Beispiel bedeutet, daß zuerst der Wert von A mit 3 verglichen wirc Wenn (englisch: if) er gleich 3 ist, dann (englisch: then) wird der Variablen der Wert 5 zugewiesen und anschließend im Programm fortgefahren. Ansonsten (englisch: else) wird ein unbedingter Sprung zur Programmzeile 20 durchgeführt.
Hinweis: Die Anweisung ELSE ist optional. Wird sie weggelassen, so würd im obigen Beispiel für den Fall, daß A nicht gleich 3 ist, mit der Zeile 110 for gefahren. Verschachtelungen von IF-THEN-ELSE sind erlaubt.

■
```
1ØØ IF A = 3 THEN B = 5 ELSE IF A = 4
    THEN B = 6 ELSE B = 8

11Ø ...
```

In diesem Beispiel wird zuerst geprüft, ob A den Wert 3 besitzt; wenn ja, dann wird B der Wert 5 zugewiesen und in Zeile 110 fortgefahren. Wenn A aber nicht 3 ist, so wird geprüft, ob A den Wert 4 hat; wenn ja, dann wird B der Wert 6 zugewiesen und mit Zeile 110 fortgefahren; ansonsten wird B der Wert 8 zugewiesen und dann erst mit Zeile 110 weitergearbeitet.
Eine weitere, interessante Kombination ist:

```
1ØØ IF A = 3 OR IF A = 5 AND C$ = "Tante Anna"
    THEN B = 6
```

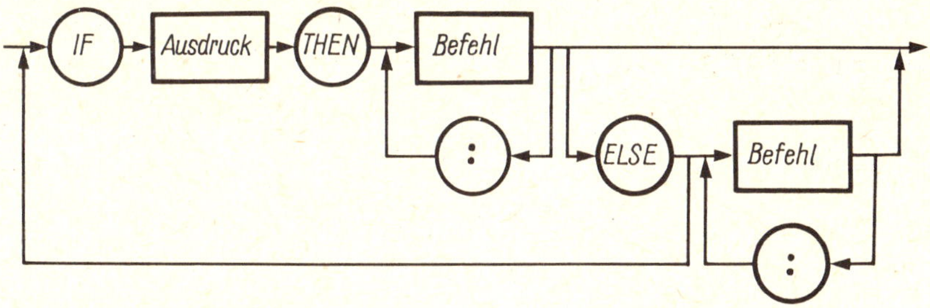

Auch anzutreffende Schreibweise
IF THE
IF T.

F- GOTO (Befehl)

Der Befehl IF- GOTO stellt eine bedingte Programmverzweigung dar. Er kann als Sonderform der IF- THEN- ELSE-Kombination (siehe dort) aufgefaßt werden.

```
1ØØ IF A = 5 GOTO 2ØØ

11Ø ...
```

Wenn A den Wert 5 hat, so wird bedingt (unter der Bedingung eben, daß A = 5 ist) auf Zeile 200 gesprungen, ansonsten wird im Programm mit Zeile 110 fortgefahren.

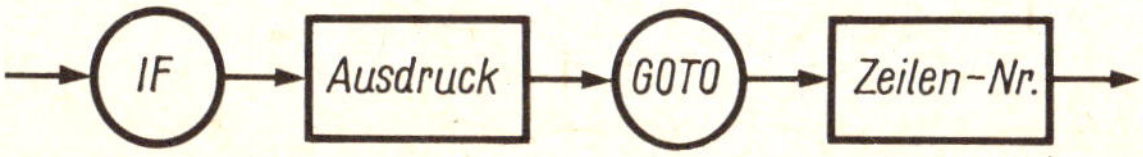

Auch anzutreffende Schreibweise
IF- G.
IF- GOT

IF- LET (Befehl)

Der Befehl IF- LET stellt eine bedingte Zuweisung dar. Er kann als Sonderform der IF- THEN- ELSE-Kombination (siehe dort) aufgefaßt werden.

■
```
1ØØ IF A = 5 LET B = 8
11Ø ...
```

weist in dem Fall, daß A den Wert 5 hat, der Variablen B den Wert 8 zu. Ansonsten wird B bei dem alten Wert belassen und das Programm ab Zeile 110 fortgesetzt.

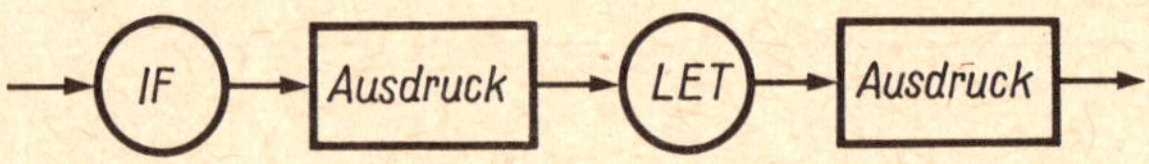

IMAGE (Befehl)

Der Befehl IMAGE wird zur Spezifikation des Ausgabeformates im Zusammenhang mit dem PRINT- USING-Befehl (siehe dort) benutzt.

■
```
1ØØ IMAGE 6A,2D,":",2D,":",2D
• • •
2ØØ PRINT USING 1ØØ, "Zeit =",H,M,S
```

ergibt in der Annahme, daß H=11, M=23 und S=12 sei, folgendes Format

```
Zeit = 11:23:12
```

Hinweis: Das Format wird in der IMAGE-Anweisung durch Format-Steuerze chen angegeben. Strings können sich innerhalb der IMAGE-Zeile (in Anfüh rungszeichen) an jeder beliebigen Stelle befinden.

Formatsteuer-zeichen	Bedeutung
A	Platzhalter für Buchstaben (ASCII); kann mit führender Zahl versehen werden, z. B. 6A bedeutet 6 Buchstabenplätze
D	Digit-Platzhalter, kann ebenfalls mit einer vorgestellten Zahl vervielfacht werden
E	weist Exponentialdarstellung an, z. B. 12345.67 mit D.4DE wird zu 1.2346E+04
S	weist an dieser Stelle den Druck des Vorzeichens an (+ oder −)
X	Platzhalter für Leerzeichen (kann ebenfalls mit einer Zahl vervielfacht werden)
.	(Punkt) Position des Dezimalpunktes, z. B. 3D.2D
,	(Komma) Trennzeichen der Formatangabe
/	Formatkennzeichen, generiert zusätzlich eine neue Zeile
( )	Trennzeichen für Formatwiederholungen, z. B. 3(5D.2D,3X,4D) das Format in Klammern wiederholt sich dreimal hintereinander
+	unterdrückt den Zeilenvorschub am Zeilenende, Wagenrücklauf wird jedoch ausgeführt

Formatsteuer-zeichen	Bedeutung
–	unterdrückt Wagenrücklauf, Zeilenvorschub wird jedoch ausgeführt
#	unterdrückt sowohl Zeilenvorschub als auch Wagenrücklauf

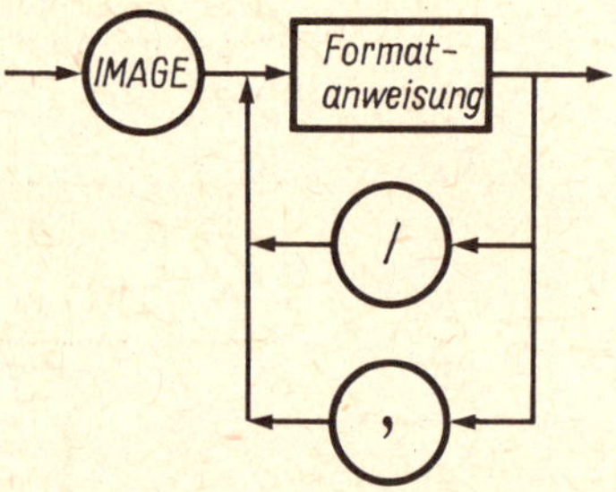

IMP (Operator)

Der Operator IMP ist ein logischer Operator, der genau dann 0 wird, wenn der erste Operator 1 und der zweite Operator 0 ist.

```
1 IMP 1
```

ergibt

```
1
```

```
1 IMP Ø
```

ergibt

```
Ø
```

```
Ø IMP 1
```

ergibt

```
1
```

```
Ø IMP Ø
```

ergibt

```
1
```

INDEX (Funktion)

Die Funktion INDEX ist eine andere Schreibweise der Funktion INSTR (siehe dort).

INKEY$ (Befehl)

Der Befehl INKEY$ ist identisch mit dem Befehl GET (siehe dort).

INP (Funktion)

Die Funktion INP ermittelt den momentanen Wert eines spezifizierten Computerports zum Zeitpunkt der Abfrage.

Hinweis: Diese Funktion ist sehr stark vom Computertyp und dessen Aufbau abhängig. Informieren Sie sich über seine Funktion und Anwendung!

```
1ØØ C = INP(128)
```

→ 5/I

ermittelt den momentanen Wert am Port mit der Adresse 128 (80 hex) und weist ihn der Variablen C zu

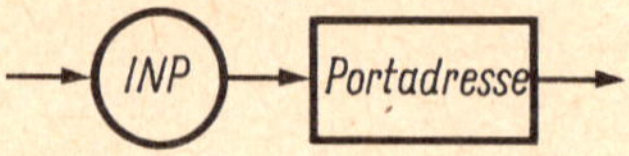

INPUT (Befehl)

Der Befehl INPUT holt Daten von der Eingabekonsole und ordnet sie den entsprechenden Programmvariablen zu. Vor den Eingabeanforderungen läßt er eine Textausgabe zu.

■

```
1ØØ INPUT "Bitte jetzt Eingabe A,B,C$=";A,B,C$
```

ergibt

```
Bitte jetzt Eingabe A,B,C$=?
```

Das Fragezeichen zeigt die Eingabebereitschaft des Computers an. Er erwartet jetzt die Eingabe der numerischen Variablen A und B sowie der Stringvariablen C$. Die einzelnen Daten werden durch Kommata getrennt. Für das obige Beispiel wäre möglich:
wäre möglich:

```
11,1.32E-3Ø,"Tante Anna"
```

Hinweis: Es ist zu beachten, daß die eingegebenen Datentypen mit den erwarteten Datentypen übereinstimmen, also numerisch zu numerisch, String zu String.
Übrigens: Wundern sollten Sie sich keinesfalls darüber, wenn Sie folgendes versuchen:

```
1ØØ INPUT A$
```

Und Sie geben als Eingabe beispielsweise

```
"Jetzt, oder nie!"
```

Ihr Computer wird hocherfreut eine Fehlermeldung generieren, die besagt, daß Sie zu viele Daten eingeben wollten. Wenn Sie den A$ prüfen, so wird er „Jetzt" enthalten. Sofort wird Ihnen einfallen, daß ein Komma verschiedene Eingabedaten voneinander trennt. Sollten Sie dennoch auf A$ mit „Jetzt, oder nie!" beharren, so versuchen Sie es doch mit
`LINE INPUT` oder `INPUTLINE`.

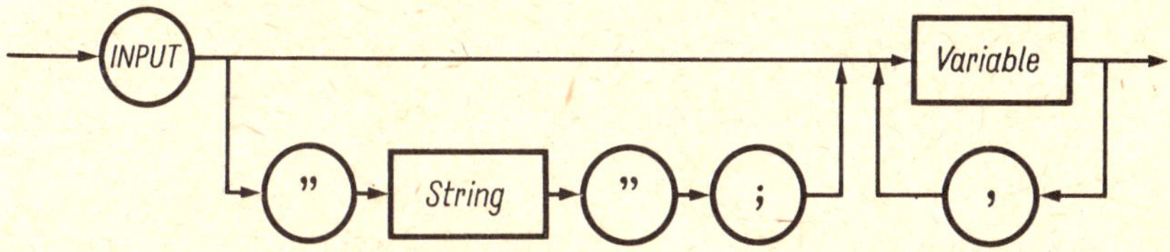

Auch anzutreffende Schreibweise
IN.
I.

INPUT# (Befehl)

Der Befehl INPUT# liest Daten aus einer sequentiellen Datei, welche zuvor mit einem OPEN- "I" -Befehl (siehe dort) eröffnet werden muß.

```
1ØØ A$ = "Tante Anna"
11Ø B$ = "Onkel Otto"
12Ø C = 55.3E-17
13Ø OPEN "O",1,"VERSUCH.DAT"
14Ø WRITE #1,A$,B$,C
15Ø CLOSE 1
16Ø OPEN "I",1,"VERSUCH.DAT"
17Ø INPUT# 1,D$,E$,F
18Ø CLOSE 1
19Ø PRINT A$,B$,C
2ØØ PRINT D$,E$,F
```

```
21Ø KILL "VERSUCH.DAT"
22Ø END
```

Dieses einfache Beispielprogramm demonstriert den Umgang mit Daten und Dateien. Zeile 130 eröffnet den Dateikanal Nummer 1 mit Namen „VERSUCH.DAT“ (CP/M-Namensgebung), schreibt in diesen (Zeile 140) die Variablen A$, B$ und C und schließt die Datei (Zeile 150). Diese wird in Zeile 160 zum Lesen eröffnet. Zeile 170 „liest“ die Daten und Zeile 180 schließt die gelesene Datei. Die Displayausgabe in Zeile 190 ist mit der in Zeile 200 identisch. Der Ordnung halber wird die zu Testzwecken eröffnete Datei in Zeile 210 gelöscht.

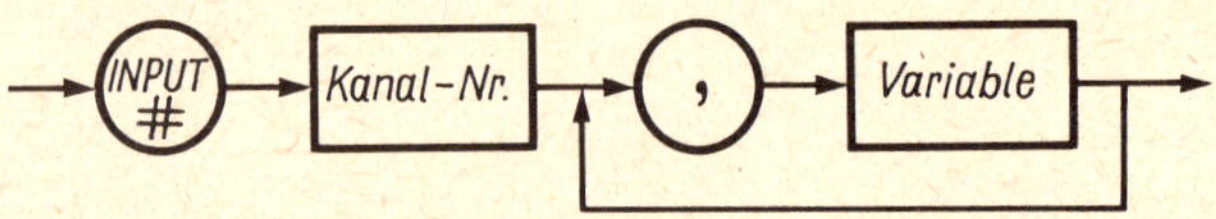

INPUT$ (Funktion)

Die Funktion INPUT$ unterbricht die Programmabarbeitung, bis eine spezifizierte Anzahl Textzeichen eingegeben wurde.

■

```
1ØØ PRINT "Geben Sie 5 Textzeichen ein:"
11Ø A$ = INPUT$(5)
12Ø PRINT "Sie haben ";A$;" eingegeben."
```

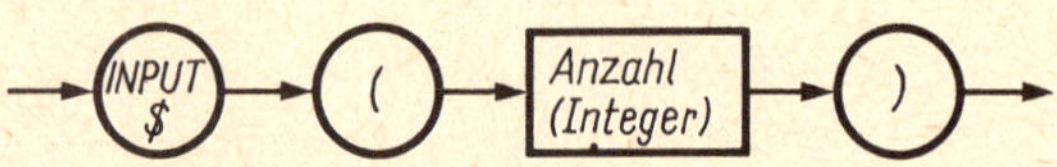

INPUT1 (Befehl)

Der Befehl INPUT1 gleicht der Funktion INPUT (siehe dort) mit dem Unterschied, daß bei INPUT1 nach Variableneingabe kein Wagenrücklauf und kein Zeilenvorschub durchgeführt wird.

INPUTLINE (Befehl)

Der Befehl INPUTLINE gleicht dem Befehl LINE INPUT (siehe dort) mit der Ausnahme, daß als Eingabeanforderung vom Computer ein Ausrufungszeichen gegeben wird.

INSTR (Funktion)

Die Funktion INSTR untersucht, ob eine Zeichenkette (Musterstring) ein bestimmtes Zeichen oder eine bestimmte Zeichenfolge (Suchstring) enthält. Optional kann die Angabe der Position erfolgen, ab der im Musterstring gesucht werden soll. Entfällt diese, so wird ab dem ersten Zeichen gesucht. Ist der Suchstring nicht im Musterstring enthalten, wird die Funktion den Wert Null (0) liefern, anderenfalls die Zeichenposition als Integer-Zahl, ab der der Suchstring im Musterstring enthalten ist.

```
A = INSTR("TANTE ANNA","N")
```

ergibt

```
A = 3
```

```
A = INSTR("TANTE ANNA","AN")
```

ergibt

```
A = 2
```

```
A = INSTR("TANTE ANNA","AN",2)
```

ergibt

```
A = 2
```

```
A = INSTR("TANTE ANNA","AN",3)
```

ergibt

```
A = 7
```

```
A = INSTR("TANTE ANNA","AN",8)
```

ergibt

```
A = Ø
```

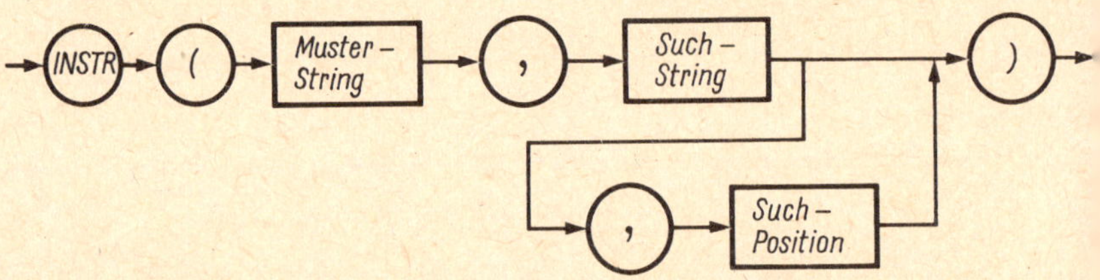

Auch anzutreffende Schreibweise
siehe INDEX

INT (Funktion)

Die Funktion INT erzeugt den größten ganzzahligen Wert, der kleiner oder gleich dem Argument ist.

Hinweis: Es ist zu beachten, daß BASIC alle Werte nach unten abrundet.

■

```
INT(-3.5)
```

ergibt

```
-4
```

```
INT(3.5)
```

ergibt

```
3
```

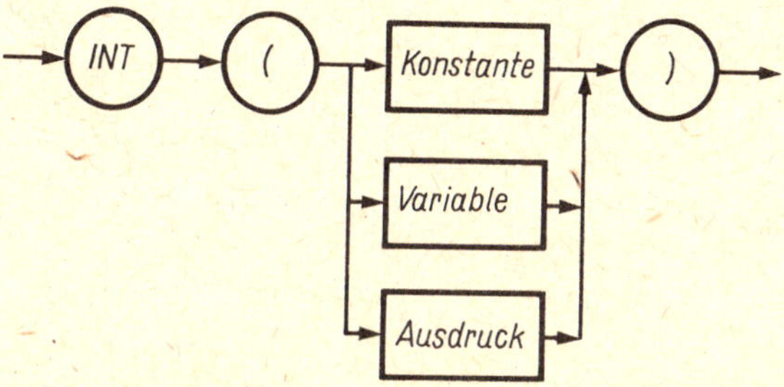

Auch anzutreffende Schreibweise
I.

NVERSE (Befehl)

Der Befehl INVERSE veranlaßt, daß die Zeichendarstellung auf dem Schirm invers erscheint, das heißt, schwarze Schrift auf weißem Grund.

Hinweis: Dieser Befehl ist implementierungsabhängig. Informieren Sie sich über seine Funktion und Anwendung!

```
100 PRINT "Normalschrift"
110 INVERSE
120 PRINT "Inversschrift"
```

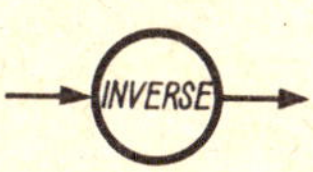

LL (Befehl)

Der Befehl KILL löscht die benannte Datei vom Massenspeicher.

→ 5/L

Hinweis: Dieser Befehl ist stark implementierungsabhängig. Informieren Sie sich über seine Funktion und Anwendung!

```
100 KILL "ALTDAT.BAS"
```

löscht die Datei ALTDAT.BAS

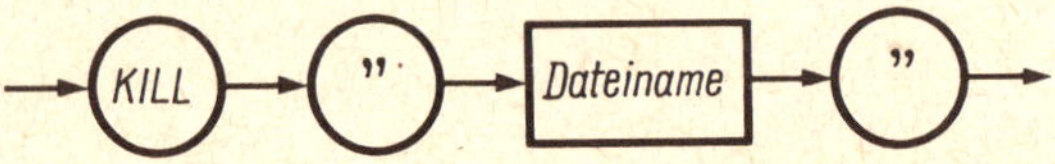

LE (Operator)

Der Operator LE ist ein relationaler Operator. Er vergleicht, ob der links von ihm stehende Operand kleiner oder gleich (englisch: less than or equal to) dem rechts von ihm stehenden Operanden ist.

```
100 INPUT "Eingabe einer Zahl";A
110 IF A LE 100 THEN GOTO 200
120 PRINT "Zahl ist groesser als 100"
130 GOTO 100
• • •
200 PRINT "Zahl ist kleiner oder gleich 100"
210 END
```

In Zeile 110 wird die eingegebene Zahl daraufhin geprüft, ob sie kleiner oder gleich 100 ist. Wenn ja, wird zu Zeile 200 verzweigt, ansonsten wird eine neue Eingabe abgefordert.

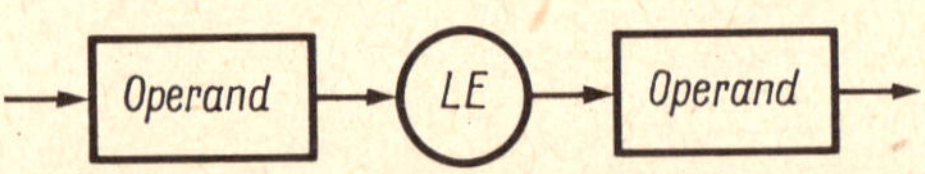

Auch anzutreffende Schreibweise

<=

LEFT$ (Funktion)

Die Funktion LEFT$ liefert einen String, welcher aus einem gegebenen Musterstring von links beginnend „herausgelöst“ wird.

```
1ØØ A$ = "Tante Anna"
11Ø B$ = LEFT$(A$,5)
```

löst aus dem Musterstring „Tante Anna“, von links beginnend, 5 Zeichen heraus und weist diesen String der Stringvariablen B$ zu.

```
12Ø PRINT B$
```

ergibt

```
Tante
```

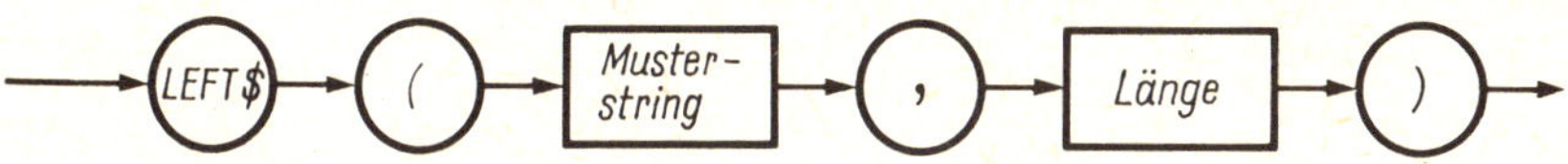

Auch anzutreffende Schreibweise
LEFT

LEN (Funktion)

Die Funktion LEN ermittelt die Anzahl der Zeichen des Strings in ihrem Argument.

```
A = LEN("Tante Anna")
```

ergibt

```
A = 1Ø
```

```
A = LEN("ABC")
```

ergibt

```
A = 3
```

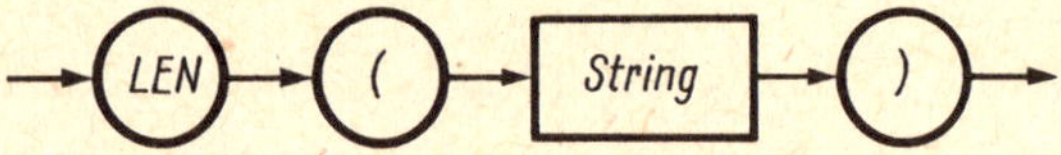

Auch anzutreffende Schreibweise
L.

LET (Befehl)

Der Befehl LET wird dazu verwandt, um Variablen ihre jeweiligen Werte zuzuweisen.

Hinweis: Dieser Befehl ist bei fast allen Computern optional. Nur „Vetera nen" verwenden ihn noch. In jedem Fall ist die Bedienungsanleitung zu kon sultieren, ob dies auch für den eigenen Computer zutrifft.

■
```
1ØØ LET A = 3
11Ø LET B$ = "Tante Anna"
```

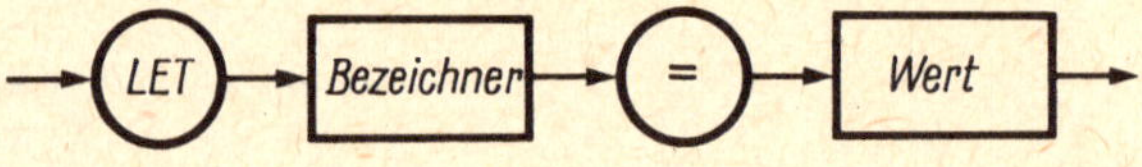

LIN (Funktion)

Die Funktion LIN veranlaßt, daß eine gegebene Anzahl von Zeilenvorschüben auf dem Bildschirm ausgegeben wird.

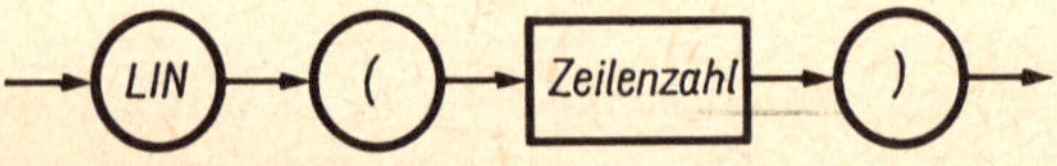

```
100 PRINT "Von hier an"
110 LIN(5)
120 PRINT "bis hier sind 5 Zeilen leer".
```

LINE INPUT (Befehl)

Der Befehl LINE INPUT akzeptiert die Eingabe einer ganzen Zeile und weist diese einer Stringvariablen zu.

Hinweis: Einige Computer haben starke Einschränkungen bezüglich der Länge einer Eingabezeile oder der Länge einer Stringvariablen. Informieren Sie sich über Funktion und Anwendung dieses Befehls!

```
100 LINE INPUT A$
```

Jetzt kann die Eingabe einer Zeile beginnen. Alle Zeichen sind zugelassen (auch Kommata), bis ein Zeilenende-Zeichen die Eingabe beendet.

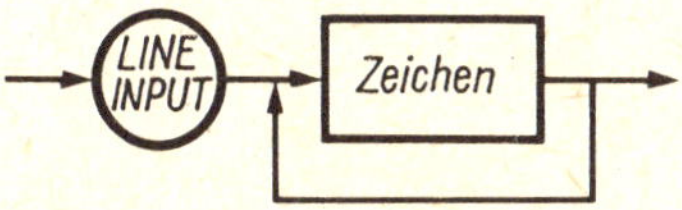

Auch anzutreffende Schreibweise
LINPUT

LIST (Befehl)

Der Befehl LIST dient dazu, das Programm bzw. Teile davon auf dem Bildschirm auszuLISTen.

Hinweis: Dieser Befehl ist in seiner Syntax stark implementierungsabhängig. Informieren Sie sich über seine Funktion und Anwendung! Manche Computer wollen z. B. statt des Bindestriches als Trennzeichen ein Komma.

```
LIST
```

listet das Gesamtprogramm aus

```
LIST -1ØØ
```

listet bis Zeile 100

```
LIST 1ØØ-
```

listet ab Zeile 100 das restliche Programm aus

```
LIST 12Ø
```

listet nur Zeile 120

```
LIST 1ØØ-2ØØ
```

listet alles im Zeilenbereich von 100 bis 200

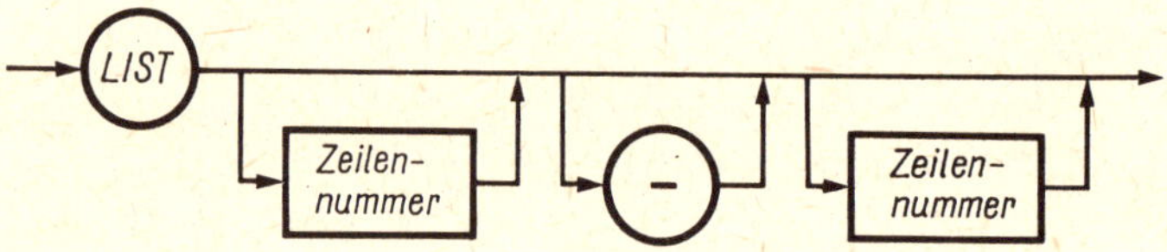

Auch anzutreffende Schreibweise:
LIS
LI
L.

LLIST (Befehl)

Der Befehl LLIST ähnelt in seiner Wirkung und Syntax dem LIST (siehe dort) mit dem Unterschied, daß die LLIST-Ausgabe auf dem Drucker erfolgt.

LOAD (Befehl)

Der Befehl LOAD ist mit CLOAD identisch (siehe dort).

LOC (Funktion)

Die Funktion LOC liefert bei Dateien mit unmittelbarem Zugriff die Satznummer des zuletzt mit PUT bzw. GET (siehe dort) geschriebenen oder gelesenen Datensatzes. Wenn die Funktion Anwendung findet, ohne daß zuvor eine Lese- oder Schreiboperation erfolgte, so liefert sie den Wert 0. Bei sequentiellen Dateien liefert LOC die Anzahl der geschriebenen bzw. gelesenen Blöcke mit einer Länge von je 128 Bytes.

Hinweis: Dieser Befehl ist vom Betriebssystem und der Implementierung stark abhängig. Informieren Sie sich über seine Funktion und Anwendung!

```
1ØØ A=LOC(1)
```

weist der Variablen A den Wert des aktuellen Datensatzes der Datei Nummer 1 zu.

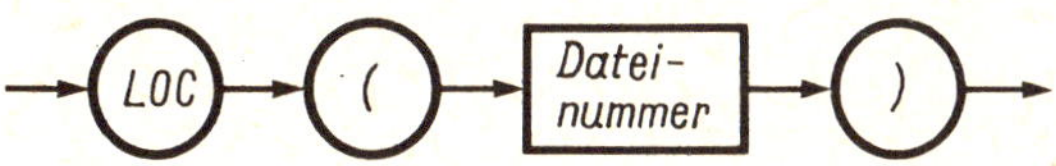

LOF (Funktion)

Die Funktion LOF spielt in bestimmten Diskettenbetriebssystemen eine Rolle. Einige Systeme organisieren die Diskette so, daß für eine Datei jeweils Speicherblöcke von 128 physischen Sätzen reserviert werden (z. B. CP/M). Reicht dieser Platz nicht aus, wird ein weiterer Block zugewiesen, und es erfolgt ein entsprechender Eintrag im Diskettenverzeichnis (Directory). Die Funktion LOF ermittelt, wieviele Sätze im zuletzt geschriebenen oder gelesenen Block enthalten sind. Wenn die Datei nicht größer als ein Block ist, ergibt diese Funktion die tatsächliche Länge der Datei in Sätzen.

Hinweis: Dieser Befehl ist vom Betriebssystem und der Implementierung stark abhängig. Informieren Sie sich über seine Funktion und Anwendung!

```
1ØØ A=LOF(1)
```

weist der Variablen A die Anzahl der aktuellen Sätze der Datei Nummer 1 zu

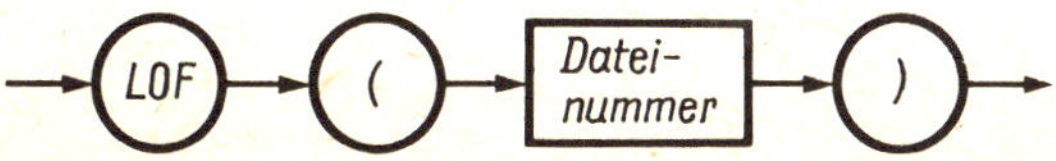

LOG (Funktion)

Die Funktion LOG ermittelt den natürlichen Logarithmus (Basis e) ihres Arguments.

```
100 PRINT "Der natuerl. Logarithmus von 3 ist";
110 PRINT LOG(3)
```

ergibt

```
Der natuerl. Logarithmus von 3 ist 1.098612
```

Es ist zu beachten, daß das Argument stets größer als Null sein muß.

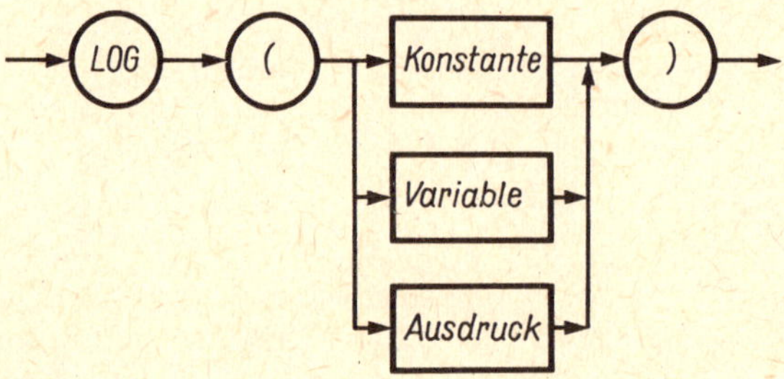

Auch anzutreffende Schreibweise
LOGE
LN

LOG10 (Funktion)

Die Funktion LOG10 berechnet den Logarithmus zur Basis 10.

```
100 A = 17.21
110 B = LOG10(A)
120 PRINT B
```

ergibt

```
1. 23578
```

Es ist zu beachten, daß das Argument stets größer als Null sein muß.

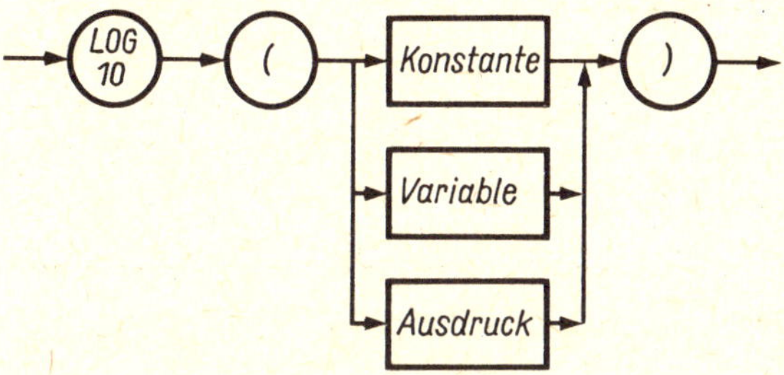

Auch anzutreffende Schreibweise
LGT

LPOS (Funktion)

Die Funktion LPOS liefert die aktuelle Druckposition innerhalb einer Zeile bei der Druckerausgabe.

Hinweis: Das in Klammern angegebene Argument bleibt unbeachtet, es ist ein sogenanntes Dummy-Argument. Es darf jedoch nicht fehlen, um die Konventionen bezüglich einer Funktion nicht zu verletzen.

```
1ØØ IF LPOS(Ø) > 64 THEN PRINT
```

Das Programmbeispiel bewirkt, daß nach Überschreiten der 64sten Ausgabeposition ein Zeilenwechsel stattfindet.

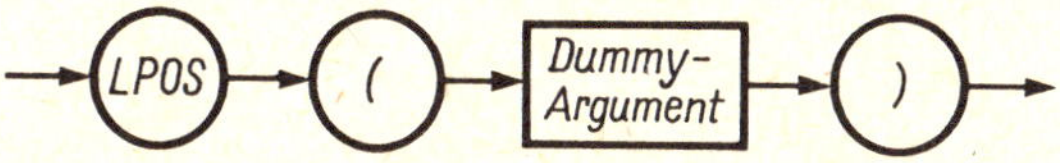

LPRINT (Befehl)

Der Befehl LPRINT ist dem Befehl PRINT (siehe dort) in seinen Eigenschaften ähnlich, nur daß die Ausgabe statt auf den Bildschirm auf den Drucker geleitet wird.

LPRINT USING (Befehl)

> Der Befehl LPRINT USING ist dem Befehl PRINT USING (siehe dort) in seinen Eigenschaften ähnlich, nur daß die Ausgabe statt auf den Bildschirm auf den Drucker geleitet wird.

LSET (Befehl)

> Der Befehl LSET überträgt Daten linksbündig in einen Dateipuffer (siehe auch FIELD) bzw. linksbündig in eine Stringvariable.

- *Für Dateipuffer*

```
1ØØ OPEN "X", 1, "TEST.DAT",45
12Ø FIELD 1,2Ø AS DK$
13Ø R$ = "Tante Anna"
14Ø LSET DK$ = R$
```

Die Zeilen 100 und 120 sind im wesentlichen mit denen im FIELD-Befehl erläuterten identisch (siehe dort). Zeile 140 weist der Variablen DK$ linksbündig den String R$ zu.

- *Für Stringvariable*

```
1ØØ A$ = SPACE$(2Ø)
11Ø B$ = "Tante Anna"
12Ø LSET A$ = B$
13Ø PRINT " > "; A$; " < "
```

druckt in Zeile 130 A$ als linksbündigen String aus

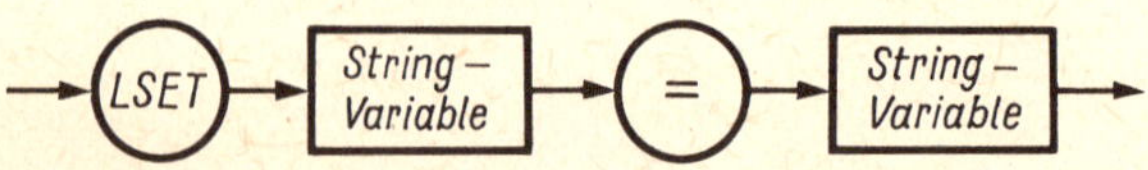

LT (Operator)

Der Operator LT ist ein relationaler Operator, der die Operanden auf kleiner als (englisch: less than) prüft.

```
100 INPUT A
110 IF A LT 10 THEN GOTO 100
120 PRINT "Eingabe war groesser oder gleich 10!"
```

Der in Zeile 100 eingegebene Wert wird in Zeile 110 daraufhin überprüft, ob er kleiner als 10 ist. Wenn ja, wird eine neue Eingabe verlangt, ansonsten erfolgt die Ausschrift von Zeile 120. (Hierarchie von Operatoren; s. Kapitel 2).

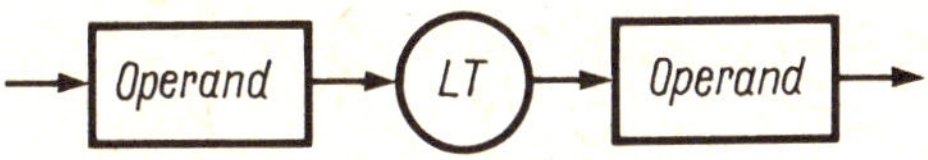

Auch anzutreffende Schreibweise
siehe <

LWIDTH (Befehl)

Der Befehl LWIDTH ist dem Befehl WIDTH (siehe dort) ähnlich, nur daß LWIDTH auf dem angeschlossenen Drucker wirksam ist.

MAN (Befehl)

Der Befehl MAN wird benutzt, um eine MANuelle Eingabe von Programmzeilennummern zu gestatten.

Hinweis: Der Befehl ist sehr stark implementierungsabhängig. Informieren Sie sich über seine Funktion und Anwendung!

MAT... (Befehl)

Die Befehle MAT... dienen zur Matrizenbehandlung.

Hinweis: Diese Befehle sind nur in wenigen BASIC-Dialekten verfügbar. Deshalb wird an dieser Stelle – außer einer unvollständigen Aufzählung – auf die Behandlung verzichtet.

Implementierungsbeispiele	
MAT CON	setzt jedes Matrixelement auf einen konstanten Wert
MAT IDN	bildet bei einer quadratischen Matrix die Identitätsmatrix (1 auf der Hauptdiagonalen, ansonsten 0)
MAT INPUT	erlaubt Eingaben in eine Matrix
MAT INV	invertiert eine quadratische Matrix
MAT PRINT	druckt die Matrixwerte aus
MAT READ	liest DATA-Werte in eine Matrix
MAT TRN	Transponieren einer Matrix
MAT ZER	setzt Matrixwerte Null
MAT =	Zuweisung einer Matrix von einer anderen
MAT +	Addition zweier Matrizen
MAT *	Multiplikation zweier Matrizen bzw. einer Matrix mit einem Wert

MATCH (Funktion)

Die Funktion MATCH hat die gleiche Bedeutung und Syntax wie die Funktion INSTR (siehe dort).

MAX (Befehl)

Der Befehl MAX bestimmt, welcher von zwei Werten der größere ist.

```
1ØØ X = B MAX 15
```

weist der Variablen X den Wert von B zu, falls dieser größer als 15 ist; andernfalls wird X der Wert 15 zugewiesen.

MEM (Befehl)

Der Befehl MEM wird üblicherweise im Zusammenhang mit dem Befehl PRINT zur Darstellung des noch zur Verfügung stehenden freien Speicherbereiches benutzt. Seine Wirkung ist der Funktion FRE sehr ähnlich (siehe dort).

```
PRINT MEM
```

gibt in der Befehlsmode den aktuellen freien Speicherplatz auf dem Schirm aus

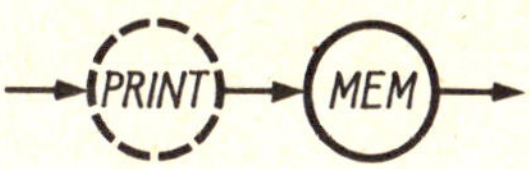

Auch anzutreffende Schreibweise
M.

MERGE (Befehl)

Der Befehl MERGE überlagert ein auf einem externen Massenspeicher (Tonband, Diskette oder ähnliches) befindliches Programm über das im Speicher befindliche. Dabei werden Zeilen mit gleichen Zeilennummern vom externen Programm überschrieben. Man kann sich den Befehl MERGE als eine nachträgliche Eingabe von Programmzeilen von einem externen Speicher vorstellen.

Hinweis: Obwohl MERGE auch in der Programm-Mode gegeben werden kann, ist seine Anwendung fast nur in der Direkt-Mode sinnvoll, da MERGE in jedem Fall nach Abarbeitung in die Direkt-Mode zurückkehrt.

```
MERGE "T"
```

überlagert das Programm „T" dem im Speicher befindlichen Programm

→ 5/M

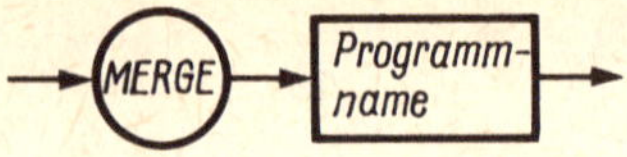

MID$ (Funktion)

> Die Funktion MID$ isoliert einen Teilstring von spezifizierter Länge aus einem Musterstring.

■

```
A$ = MID$ ("Tante Anna", 1,2)
```

ergibt

```
Ta
```

```
A$ = MID$ ("Tante Anna", 4,2)
```

ergibt

```
te
```

```
A$ = MID$ ("Tante Anna", 7,4)
```

ergibt

```
Anna
```

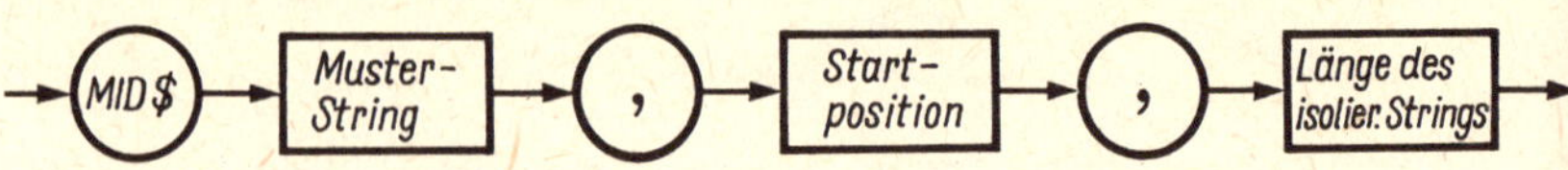

Auch anzutreffende Schreibweise
MID
siehe SEG$

MIN (Befehl)

Der Befehl MIN bestimmt, welcher von zwei Werten der kleinere ist.

```
100 X = B MIN 15
```

weist X den Wert von B zu, falls dieser kleiner als 15 ist; anderenfalls wird X der Wert 15 zugewiesen

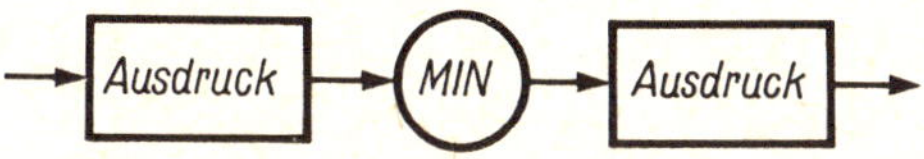

MKD$, MKI$, MKS$ (Funktionen)

Die Funktionen MKD$, MKI$ und MKS$ wandeln numerische Werte in Zeichenkettenwerte um, die anschließend mit einer LSET- oder RSET-Anweisung (siehe dort) in einen Datenpuffer übertragen werden können.
Dabei erzeugt
MKD$ eine Zeichenkette der Länge 8 (real, double precision)
MKI$ eine Zeichenkette der Länge 2 (integer)
MKS$ eine Zeichenkette der Länge 4 (real, single precision).

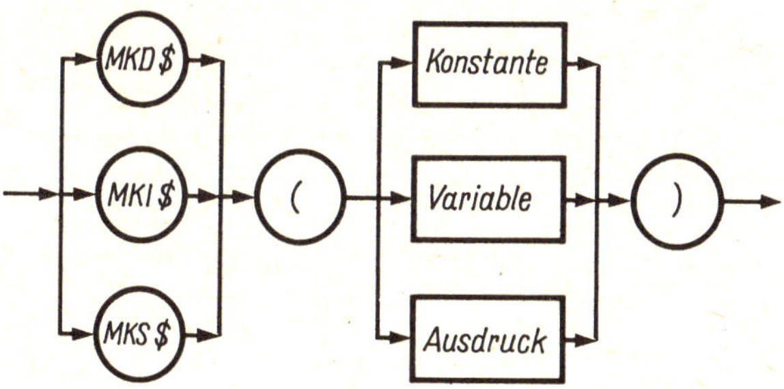

MOD (Operator)

Der arithmetische Funktionsoperator MOD bestimmt den Rest einer Division.

```
C = 8 MOD 5
```

→ 5/N

ergibt

```
C = 3
```

da der Rest von 8 geteilt durch 5 genau 3 ist

Hinweis: Einige Computer bilden den Rest automatisch als Integerzahl aus (zum Beispiel 11.8 MOD 5 wird dann zu 1 statt 1.8).

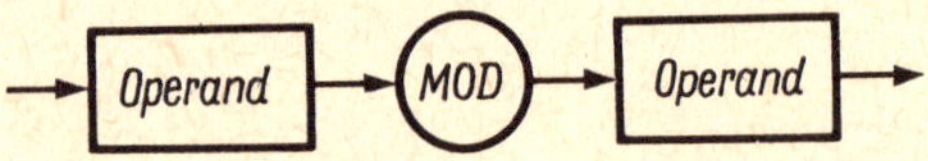

Hinweis: Oftmals wird der Operator MOD auch als „Funktion" angesprochen bzw. beschrieben. Er sollte jedoch als solche nicht beschrieben werden, da MOD in seiner Syntax den „klassischen" Funktionsaufbau nicht erfüllt.

NAME (Befehl)

Der Befehl NAME benennt ein auf dem externen Massenspeicher befindliches BASIC-Programm um.

Hinweis: Dieser Befehl ist stark implementierungsabhängig. Informieren Si sich über die Regeln der Namensgebung bzw. Umbenennung!

Das Beispiel und das Syntaxdiagramm repräsentieren daher nur eine mögli che Implementierungsform.

```
NAME "ALTNAME" AS "NEUNAME"
```

benennt die Datei „ALTNAME" in die Datei „NEUNAME" um

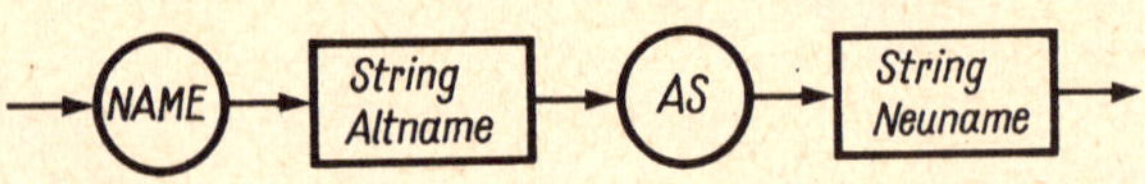

NE (Operator)

Der Operator NE ist ein relationaler Operator, der die Operanden auf Ungleichheit (englisch: not equal) prüft.

```
1ØØ INPUT A
11Ø IF A NE 1Ø THEN GOTO 1ØØ
12Ø PRINT "Eingabe war 1Ø!"
```

Der in Zeile 100 eingegebene Wert wird in Zeile 110 daraufhin überprüft, ob er ungleich 10 ist. Wenn ja, wird eine neue Eingabe gefordert, wenn nein, erfolgt die Ausschrift von Zeile 120.

Hinweis: Man beachte die Hierarchie der Operatoren (siehe Kapitel 2). Einige „exotische" BASIC-Dialekte verstehen in der Direktmode ein NE als Befehl NEW und verhalten sich dementsprechend.

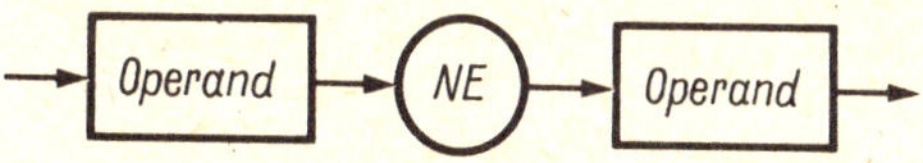

Auch anzutreffende Schreibweise
siehe <>

EW (Befehl)

Der Befehl NEW löscht ein im Speicher befindliches BASIC-Programm sofort und unwiderruflich. Der Speicher steht dann in vollem Umfang zur Eingabe eines neuen BASIC-Programms zur Verfügung.

Hinweis: Vor der Eingabe des Befehls NEW bedarf es einer sehr genauen Prüfung dieser Absicht.
Informieren Sie sich über seine Leistungsfähigkeit (siehe auch ERASE)!

```
NEW
```

Versuchen Sie nun, das zuvor im Speicher befindliche Programm zu lesen (z. B. mit LIST)!

Auch anzutreffende Schreibweise
NE
N.
siehe SCRATCH

NEXT (Befehl)

Der Befehl NEXT ist Bestandteil der FOR- TO- NEXT-Schleife. Er kann allein nicht gegeben werden. Er bewirkt, daß die spezifizierte Laufvariable um das im Schleifenkopf gegebene Inkrement erhöht wird und testet, ob die Abbruchbedingung der Schleife erreicht wird. Wenn nein, wird die Programmabarbeitung mit dem nächsten, dem zugehörigen Schleifenkopf folgenden Befehl weitergeführt, ansonsten wird die dem Befehl NEXT folgende Anweisung ausgeführt (siehe FOR).

Auch anzutreffende Schreibweise
NEX
N.

NOFLOW (Befehl)

Der Befehl NOFLOW veranlaßt, daß die Wirkung des Befehls FLOW (siehe dort) aufgehoben wird, das heißt, daß keine vom BASIC-Programm durchlaufenen Zeilennummern mehr zu Kontrollzwecken auf dem Bildschirm ausgegeben werden.

siehe FLOW

NORMAL (Befehl)

Der Befehl NORMAL hebt die Wirkung des mit den Befehlen FLASH oder INVERSE gewählten Darstellungsmodus auf und „schaltet" auf NORMAL Darstellungsart zurück.

siehe FLASH bzw. INVERSE

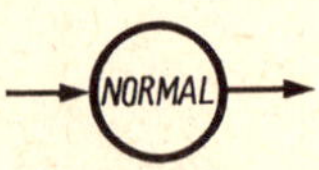

NOT (Operator oder Funktion)

Das Sprachelement NOT kann zwei Bedeutungen haben.

Der Operator NOT invertiert in einem IF- THEN-Befehl die logische Bedingung.

```
100 INPUT A
110 IF NOT (A > 8) THEN 100
120 PRINT "Der Wert ist groesser als 8!"
```

Der in Zeile 100 eingegebene Wert wird in Zeile 110 nach folgender Bedingung geprüft:
Wenn A nicht größer als 8 ist, dann wird über Zeile 100 eine neue Eingabe verlangt, ansonsten erfolgt die Ausschrift des Textes aus Zeile 120.

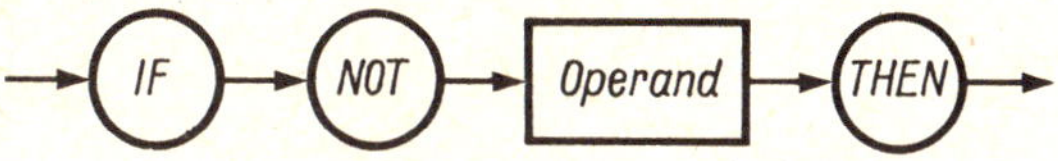

Die Funktion NOT invertiert einen Wert binär zu seinem Einerkomplement, das heißt, alle 1 werden 0, und alle 0 werden 1.

```
100 INPUT A
110 B = NOT (A)
120 PRINT "Das Einerkomplement von ";A;
130 PRINT "ist : ";B
```

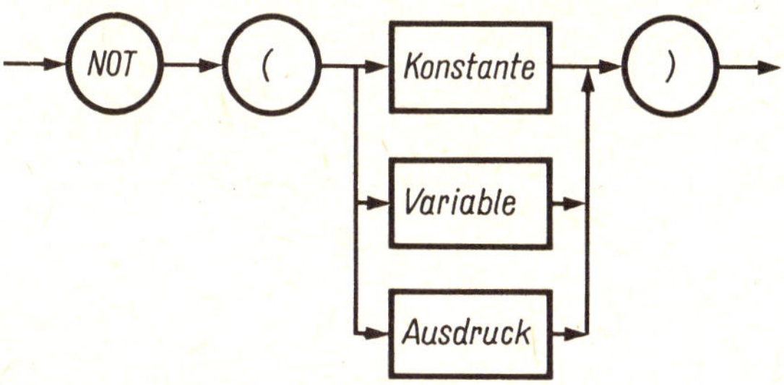

NOTRACE (Befehl)

Der Befehl NOTRACE (siehe TROFF) veranlaßt, daß die Wirkung des Befehls TRACE aufgehoben wird, das heißt, daß von nun an keine vom BASIC-Programm durchlaufenen Zeilennummern mehr zu Kontrollzwecken auf dem Bildschirm ausgegeben werden.

→ 5/O

siehe TRACE

NULL (Funktion)

Die Funktion NULL gibt nach jeder Zeilenschaltung die spezifizierte Anzahl Nullen auf den Ausgabekanal, um langsame Ausgabegeräte (Fernschreiber oder ähnliches) zeitlich nicht zu überlasten.

```
1ØØ NULL(22)
```

sendet nach jeder Zeilenschaltung 22 Nullen zum Ausgabegerät

Hinweis: Der Befehl NULL hat seine Bedeutung praktisch verloren. Er stammt aus den „Kindertagen" des Computers, als die Ausgabegeschwindigkeiten des Ausgabegerätes und des Rechners noch nicht synchron liefen.

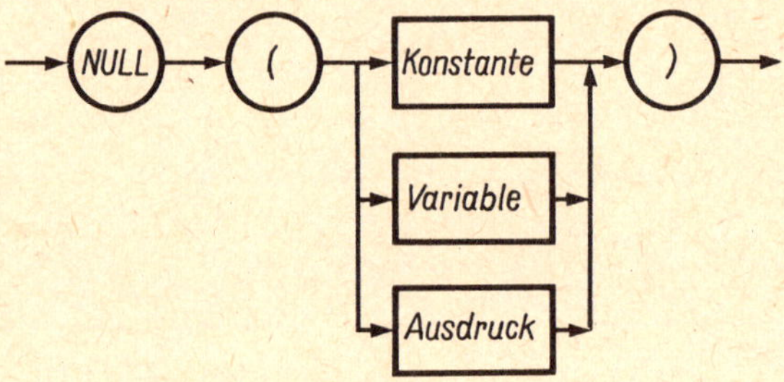

NUM (Funktion)

Die Funktion NUM ist identisch mit der Funktion VAL (siehe dort).

NUM$ (Funktion)

Die Funktion NUM$ ist identisch mit der Funktion STR$ (siehe dort).

OCT$ (Funktion)

Die Funktion OCT$ liefert einen String, der das dezimale Argument in oktaler Darstellung enthält.

```
100 INPUT A
110 PRINT OCT$(A)
```

ergibt beispielsweise für die Eingabe von A = 33 (in Zeile 100) die Ausgabe von 41

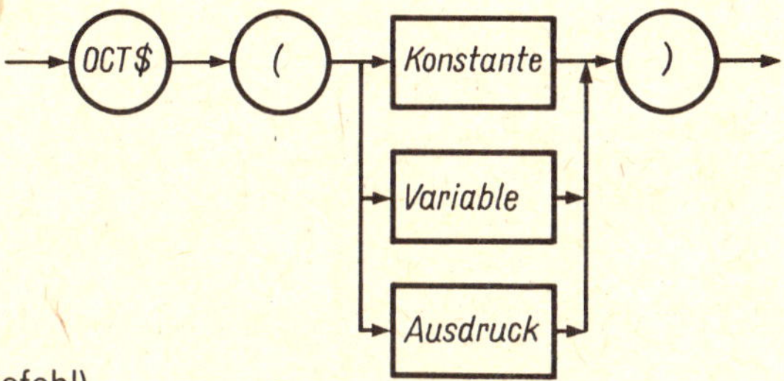

ON (Befehl)

Der Befehl ON stellt keinen eigenständigen Befehl dar. Er leitet eine bedingte Programmverzweigung ein.

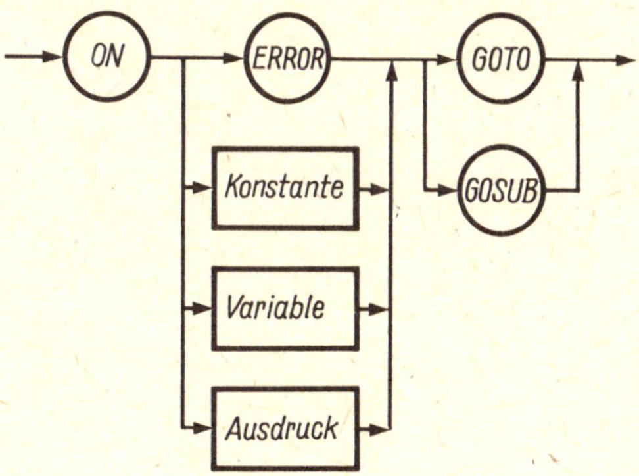

Hinweis: ERROR-ON: identisch mit ON-ERROR
GOSUB OF: identisch mit ON-GOSUB (siehe dort)

ON-GOSUB (Befehl)

Der Befehl ON-GOSUB stellt einen bedingten Unterprogrammaufruf dar. Er entspricht vollständig der Syntax des Befehls ON-GOTO (siehe dort).

Auch anzutreffende Schreibweise
ON-GOS.

→ 5/O

ON-GOTO (Befehl)

Der Befehl ON-GOTO stellt eine bedingte Programmverzweigung dar.

```
100 PRINT "Geben Sie die Rechenart ein:"
110 PRINT "Addition          = 1"
120 PRINT "Subtraktion       = 2"
130 PRINT "Multiplikation    = 3"
140 PRINT "Division          = 4"
150 INPUT R
160 IF R < 1 OR R > 4 THEN GOTO 100
170 ON R GOTO 1000,2000,3000,4000
• • •
1000 REM ... Additionsprogramm ...
• • •
1999 END
2000 REM ... Subtraktionsprogramm ...
• • •
2999 END
3000 REM ... Multiplikationsprogramm ...
• • •
3999 END
4000 REM ... Divisionsprogramm ...
• • •
```

```
• • •
4999 END
```

Per Menü wird die gewünschte Rechenart (Zeile 150) gewählt. In Zeile 160 werden „ganz schlaue Leute" ausgeblendet und in Zeile 170 wird je nach gegebener Zahl R der entsprechende Programmteil angesprungen.

Hinweis: Es ist zu beachten, daß die Zeigervariable eine Integerzahl zwischen 1 und der Anzahl der anzuspringenden Routinen ist.

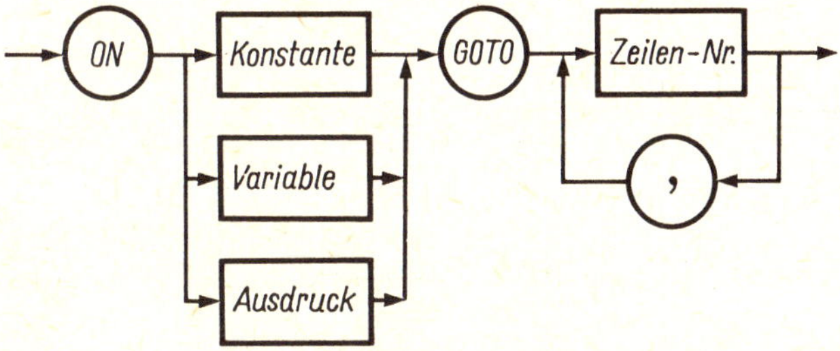

Auch anzutreffende Schreibweise
ON- GOT
ON- G.

OPEN (Befehl)

Der Befehl OPEN eröffnet eine Datei auf einem externen Massenspeicher (z. B. Diskette), ordnet ihr einen Namen und eine Kanal-Nummer zu und bereitet sie zum wahlfreien Zugriff (lesen/schreiben) vor.

```
100 OPEN I, # 1, "TEST.DAT"
110 OPEN O, # 2, "NEU.DAT"
```

eröffnet in Zeile 100 die Datei Nr. 1 zum Lesen (I = INPUT) mit Namen „TEST.DAT" und eröffnet in Zeile 110 die Datei Nr. 2 zum Schreiben (O = OUTPUT) mit Namen „NEU.DAT"

Hinweis: Informieren Sie sich darüber, wie im Einzelfall auf die Dateien zugegriffen werden kann!

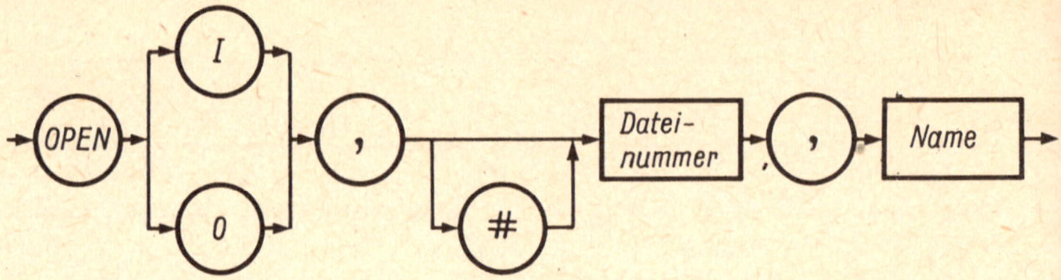

OPTION BASE (Befehl)

Der Befehl OPTION BASE stellt lediglich eine andere Schreibweise des Befehls BASE dar (siehe dort).

OR (Operator)

Der logische Operator OR führt eine ODER-Verknüpfung seiner Operanden durch.

```
100 IF A = 3 OR C = 7 THEN GOTO 200
```

Die Aussage ist wahr (und der Sprung zu Zeile 200 wird ausgeführt), wenn A = 3 oder C = 7 ist, ansonsten wird mit der nächsten Programmzeile fortgefahren.

Hinweis: Auch binäre logische Verknüpfungen zweier Operanden sind möglich.

```
0 OR 0
```

ergibt

```
0
```

```
0 OR 1
```

ergibt

```
1
```

```
1 OR Ø
```

ergibt

```
1
```

```
1 OR 1
```

ergibt

```
1
```

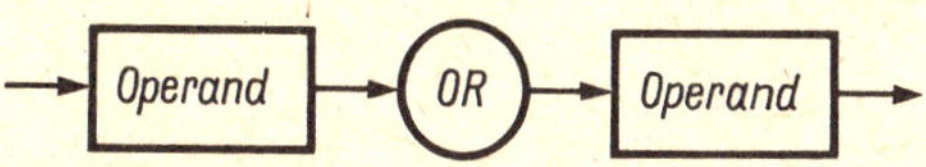

OUT (Befehl)

Der Befehl OUT gibt eine spezifizierte Zahl an einen benannten Ausgabekanal des Computers.

Hinweis: Dieser Befehl ist extrem implementierungsabhängig. Bei falscher Anwendung sind bleibende Schäden am Computer nicht ausgeschlossen. Informieren Sie sich über die Funktion und Anwendung dieses Befehls!

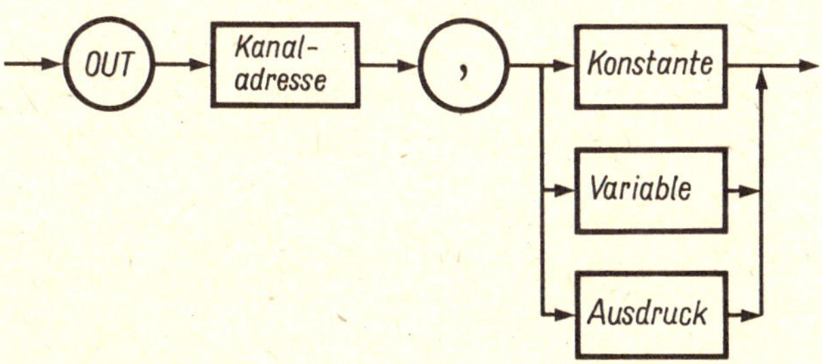

PAUSE (Befehl)

Der Befehl PAUSE hat zwei unterschiedliche Implementierungen.

Der Befehl PAUSE ist mit dem Befehl PRINT (siehe dort) weitestgehend identisch. Der Unterschied besteht darin, daß nach der Ausgabe bis zur weiteren Abarbeitung in BASIC etwa 0,8 Sekunden gewartet wird.

■
```
100 PAUSE A$
110 PRINT B$
```

gibt A$ aus, wartet etwa 0,8 Sekunden und gibt dann B$ auf den Schirm aus

Hinweis: Der Befehl PAUSE kann wie der Befehl PRINT durch USING formatiert werden (siehe dort).
Syntaxdiagramm: siehe PRINT

Der Befehl PAUSE unterbricht die Programmabarbeitung („pausiert") für die spezifizierte Anzahl von Zehntelsekunden.

■
```
100 PRINT "Der Computer wartet 3 Sekunden"
110 PAUSE 30
120 PRINT "bevor er diese Zeile druckt."
130 END
```

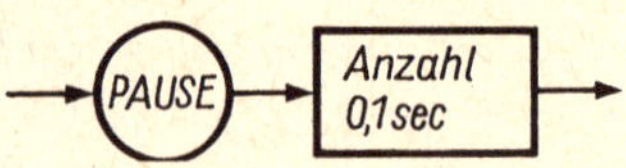

PDL (Funktion)

Die Funktion PDL übergibt den momentanen Wert des spezifizierten externen Steuerknüppels (englisch: paddle).

■
```
100 A = PDL(0)
```

```
11∅ B = PDL(1)

12∅ PRINT "Paddle A = ";A

13∅ PRINT "Paddle B = ";B

14∅ GOTO 1∅∅
```

In Zeile 100/110 werden die Werte der jeweiligen Steuerknüppel als Repräsentanten für ihre momentane Spielstellung eingelesen und in Zeile 120/130 zur Prüfung auf dem Schirm angezeigt.

Hinweis: Das Programm ist eine Endlos-Schleife. Es kann nur durch Betätigen der Taste CTRL-C bzw. ABORT angehalten werden.

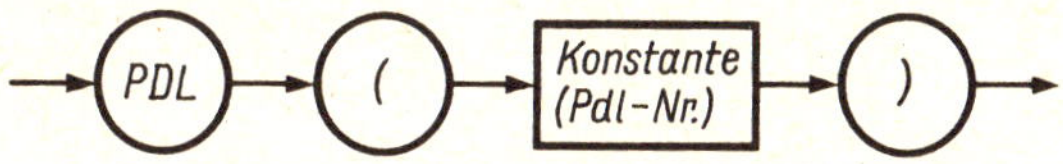

PEEK (Funktion)

Die Funktion PEEK übergibt einen Wert, der dem Inhalt der spezifizierten Speicherzelle entspricht.

```
1∅∅ FOR I = ∅ TO 1∅

11∅ A = PEEK(I)

12∅ PRINT "Inhalt von ";I" = ";A

13∅ NEXT I
```

liest die Inhalte der Speicherzellen 0 bis 10 des Computers und zeigt sie auf dem Schirm an

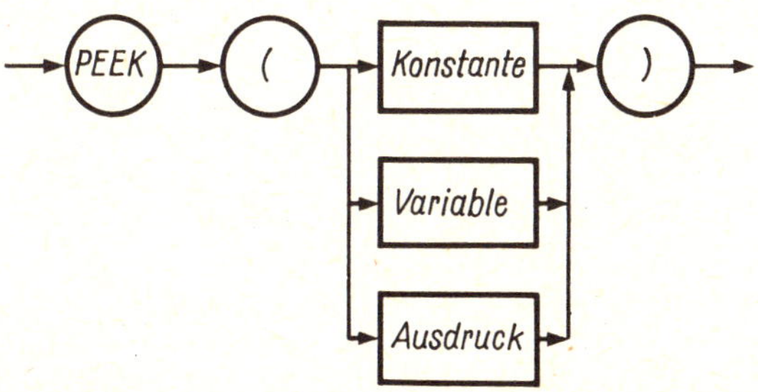

Auch anzutreffende Schreibweise
EXAM
FETCH

PI (Konstante)

Die Konstante PI repräsentiert den Wert der Ludolf'schen Zahl $\pi = 3.14159265$.

```
1ØØ INPUT "Radius = ";R
11Ø U = 2 * R * PI
12Ø PRINT "Der Umfang beträgt: ";U
```

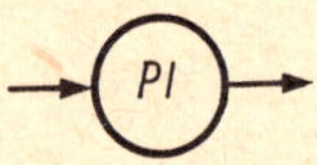

Ersatzlösung
Die Division 355 : 113 ergibt PI mit einer Abweichung von 0.000000266.

PIN (Funktion)

Die Funktion PIN ist eine andere Schreibweise der Funktion INP (siehe dort).

PLOT (Befehl)

Der Befehl PLOT gibt ein Grafikelement an der spezifizierten Bildschirmposition aus.

Hinweis: Es ist zu beachten, daß zuvor mit einem geeigneten Befehl die Grafik-Mode eingeschaltet werden muß. Alle Positionierungen beziehen sich nun auf die Grafik-Zählweise.

```
1ØØ GR
11Ø COLOR = 13
12Ø PLOT Ø,Ø
```

```
130 PLOT 10, 20

140 TEXT
```

In Zeile 100 wird auf Grafik-Mode umgeschaltet. Zeile 110 bestimmt, daß alle nachfolgenden Ausgaben (Zeile 120 und 130) z. B. in Gelb erfolgen sollen. Zeile 140 schaltet wieder in den „normalen" Textmodus zurück.

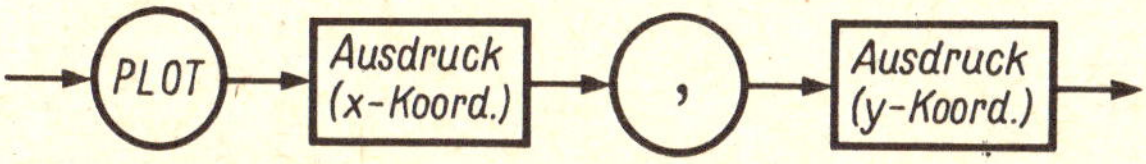

Auch anzutreffende Schreibweise
siehe SET
siehe SETDOT

POINT (Funktion)

Die Funktion POINT ermittelt in der Grafik-Mode, ob an dem spezifizierten Bildschirmplatz ein Grafikelement gesetzt ist oder nicht.

Hinweis: Ist kein Element vorhanden, so wird eine 0 zurückgegeben. Ist dagegen ein Element vorhanden, dann wird je nach Implementierung eine 1 oder −1 übergeben. Es wird die Grafikzählweise angewandt.

```
100 CLS

110 FOR X = 5 TO 10 STEP 2

120 SET(X,11)

130 NEXT X

140 FOR X = 5 TO 10 STEP 2

150 A = POINT(X,11)

160 PRINT A;

170 NEXT X
```

Das Programm schreibt nach Bildschirmlöschung (Zeile 100) mittels der Zeilen 110 bis 130 in Spalte 11 (Grafikzählweise) genau 3 Punkte hell, im Abstand

von 2 (STEP 2). In den Zeilen 140 bis 170 wird die Spalte 11 entsprechend getestet und in Abhängigkeit von der Existenz eines Grafikelementes auf dem Bildschirm ausgegeben.
Die Antwort muß demnach

```
1 Ø 1 Ø 1 Ø
```

oder

```
-1 Ø -1 Ø -1 Ø
```

lauten.

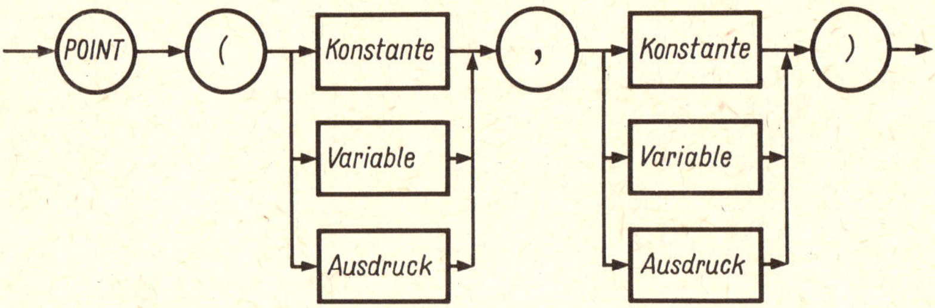

POKE (Befehl)

> Der Befehl POKE speichert 8-bit-Integerzahlen in die angegebene Speicherzelle.

Hinweis: Dieser Befehl ist sehr stark implementierungsabhängig. Informieren Sie sich über seine Funktion und Anwendung! Für diesen Befehl sind die als „frei" bezeichneten Speicherzellen zu benutzen. Wenn dies nicht berücksichtigt wird, ist das wie ein „Hineinreden" in die „inneren Angelegenheiten" des Computers.

```
10Ø FOR I = 0 TO 255
11Ø POKE 32768+I,15
12Ø NEXT I
```

füllt den Speicherbereich von 32768 (8000H) bis 33024 (80FFH) mit dem Wert 15

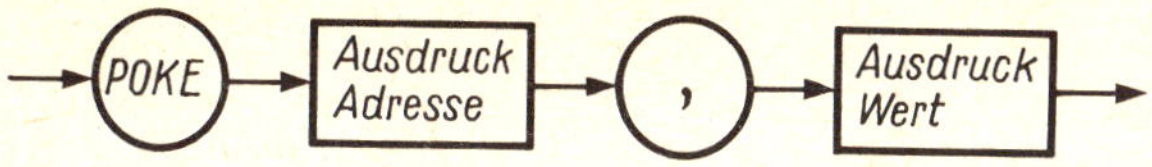

Auch anzutreffende Schreibweise
siehe FILL
siehe STUFF

POP (Befehl)

> Der Befehl POP veranlaßt den Computer, die bei Aufruf einer GOSUB-Routine (siehe dort) „gemerkte" Rückkehradresse einfach zu „vergessen". Das ist insbesondere dann von Nutzen, wenn infolge einer Fehlerbehandlung kein sinnvoller Rücksprung (siehe RETURN) mehr möglich oder nicht gewünscht ist.
> Ansonsten ist der auf Maschinenebene durchaus sinnvolle Befehl in der Hochsprache BASIC nach Meinung des Verfassers deplaziert.

```
1ØØ A = 3
11Ø GOSUB 14Ø
12Ø B = 5
13Ø GOTO 21Ø
14Ø GOSUB 18Ø
15Ø PRINT "POP ist kein guter Befehl!"
16Ø GOTO 2ØØ
17Ø REM
18Ø POP
19Ø PRINT "POP ist kein guter Befehl!"
2ØØ RETURN
21Ø PRINT "Sie sollten ihn meiden!"
22Ø END
```

→ 5/P

Hinweis: Dieses Programm und vor allem die Verwendung des Befehls POP zeigen in eindeutiger Weise den mit Recht kritisierten Spaghetti-Programmierstil. Bei klarer Gliederung des Programms ist dieser Befehl vermeidbar.

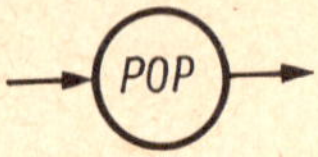

POS (Funktion)

Die Funktion POS liefert die aktuelle Position innerhalb einer Zeile bei Bildschirmausgabe.

Hinweis: Das in Klammern angegebene Argument bleibt unbeachtet; es ist ein sogenanntes Dummy-Argument. Es darf jedoch nicht fehlen, um die Konventionen bezüglich einer Funktion nicht zu verletzen.

```
1ØØ IF POS(Ø) > 6Ø THEN PRINT
```

bewirkt, daß nach Überschreiten der 60sten Ausgabeposition ein Zeilenwechsel stattfindet

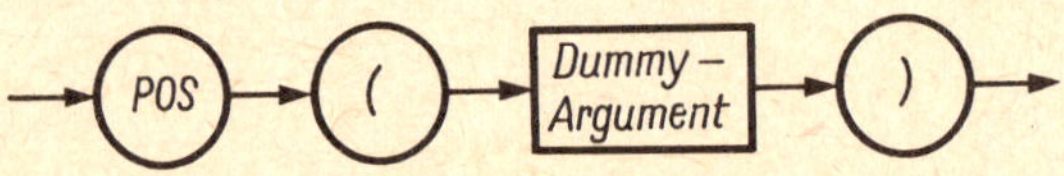

PRECISION (Befehl)

Der Befehl PRECISION spezifiziert die Anzahl der Stellen nach dem Komma bei der Ausgabe rationaler, also Real-Zahlen.

```
1ØØ A = 1.123456789
11Ø PRECISION 6
12Ø PRINT A
13Ø PRECISION 2
14Ø PRINT A
15Ø PRECISION
```

```
160 PRINT A

170 END
```

ergibt

```
1.123456

1.12

1.123456789
```

Hinweis: Erfolgt die Angabe des Befehls PRECISION ohne die Anzahl der Stellen nach dem Komma (Zeile 150), so bedeutet das „volle" Genauigkeit. Über die Zahl der auf Ihrem Computer signifikanten Stellen sollten Sie sich informieren.

Auch anzutreffende Schreibweise
DIGITS

RINT (Befehl)

Der Befehl PRINT ermöglicht die Ausgabe von Daten auf den Bildschirm.

```
PRINT "Tante Anna"
```

ergibt

```
Tante Anna
```

auf dem Bildschirm, da die Zeichenkettenkonstante „Tante Anna" gePRINTet wurde.

Oder:

```
100 A = 3
110 B = 5
120 C$ = "Das Ergebnis von"
130 PRINT C$;A;"*";B;" ist ";A*B
```

ergibt

```
Das Ergebnis von 3 * 5 ist 15
```

weil die Zeichenkette C$ (Inhalt – „Das Ergebnis von"), danach die Konstant A (Inhalt = 3), dann die Zeichenkettenkonstante „*" und danach die Ko stante B (Inhalt = 5), sowie die Zeichenkette „ist" und der Wert des Ausdru kes A*B (3*5) auf dem Schirm ausgegeben wurden.

Hinweis: Der Befehl PRINT ermöglicht in den meisten Implementierunge zwei Formatsteueranweisungen:
Ein **Semikolon** (;) besagt, daß die nachfolgende Ausgabe unmittelbar auf d nächsten Zeichenposition erfolgt,
und
ein **Komma** (,) rückt die nächste Zeichenausgabe um einen Tabulatorschr nach rechts (es ist notwendig, sich zu informieren, wie viele Zeichenpositi nen einen Tabulatorschritt bedeuten).

```
1000 A = 3 : B = 5 : C = 6
1010 PRINT A;B;C
1020 PRINT A,B,C
```

ergibt

```
3 5 6
3    5    6
```

Der Befehl PRINT allein veranlaßt einen einmaligen Zeilenvorschu...

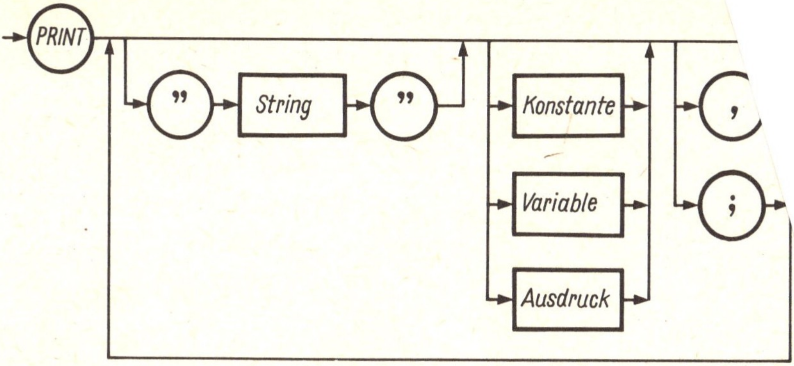

Auch anzutreffende Schreibweise
PRI
"
siehe ?

INT AT (Befehl)

Der Befehl PRINT AT hat im wesentlichen die gleiche Wirkung wie der Befehl PRINT (siehe dort), mit dem Unterschied, daß mit der Angabe des Befehls PRINT ab (englisch: at) der spezifizierten Position begonnen wird.

```
PRINT AT 18Ø "Tante Anna"
```

gibt den String „Tante Anna" ab der Position 180 aus

Hinweis: Die Zählung erfolgt üblicherweise, indem **alle** Zeichenpositionen addiert werden. Wenn der Bildschirm beispielsweise 60 Zeichen je Zeile hätte, so würde der String im obigen Beispiel ab Anfang der dritten Zeile positioniert werden (siehe AT).

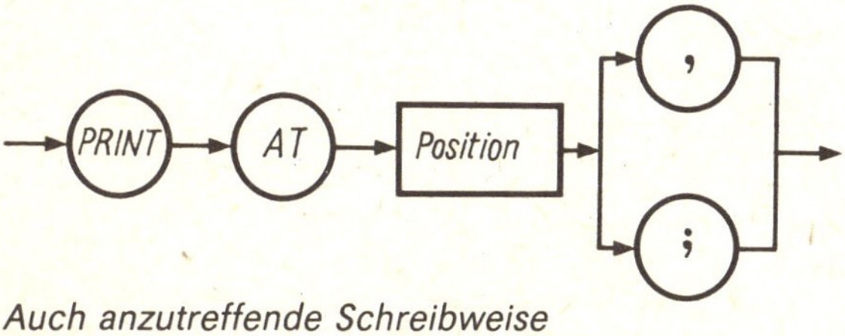

Auch anzutreffende Schreibweise
siehe PRINT
P. A.

→ 5/P

PRINT USING (Befehl)

Der Befehl PRINT USING erlaubt die formatierte Ausgabe von Daten.

```
1ØØ FOR I = 1 TO 5
11Ø READ A
12Ø PRINT USING "######.##";A
13Ø NEXT I
14Ø DATA -5,7.5,22,12ØØØ1.22,818.Ø1
15Ø END
```

ergibt

```
    -5.ØØ
     7.5Ø
    22.ØØ
12ØØØ1.22
   818.Ø1
```

Hinweis: Es ist notwendig, sich über die zur Formatsteuerung verwendete Sonderzeichen zu informieren. Die nachfolgenden Formatsteuerzeichen ha ben zwar großen Verbreitungsgrad, sind jedoch nicht allgemeingültig. Ma beachte in diesem Zusammenhang, daß bei einigen Computern der Befeh IMAGE (siehe dort) zur formatierten Ausgabe benutzt wird.
Es ist zu beachten, daß die Formatanweisung als String gegeben wird.

Formatsteuerzeichen für Strings	
!	Es wird nur das erste Zeichen ausgegeben
&	Es wird der gesamte String ausgegeben
/ /	Platzhalter für Strings (einschließlich der Schrägstriche)

Formatsteuerzeichen für numerische Daten	
#	Platzhalter für ein Digit
.	Position des Dezimalpunktes
+	An dieser Stelle erscheint das Vorzeichen bei der Zahlenausgabe
−	Negative Zahlen werden mit einem nachfolgenden Minuszeichen versehen
**	Führende Leerzeichen in einem numerischen Feld werden mit * (Sternchen) gefüllt
$$	Links vom numerischen Feld wird ein $-Zeichen gegeben
**$	Kombination von * und $$
,	Ausgabe in durch Komma getrennte Dreiergruppen
^^^^	Zahlendarstellung erfolgt in Exponentialform
_	Unterstreichungszeichen, bewirkt, daß das nachfolgende Zeichen unverändert übernommen wird, __ z. B. gibt ein Unterstreichungszeichen aus

Hinweis: Wenn bei der Ausgabe im Datenfeld ein %-Zeichen erscheint, so bedeutet das, daß die Zahl nicht in dem gegebenen Datenformat darstellbar ist und somit auch nicht korrekt dargestellt wurde.

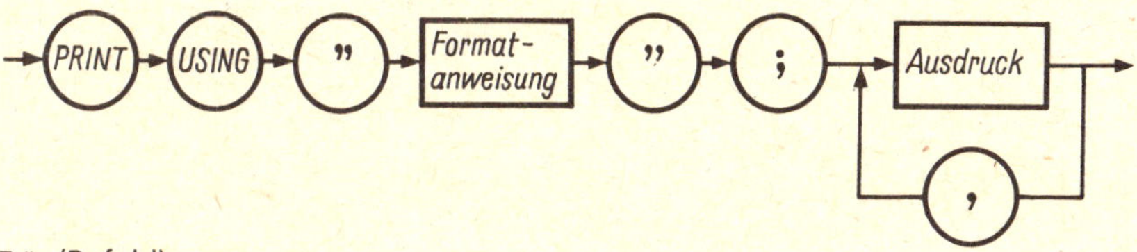

RINT# (Befehl)

Der Befehl PRINT# hat im wesentlichen die gleiche Wirkung wie der Befehl PRINT (siehe dort), nur daß hier die Daten nicht auf dem Bildschirm, sondern in eine sequentielle Datei geschrieben werden.

```
100 A$ = "Tante Anna"
110 B$ = "ist jetzt"
120 A = 100
130 C$ = "Jahre alt."
140 OPEN "O",#1,"TEST"
```

```
15∅ PRINT#1,A$;B$;A;C$

16∅ CLOSE #1
```

schreibt in die Datei mit dem Namen TEST die Sequenz

```
Tante Anna ist jetzt 1∅∅ Jahre alt.
```

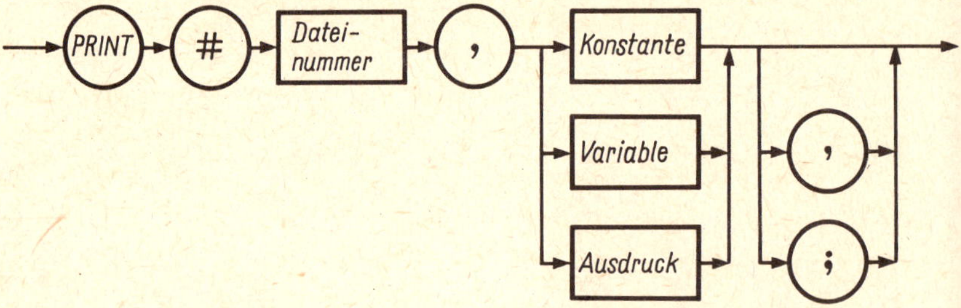

PRINT# USING (Befehl)

Der Befehl PRINT# USING hat im wesentlichen die gleichen Eigenschaften wie der Befehl PRINT# (siehe dort) mit dem Unterschied, daß eine formatierte Ausgabe wie bei dem Befehl PRINT USING (siehe dort) möglich ist.

Beispiel sowie Erläuterungen zu den Formatsteuerbefehlen siehe PRIN USING.

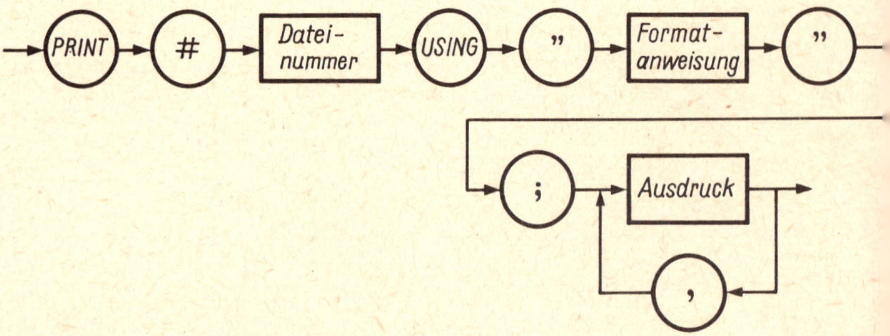

RAD (Befehl)

Der Befehl RAD läßt die Berechnung von trigonometrischen Funktionen in Bogenmaß (englisch: radian) zu.

```
1ØØ RAD
11Ø PRINT "Der Sinus von 1Ø rad ist";
12Ø PRINT SIN(1Ø)
13Ø DEG
14Ø PRINT "Der Sinus von 1Ø Grad ist";
15Ø PRINT SIN(1Ø)
```

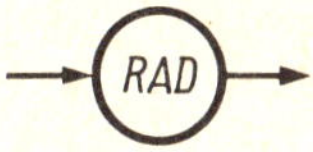

siehe auch DEG

Auch anzutreffende Schreibweise
RADIAN

ANDOMIZE (Befehl)

Der Befehl RANDOMIZE setzt einen Startwert für die Erzeugung einer Zufallszahlenfolge mit dem Befehl RND (siehe dort).

```
1ØØ RANDOMIZE
11Ø FOR I = 1 TO 8
12Ø PRINT RND
13Ø NEXT I
14Ø END
```

erzeugt 8 Zufallszahlen zwischen 0 und 1
Hinweis: Einige Computer verlangen bei diesem Befehl eine Integerzahl zwischen −32768 und 32767, z. B.

```
1ØØ RANDOMIZE 3Ø1
```

Diese Zahl wird dann als Startwert der Zufallszahlenfolge gewählt. Fehlt diese Angabe, so verlangen diese Computer den Startwert über eine Eingabenanforderung:

```
RANDOM NUMBER SEED (-32768 TO 32767)?
```

Auch anzutreffende Schreibweise
RANDOM
RAN

READ (Befehl)

> Der Befehl READ liest Daten (Variable) aus den entsprechenden DATA-Anordnungen (siehe dort) hintereinander und ordnet sie den vorgegebenen Variablenbezeichnern zu.

■ Unter Benutzung der Beispiele des Befehls DATA (siehe dort) ergibt

```
100 FOR I = 1 TO 4
110  READ A
120  PRINT A
130 NEXT I
140 FOR I = 1 TO 7
150  READ B$
160  PRINT B$
170 NEXT I
• • •
200 REM siehe auch Befehl DATA
• • •
```

```
• • •
240 END
```

die Darstellung

```
1
2
4.57
-33.12E12
Tante Anna
Onkel Otto
+-:&%
c...u
1
2
3
```

Hinweis: Es ist zu beachten, daß die mit dem Befehl READ zu lesenden Daten in ihrem Datentyp den Datentypen der Variablen, denen sie zugewiesen werden, entsprechen. Jede neue READ-Anweisung liest das nächste Datenelement.
Deshalb ist zu beachten, daß nie mehr READ-Befehle gegeben werden, als DATA-Werte vorhanden sind.
Falls die „Reihenfolge" des Lesens durch den READ-Befehl variiert werden soll, so ist die Wirksamkeit des Befehls RESTORE (siehe dort) zu überprüfen.

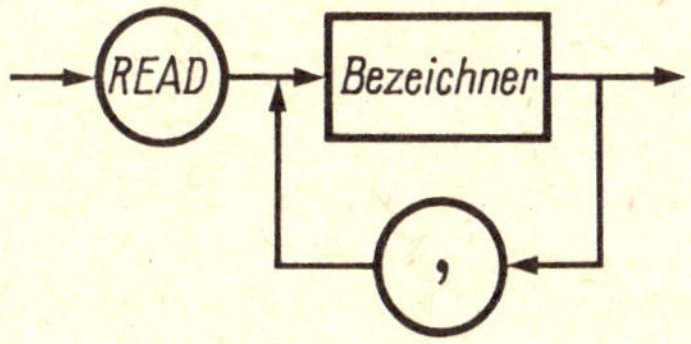

Auch anzutreffende Schreibweise:
REA.
REA

RECALL (Befehl)

Der Befehl RECALL lädt eine Matrix vom Massenspeicher, welche zuvor durch den Befehl STORE (siehe dort) ausgelagert wurde.

```
100 DIM A(3,5,8)

• • •

150 RECALL A

• • •

220 PRINT A(2,1,7)

• • •

500 END
```

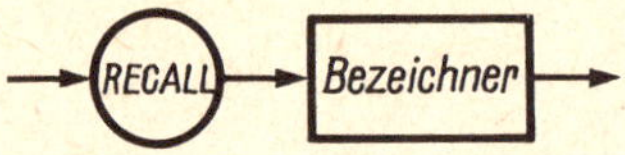

REM (Befehl)

Der Befehl REM leitet eine Kommentarzeile ein. Jedes dem Befehl REM folgende Zeichen bis zum Zeilenende wird während der Abarbeitung eines Programmes übergangen.

```
100 REM Hier beginnt das Programm

110 FOR I = 1 TO 100

120   GOSUB 200

130 NEXT I
```

```
140 END
• • •
200 REM Unterprogramm zur Ausgabe
210 PRINT I,I*I
220 RETURN
```

Hinweis: Der Befehl REM ist nur in der Programm-Mode sinnvoll.

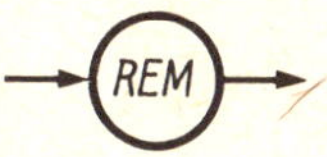

Auch anzutreffende Schreibweise
REMARK

RENUMBER (Befehl)

Der Befehl RENUMBER veranlaßt eine neue Durchnumerierung der Programm-Zeilen mit gleichmäßigem Nummernabstand.

Vor der Eingabe des Befehls RENUMBER

```
10 FOR I = TO 10
11   PRINT I,
13   PRINT I * I,
15   GOSUB 200
20 NEXT I
50 END
200 REM Unterprogramm
211 PRINT SIN(I)
215 RETURN
```

➡ 5/R

Nach der Eingabe des Befehls RENUMBER

```
10 FOR I = 1 TO 10
20   PRINT I,
30   PRINT I * I,
40   GOSUB 70
50 NEXT I
60 END
70 REM Unterprogramm
80 PRINT SIN(I)
90 RETURN
```

Hinweis: Manche Computer lassen beim Befehl RENUMBER mehrere Parameter zu, wie:

- Nummernabstand
- Beginn des RENUMBER-Bereiches
- Ende des RENUMBER-Bereiches

Auch anzutreffende Schreibweise
REN
RENUM

REPEAT$ (Funktion)

Die Funktion REPEAT$ wiederholt (englisch: repeat) den spezifizierten String bei der Ausgabe in der vorgegebenen Anzahl.

■

```
100 INPUT "Anzahl der Wiederholungen :";N
110 INPUT "Eingabe des Strings :";C$
120 C$ = REPEAT$(C$,N)
```

```
13Ø PRINT C$

14Ø END
```

Üben Sie selbst einmal die Wirkung!

Hinweis: Die Funktion REPEAT$ und Funktion STRING$ (siehe dort) stimmen weitestgehend überein. Der Unterschied besteht in einer anderen Reihenfolge der Funktionsparameter.

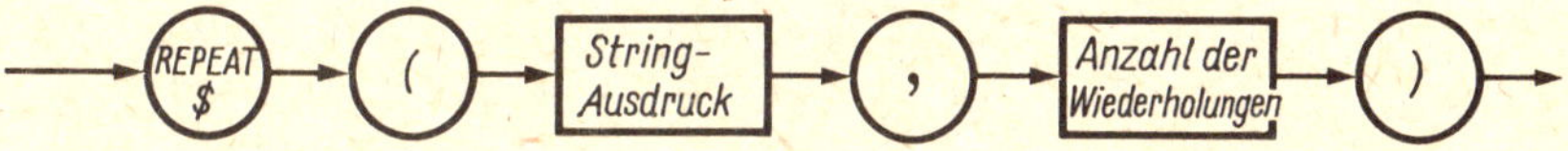

RESET (Funktion)

Die Funktion RESET löscht ein Grafikfeld auf der spezifizierten Position. Die Position wird in Grafikzählweise angegeben.

```
1ØØ CLS

11Ø Y = 2Ø

12Ø FOR X = 1 TO 1ØØ

13Ø  SET(X,Y)

14Ø NEXT X

15Ø INPUT "Loeschen der Linie ";A

16Ø FOR X = 1 TO 1ØØ

17Ø  RESET(X,Y)

18Ø NEXT X

19Ø END
```

In Zeile 100 wird der Bildschirm gelöscht und zur Grafikmode vorbereitet. Die Zeilen 110 bis 140 zeichnen eine Linie auf Zeile 20 und von Spalte 1 bis 100 (Grafikzählweise).
Nachdem eine beliebige Antwort auf die Frage in Zeile 150 gegeben wurde,

→ **5/R**

löscht die Programmsequenz der Zeilen 160 bis 180 die soeben gezeichnete Linie durch den Befehl RESET.

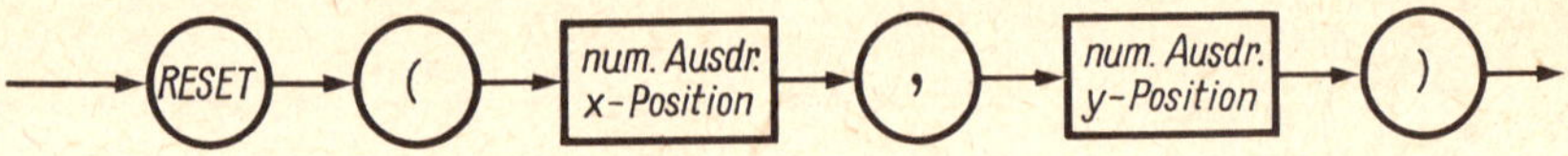

Auch anzutreffende Schreibweise
R.

RESTORE (Befehl)

Der Befehl RESTORE veranlaßt, daß der „Zeiger" auf das erste Datum in der ersten DATA-Zeile (siehe dort) gesetzt wird. Ein folgendes READ liest dieses Datum.

■

```
1ØØ RESTORE
11Ø FOR I = 1 TO 2
12Ø FOR J = 1 TO 2
13Ø       READ A$
14Ø       PRINT A$;
15Ø    NEXT J
16Ø    RESTORE
17Ø NEXT I
18Ø DATA "Tante Anna", " und Onkel Otto."
19Ø END
```

ergibt

```
Tante Anna und Onkel Otto. Tante Anna und Onkel
Otto
```

Hinweis: Manche Computer lassen bei dem Befehl RESTORE die Angabe ei-ner Zeilennummer zu, was insofern nützlich ist, daß dann der „Zeiger" au den Anfang dieser spezifizierten DATA-Zeile (und nicht unbedingt der ersten) gesetzt wird.

Auch anzutreffende Schreibweise
REST.
RES

RETURN (Befehl)

> Der Befehl RETURN bewirkt das Verlassen eines Unterprogramms und die Rückkehr zum aufrufenden Programm.

siehe Befehl REM

Auch anzutreffende Schreibweise
RET.
RET
R.

IGHT$ (Funktion)

> Die Funktion RIGHT$ liefert einen String, welcher aus einem gegebenen Musterstring von rechts beginnend „herausgelöst“ wird.

```
1ØØ A$ = "Tante Anna"
11Ø B$ = RIGHT$(A$,4)
12Ø PRINT B$
13Ø END
```

ergibt

```
Anna
```

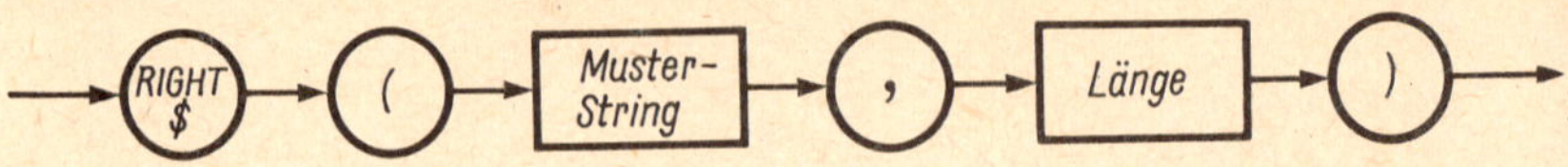

Auch anzutreffende Schreibweise
RIGHT

RND (Funktion)

> Die Funktion RND erzeugt eine Pseudo-Zufallszahl im Wertebereich zwischen 0 und 1.

siehe Befehl RANDOMIZE

Hinweis: Werden ganzzahlige Zufallszahlen im Bereich A < = Zufallszahl < = B benötigt, so sollte die allgemeine Form

```
INT(RND * (B - A+1)+A
```

angewendet werden.

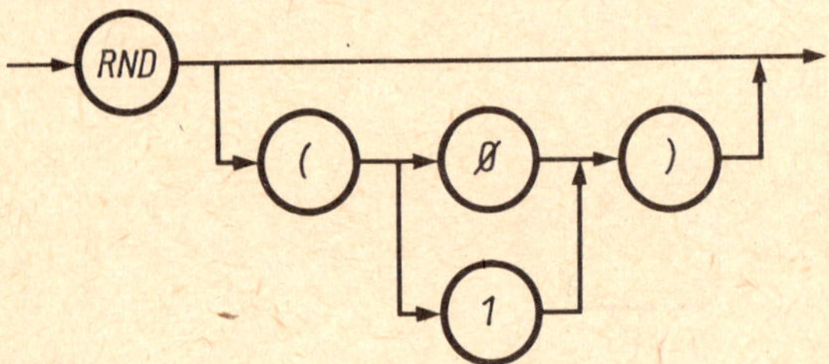

RSET (Befehl)

> Der Befehl RSET überträgt Daten rechtsbündig in einen Dateipuffer (siehe auch FIELD) bzw. rechtsbündig in eine Stringvariable.
> Er ist ansonsten mit dem linksbündig wirkenden Befehl LSET (siehe dort) identisch.

RUN (Befehl)

> Der Befehl RUN startet ein Programm ab dessen erster Zeile. Alle Variablen werden auf 0 gesetzt, alle reservierten Speicher freigegeben.

Hinweis: Soll ein Programm gestartet werden, ohne daß alle Variablen (au einem vorherigen „Lauf") gelöscht werden, so ist mit GOTO < Zeilennur mer > zu starten.

- Einige Computer gestatten den Start durch RUN < Zeilennummer >.
- Einige Computer gestatten den Start eines Programms mit automatischem Laden desselben.

```
RUN "PROG1"
```

lädt PROG1 vom Massenspeicher und startet es
Es ist notwendig, sich über diesen Sachverhalt zu informieren.

Auch anzutreffende Schreibweise
RU
R.

ADD (Funktion)

Die Funktion SADD liefert die Adresse des spezifizierten Strings im Arbeitsspeicher.

```
1ØØ A$ = "Tante Anna"
11Ø PRINT SADD (A$)
```

ergibt beispielsweise 28000 als Adresse

Hinweis: Informieren Sie sich über den Aufbau der Stringvariablen! Meist beinhaltet die erste Adresse die Längeninformation des Strings, und erst dann folgen die eigentlichen ASCII-Zeichen des Strings.
Wird als Adresse eine Null von der Funktion zurückgegeben, dann handelt es sich sicherlich um einen sogenannen „Nullstring".

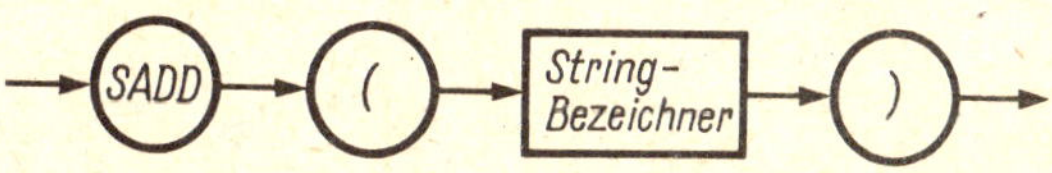

VE (Befehl)

Der Befehl SAVE speichert das aktuelle Programm vom Hauptspeicher auf den externen Massenspeicher.

```
1ØØ SAVE "TEST3"
```

speichert das im Hauptspeicher befindliche Programm unter dem Namen „TEST3" auf das externe Speichermedium (Kassette/Floppy-Disk)

Hinweis: Informieren Sie sich über die genaue Wirkung dieses Befehls!

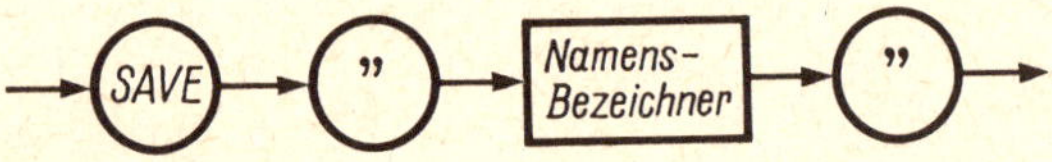

SCRATCH (Befehl)

Der Befehl SCRATCH ist mit dem Befehl NEW (siehe dort) identisch.

Auch anzutreffende Schreibweise
SCR

SCRN (Funktion)

Die Funktion SCRN ermittelt die Farbe des in Grafikzählweise spezifizierten Grafikelementes.

```
1ØØ REM Einstellen der Farbe gelb = 13
11Ø GR
12Ø COLOR = 13
13Ø PLOT 2Ø, 1Ø
• • •
2ØØ IF SCRN(2Ø,1Ø) = 13 THEN GOTO 7ØØ
• • •
```

```
700 PRINT "Gelbe Farbe ist schoen."
710 END
```

In Zeile 110 wird auf Grafikmode umgeschaltet.
Zeile 120 stellt gelb als Zeichenfarbe ein. In Zeile 130 wird ein Grafikelement auf die Position X = 20, Y = 10 (Grafikzählweise) ausgegeben.
Zeile 200 testet, ob das Grafikelement auf Position 20, 10 die Farbe gelb hat. Wenn ja, dann wird ein sehr tiefsinniger Text ausgegeben ...

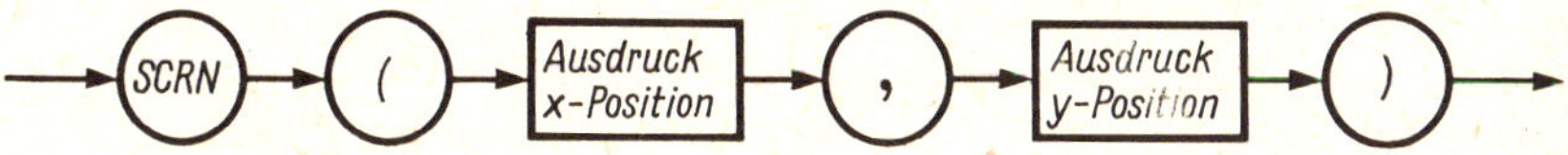

SEG$ (Funktion)

Die Funktion SEG$ ist in ihrer Wirkung mit der Funktion MID$ (siehe dort) identisch. Beide Funktionen haben auch die gleiche Syntax.

Auch anzutreffende Schreibweise
SEG

SET (Funktion)

Die Funktion SET erzeugt ein Grafikfeld auf der spezifizierten Position. Die Position wird in Grafikzählweise angegeben.

siehe Funktion RESET

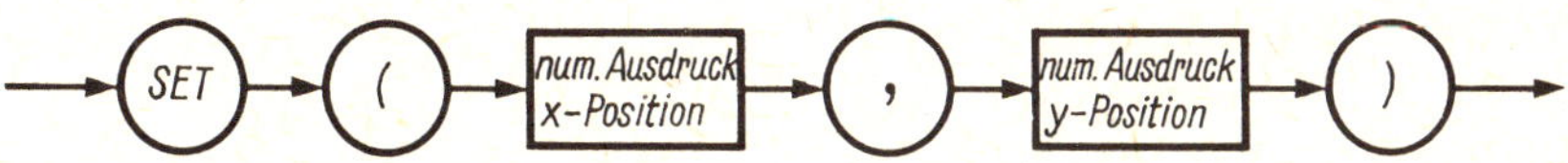

Auch anzutreffende Schreibweise
S.

SETDOT (Befehl)

Der Befehl SETDOT gibt den durch seine Argumente spezifizierten Bildpunkt in der Grafikanwendung auf den Bildschirm aus. (Zum Löschen siehe Befehl CLRDOT)

➡ **5/S**

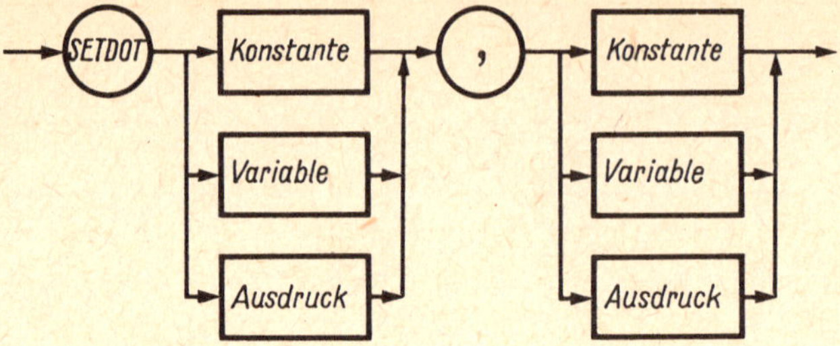

Hinweis: siehe Befehl CLRDOT

SGN (Funktion)

Die Funktion SGN ermittelt das Vorzeichen eines numerischen Ausdrucks.

■

```
PRINT SGN(-5)
```

ergibt

```
-1
```

```
PRINT SGN(5-5)
```

ergibt

```
Ø
```

```
PRINT SGN (Ø)
```

ergibt

```
Ø
```

```
PRINT SGN(33.5)
```

ergibt

```
1
```

Demzufolge ergibt SGN eines negativen Wertes eine −1, SGN des Wertes 0 eine 0 und SGN eines positiven Wertes eine 1.

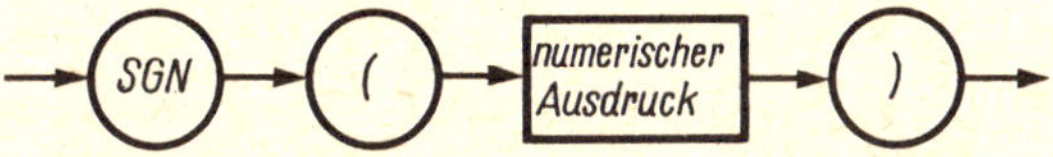

IN (Funktion)

Die Funktion SIN ermittelt den Sinus einer Zahl, eines Ausdruckes oder einer numerischen Variablen. Die Angabe erfolgt in Bogenmaß, falls nicht anders vereinbart (siehe DEG, RAD).

```
1ØØ C = SIN(Ø.5)
```

ergibt C zu

```
Ø.47943
```

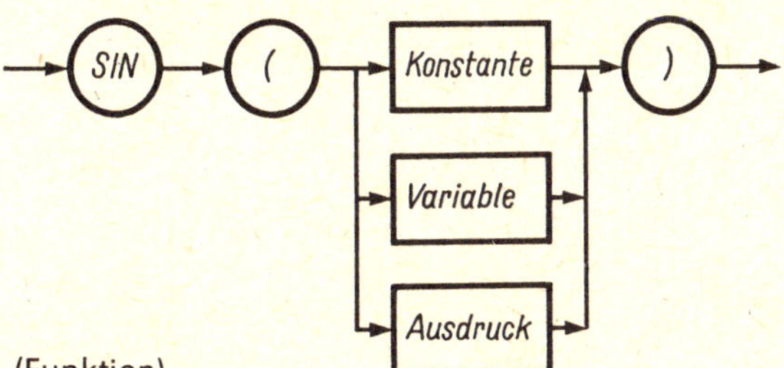

INH (Funktion)

Die Funktion SINH ermittelt den Sinus hyperbolicus einer Konstanten, eines Ausdruckes oder einer numerischen Variablen.

```
100 C = SINH(1)
```

ergibt C zu

```
1.1752
```

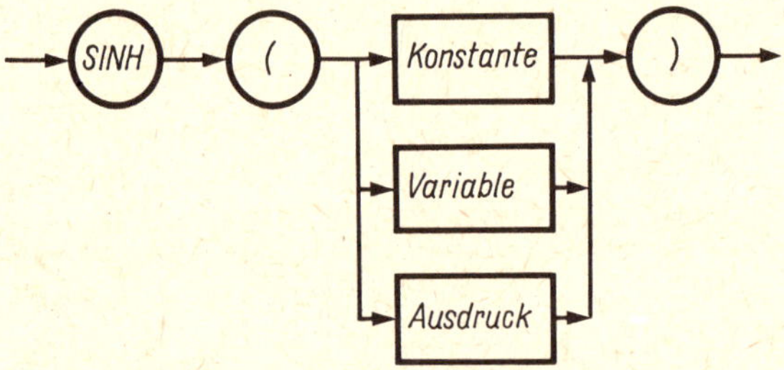

Auch anzutreffende Schreibweise
SNH

SKIPF (Befehl)

Der Befehl SKIPF wird dazu benutzt, um ein Kassettenbandgerät zum Vorlauf auf das Ende der spezifizierten Aufzeichnung zu bewegen (englisch: skip a file).

```
SKIPF "TEST2"
```

veranlaßt das Bandgerät, die Aufzeichnung mit dem Namen „TEST2" zu überspringen

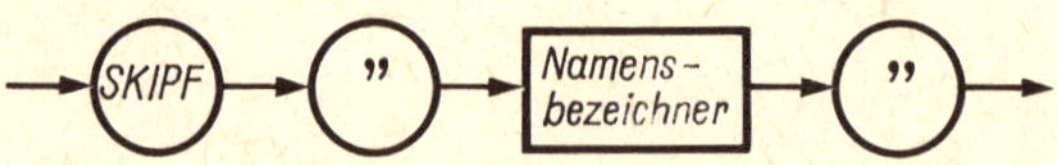

SLEEP (Befehl)

Der Befehl SLEEP veranlaßt den Computer, die spezifizierte Zahl von Hundertstelsekunden mit der Programmabarbeitung zu warten (zu schlafen; englisch: to sleep).

```
100 PRINT "Die zweite Textzeile"
110 SLEEP 250
120 PRINT "erscheint nach 2.5 Sekunden."
130 END
```

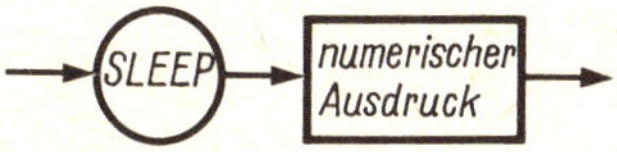

PACE$ (Funktion)

> Die Funktion SPACE$ gibt die spezifizierte Zahl von Leerzeichen (englisch: space) auf dem Bildschirm aus.

```
100 FOR I = 2 TO 10 STEP 2
110    PRINT SPACE$(I);"*"
120 NEXT I
130 END
```

ergibt

```
  *
    *
      *
        *
          *
```

→ 5/S

Auch anzutreffende Schreibweise
SPACE
SPA
SPC

SQR (Funktion)

Die Funktion SQR ermittelt die Quadratwurzel (englisch: square root) einer Konstanten, einer Variablen oder eines numerischen Ausdruckes.

```
100 FOR I = 1 TO 10
110    PRINT I,SQR(I)
120 NEXT I
130 END
```

ermittelt die Quadratwurzeln der Zahlen von 1 bis 10

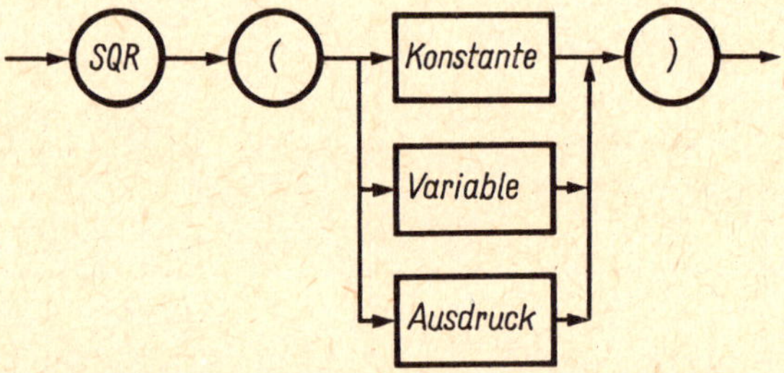

Auch anzutreffende Schreibweise
SQRT

STEP (Befehl)

Der Befehl STEP spezifiziert die Schrittweite (besser ausgedrückt: das In-crement) einer FOR- TO- NEXT-Schleife (siehe dort).

Hinweis: Es ist zu beachten, daß die Angabe der Schrittweite optional is[t]. Entfällt sie bei Aufruf einer FOR- TO- NEXT-Schleife, so wird der Wert d[er] Schrittweite mit 1 angenommen.

STOP (Befehl)

Der Befehl STOP unterbricht die Programmabarbeitung und veranlaßt, daß in die Direkt-Mode (siehe dort) übergegangen wird, sowie eine Anzeige der gerade erreichten Zeilennummer.

Hinweis: Er ist besonders nützlich, um zu Testzwecken STOP-Stellen im Programm einzubauen, welche anzeigen, „wo" sich die Programmabarbeitung gerade befindet. Die Weiterarbeit des Programms kann durch den Befehl CONT (siehe dort) erreicht werden.

Auch anzutreffende Schreibweise
STO
ST.
S.

STORE (Befehl)

Der Befehl STORE speichert eine spezifizierte Matrix auf den externen Massenspeicher (Tonband oder Floppy).

```
1ØØ DIM A(3,5,8)
12Ø FOR I = 1 TO 3
13Ø   FOR J = 1 TO 5
14Ø     FOR K = 1 TO 8
15Ø       A(I,J,K) = 11
16Ø     NEXT K
17Ø   NEXT J
18Ø NEXT I
19Ø STORE A
```

```
200 ...
• • •
```

Das Beispielprogramm füllt eine dreidimensionale Matrix des Namens A mit der Konstanten 11 und speichert sie zwecks späterer Verwendung in Zeile 190 auf den externen Massenspeicher.

Hinweis: Die Matrix kann durch den Befehl RECALL (siehe dort) wieder eingelesen werden.

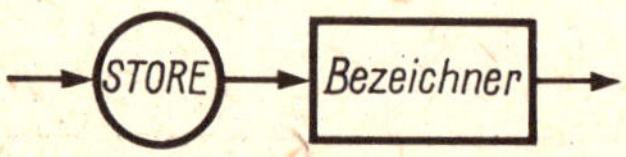

STR$ (Funktion)

Die Funktion STR$ wandelt ihr numerisches Argument in einen String um.

```
100 A$ = STR$(1.2E-33)
110 PRINT A$
```

ergibt den String

```
1.2E-33
```

Hinweis: Die Funktionen STR$ und VAL (siehe dort) können als invers aufgefaßt werden.

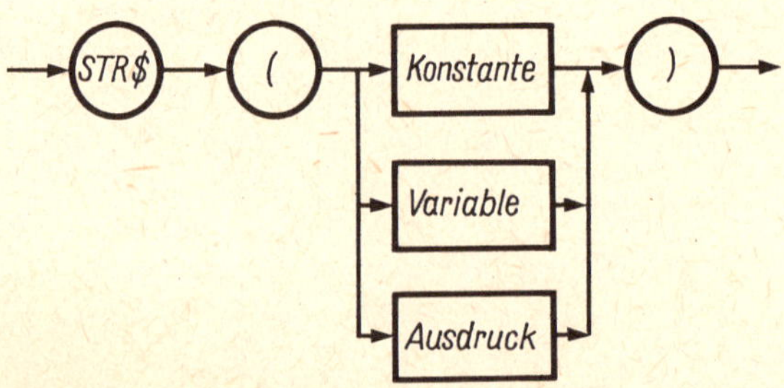

STRING$ (Funktion)

Die Funktion STRING$ wiederholt den spezifizierten String in der vorgegebenen Anzahl bei der Ausgabe.

```
1ØØ A = 15
12Ø PRINT STRING$(A,"*")
13Ø END
```

ergibt

```
***************
```

Hinweis: Die Funktion STRING$ ist mit der Funktion REPEAT$ (siehe dort) weitgehend übereinstimmend. Der Unterschied besteht in einer anderen Reihenfolge der Funktionsparameter.

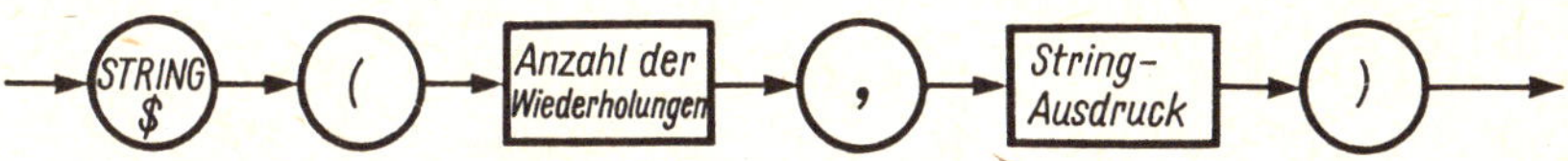

Auch anzutreffende Schreibweise
STRING
STR

STUFF (Befehl)

Der Befehl STUFF hat die gleiche Wirkung wie der Befehl POKE (siehe dort).

Hinweis: Informieren Sie sich darüber, ob im Computer das „Pärchen" PEEK, POKE oder das „Pärchen" FETCH, STUFF implementiert ist!

SWAP (Befehl)

Der Befehl SWAP hat die gleiche Bedeutung und die gleiche Syntax wie der Befehl EXCHANGE (siehe dort).

➡ 5/T

SYSTEM (Befehl)

> Der Befehl SYSTEM veranlaßt den Computer, BASIC zu verlassen und in das übergeordnete Betriebssystem zu springen.

Hinweis: Informieren Sie sich über die Art und Weise, wie BASIC verlassen wird und wie sich das übergeordnete Betriebsystem meldet!

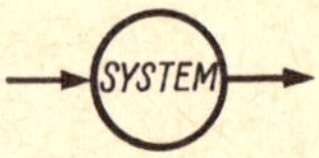

Auch anzutreffende Schreibweise
SYS
BYE
EXIT

TAB (Funktion)

> Die Funktion TAB positioniert die aktuelle Schreibposition an der angegebenen Stelle.

■

```
1ØØ PRINT TAB(1Ø);"Tante";
11Ø PRINT TAB(25);"Anna"
```

ergibt

```
          Tante          Anna
```

Zeile 100 gibt ab der Spaltenposition 10 den Text „Tante" und Zeile 110 gibt ab Spaltenposition 25 den Text „Anna" auf dem Bildschirm aus.

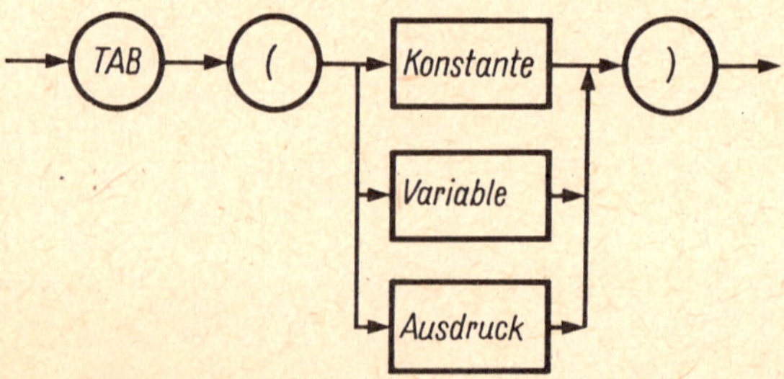

Hinweis: Die Funktion TAB wirkt ähnlich wie die Funktion SPACE$ (siehe dort). Während die Funktion SPACE$ jedoch tatsächlich eine Ausgabe von Leerzeichen (spaces) bewirkt, positioniert die Funktion TAB normalerweise nur die Schreibposition neu.

Auch anzutreffende Schreibweise
T.

TAN (Funktion)

Die Funktion TAN ermittelt den Tangens einer Konstante, eines Ausdrukkes oder einer numerischen Variablen. Ihre Angabe erfolgt in Bogenmaß, falls nicht anders vereinbart (siehe DEG, RAD).

```
100 C = TAN(0.5)
```

ergibt

```
0.5463
```

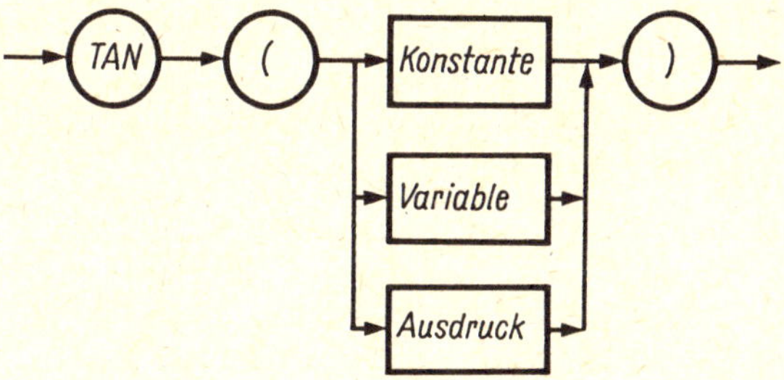

TANH (Funktion)

Die Funktion TANH ermittelt den Tangens hyperbolicus einer Konstanten, eines Ausdruckes oder einer numerischen Variablen.

```
100 C = TANH(0.5)
```

→ 5/T

ergibt

```
Ø. 462117
```

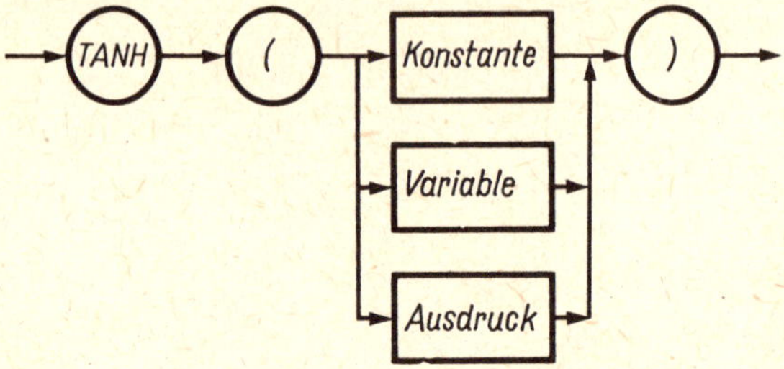

Auch anzutreffende Schreibweise
TNH

TAPPEND (Befehl)

Der Befehl TAPPEND ist mit dem Befehl APPEND (siehe dort) weitestgehend identisch, bis auf die Tatsache, daß er sich ausschließlich auf ein Tonbandgerät als externen Massenspeicher bezieht (englisch: tape append).

TEXT (Befehl)

Der Befehl TEXT wird verwendet, um von der Grafikmode in die Textmode zu schalten.

Hinweis: Die Befehle TEXT und GR (siehe dort) können als zueinander invers bezeichnet werden.

THEN (Befehl)

Der Befehl THEN ist der Teil der IF – THEN – ELSE-Struktur und kann allein nicht gegeben werden. Der dem THEN-Befehl folgende Teil spezifiziert die bei erfüllter IF-Bedingung (siehe dort) auszuführenden Aktionen.

TIME (Befehl)

Der Befehl TIME ermittelt die Momentanzeit durch Abfragen des computerinternen Uhrmoduls. Mit diesem Befehl lassen sich sehr bequem Laufzeiten von Programmodulen testen.

```
100 REM Zeitbestimmung von Unterprogramm A
110 T1 = TIME
120 GOSUB 1000
130 T2 = TIME
140 PRINT "verbrauchte Zeit:";T2-T1
150 END
• • •
1000 REM zu testendes Programm A
• • • beliebige Programmschritte
2099 RETURN
```

Hinweis: Der Befehl TIME ist extrem implementierungsabhängig. Informieren Sie sich deshalb darüber,
- ob und wie der Befehl TIME implementiert ist;
- in welchen Einheiten die Zeit beim Computer ermittelt wird.

Der Befehl TIME ist eine semantische Ausnahme: Er wird wie eine Variable gehandhabt.

Auch anzutreffende Schreibweise:
TIM
TI

TIME$ (Befehl)

Der Befehl TIME$ ermittelt und enthält die aktuelle Tageszeit.

```
100 PRINT TIME$
```

ergibt

```
123322
```

(12 Uhr, 33 Minuten, 22 Sekunden)

Vielfach läßt sich `TIME$` auch „stellen", zum Beispiel:

```
200 TIME$ = "140311"
```

Hinweis: siehe Befehl `TIME`

Auch anzutreffende Schreibweise
`TI$`

`TLOAD` (Befehl)

Der Befehl `TLOAD` lädt ein auf dem Kassettenrecorder befindliches Programm in den Hauptspeicher.
Der Befehl `TLOAD` ist in seiner Wirkung dem Befehl `CLOAD` (siehe dort) identisch.

Hinweis: Die Befehle `TLOAD` und `TSAVE` bzw.
`CLOAD` und `CSAVE`
können als zueinander komplementär bezeichnet werden.

`TOP` (Befehl)

Der Befehl `TOP` ermittelt den ersten freien Speicherplatz im Hauptspeicher, welcher nicht von BASIC beansprucht wird.

Beansprucht BASIC den Speicher bis einschließlich der Adresse 32767 (dezimal) gleich 7FFF (hexadezimal), so ergibt der Befehl

```
PRINT TOP
```

die Ausgabe

```
32768
```

RACE (Befehl)

Der Befehl TRACE bewirkt, daß alle vom BASIC-Programm durchlaufenen Zeilennummern ausgegeben werden, was vorteilhaft zum Programmtest verwendet werden kann.

Hinweis: Diese Arbeitsweise wird so lange beibehalten, bis ein NOTRACE (siehe dort) angetroffen wird.

```
100 TRACE
110 GOSUB 1000
120 C = B+5
130 NOTRACE
140 END
• • •
1000 B = SIN (3.14)
1010 F = S*B
1020 RETURN
```

ergibt auf dem Bildschirm folgende Ausschrift nach dem Programmstart:

```
<110> <1000> <1010> <1020> <120> <130>
```

TRACE OFF (Befehl)

> Der Befehl TRACE OFF stellt eine andere Schreibweise des Befehls NOTRACE dar (siehe auch NOTRACE und TROFF).

TRACE ON (Befehl)

> Der Befehl TRACE ON stellt eine andere Schreibweise des Befehls TRACE dar (siehe auch TRACE und TRON).

TROFF (Befehl)

> Der Befehl TROFF stellt eine andere Schreibweise des Befehls NOTRACE (siehe dort) dar.

Hinweis: Die Befehle

FLOW	und NOFLOW
TRACE	und NOTRACE
TRON	und TROFF
TRACE ON	und TRACE OFF

können als zueinander komplementäre Befehlspaare angesehen werden.

TRON (Befehl)

> Der Befehl TRON stellt eine andere Schreibweise des Befehls TRACE (siehe dort) dar.

Hinweis: Die Befehle

FLOW	und NOFLOW
TRACE	und NOTRACE
TRON	und TROFF
TRACE ON	und TRACE OFF

können als zueinander komplementäre Befehlspaare angesehen werden.

TSAVE (Befehl)

> Der Befehl TSAVE lädt das im Hauptspeicher befindliche Programm auf die Kassette.
> Der Befehl ist in seiner Wirkung mit dem Befehl CSAVE (siehe dort) identisch.

Hinweis: Die Befehle
TLOAD und TSAVE bzw.
CLOAD und CSAVE
können als zueinander komplementär bezeichnet werden.

UCASE$ (Funktion)

Die Funktion UCASE$ wandelt alle Kleinbuchstaben ihres String-Argumentes in Großbuchstaben (englisch: upper case) um.

```
100 C$ = "Tante Anna"
110 UC$ = UCASE$(C$)
120 PRINT UC$
```

ergibt

```
TANTE ANNA
```

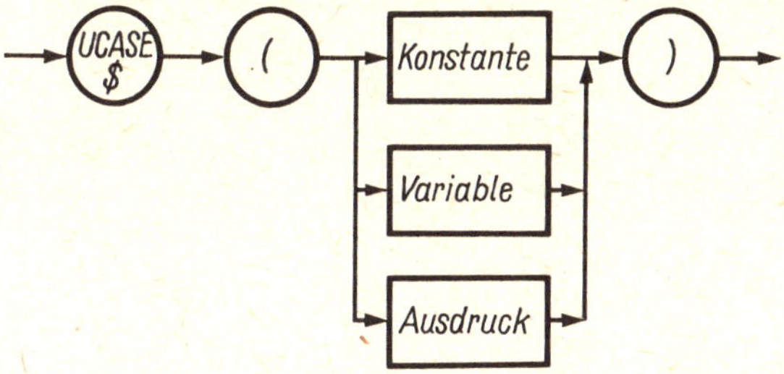

UNTIL (Befehl)

Der Befehl UNTIL spezifiziert eine bestimmte Bedingung. Ein gegebener Vorgang wird bis zum Erreichen dieser Bedingung als Schleife durchgeführt.

```
100 A = A+B*2 UNTIL A >= 1000
```

Zu der Variablen A wird so lange die doppelte Menge der Variablen B addiert, bis die Variable A den Wert größer gleich 1000 erreicht hat. Die gleiche Programmsequenz würde man im „klassischen“ BASIC wie folgt formulieren:

```
100 A = A+B*2
110 IF A < 1000 THEN GOTO 100
• • •
```

Hinweis: Der Computer muß die Chance erhalten, die spezifizierte Abbruchbedingung auch wirklich zu erreichen. Sonst läuft er endlos im Kreis.

USR (Funktion)

Die Funktion USR übergibt die Programmabarbeitung zur Programmausführung an das spezifizierte Maschinenunterprogramm. Es kann ein Parameter angegeben werden.

```
10 PRINT USR(F)
```

gibt den Wert der durch die Funktion USR auf Maschinenprogrammeben ermittelten Variablen F auf den Bildschirm

Hinweis: Dieser Befehl ist stark implementierungsabhängig. Informieren Si sich über seine Funktion und Anwendung!

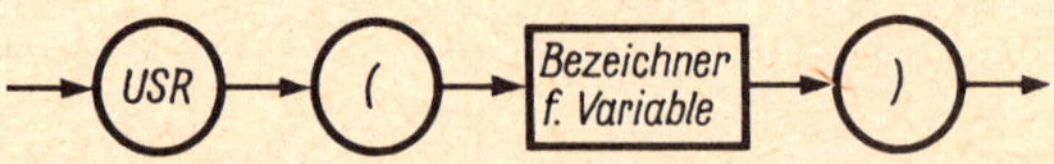

Auch anzutreffende Schreibweise
USER

VAL (Funktion)

Die Funktion VAL wandelt ein String-Argument in einen numerischen Wert um.

```
10Ø A$ = "1.2E-33"
11Ø PRINT 2*VAL(A$)
```

ergibt

```
2.4E-33
```

Hinweis: Die Funktionen VAL und STR$ (siehe dort) können als inverse Funktionen aufgefaßt werden.

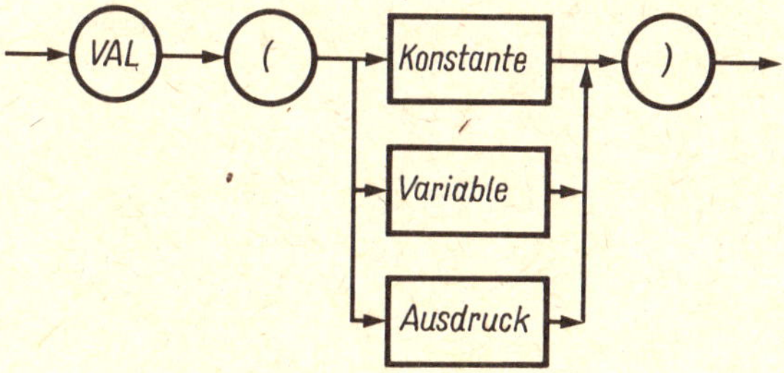

RPTR (Funktion)

Die Funktion VARPTR ermittelt die Speicheradresse einer Variablen oder einer Konstanten.

```
10Ø C = 2 * 5
11Ø PRINT VARPTR(C)
```

gibt die dezimale Speicheradresse der Variablen C auf dem Bildschirm aus

Hinweis: Es ist zu beachten, daß auch bei Kenntnis der Adresse der Variablen oder Konstanten zu überprüfen ist, welchem Datentyp die angesprochene Variable oder Konstante angehört. Informieren Sie sich über die Art und Form des Speicherbildes gerade dieses Datentypes!

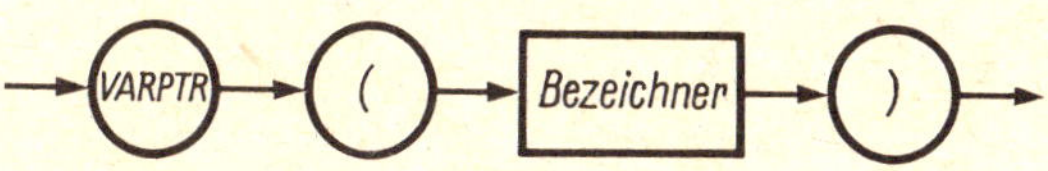

→ 5/W

VLIN- AT (Befehl)

Der Befehl VLIN- AT erzeugt eine vertikale Linie auf (englisch: at) einer speziellen Spalte des Bildschirms. Der Befehl ist in seiner Wirkungsweise und Syntax im wesentlichen dem Befehl HLIN- AT (siehe dort) gleich, der waagerechte Linien erzeugt.

VTAB (Befehl)

Der Befehl VTAB positioniert die aktuelle Schreibposition in der spezifizierten Zeile. Er wirkt wie ein Vertikal-TABulator.

```
100 A = 5
110 VTAB A
120 PRINT "Ausgabe auf der 5. Zeile."
```

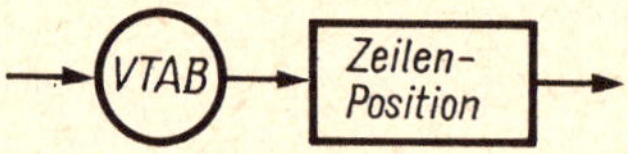

WAIT (Befehl)

Der Befehl WAIT hat je nach Implementierung zwei verschiedene Wirkunge

1. Der Befehl WAIT unterbricht die Programmabarbeitung für eine bestimmte Zeit.

```
100 A = 3
110 WAIT 100
120 B = 5
```

In Zeile 110 wartet (englisch: wait) der Computer 100 Zehntelsekunden bis mit der Abarbeitung der Zeile 120 fortfährt.

Hinweis: Informieren Sie sich, in welcher Einheit die Wartezeit angegeb werden muß!

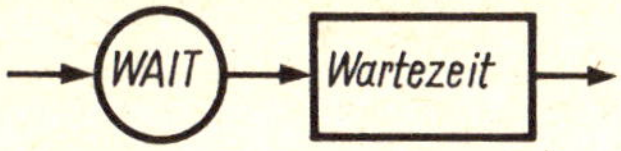

2. Der Befehl `WAIT` unterbricht die Programmabarbeitung so lange, bis an einem spezifizierten Eingabeport des Computers eine genau definierte Bedingung eingetreten ist.

```
1ØØ WAIT 33,8,4
```

Der Computer wartet so lange, bis an dem Port mit der Adresse 33 ein solcher Wert anliegt, der mit dem Wert 4 Exklusiv-ODER-verknüpft und mit 8 logisch UND-verknüpft, als Resultat nicht Null ergibt.
Hinweis: Informieren Sie sich, welche dieser Angaben die XOR- und welche dieser Angaben die UND-Verknüpfung darstellen! Auch ist die Angabe der XOR- bzw. UND-Verknüpfung optimal.

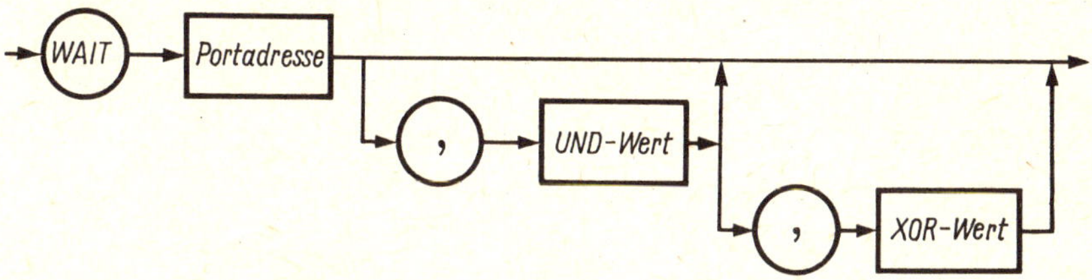

ID (Befehl)

Der Befehl `WEND` kennzeichnet das Ende einer `WHILE`- `WEND`-Anweisung (siehe auch `WHILE`).

LE (Befehl)

Der Befehl `WHILE` eröffnet eine `WHILE`- `WEND`-Bedingung. Die dem Befehl `WHILE` folgende Sequenz stellt die `WHILE`-Bedingung dar, welche ständig abgetestet wird. Wenn diese Bedingung erfüllt (logisch wahr) ist, so werden alle Anweisungen, die zwischen den `WHILE`-Bedingungen und dem `WEND`- Befehl liegen, so lange abgearbeitet, bis die Bedingung nicht mehr erfüllt (logisch falsch) ist.

```
1ØØ A = 3

11Ø WHILE A < 1ØØ
```

```
120 PRINT A, A * A
130 A = A + 3
140 WEND
150 ...
```

Die WHILE-Bedingung in Zeile 110 formuliert, daß die Variable A kleiner a
100 sein soll. Die Zeilen 120 und 130 werden so oft durchlaufen, wie diese B
dingung erfüllt ist. Dann erst wird mit der Programmabarbeitung mit der de
Befehl WEND folgenden Zeile (150) fortgefahren.

Hinweis: Vor Erreichen des Befehls WHILE muß dafür gesorgt werden, d
die WHILE-Bedingung zutrifft, ansonsten wird die WHILE-WEND-Seque
nicht ausgeführt. Genauso wichtig ist es, darauf zu achten, daß bei Abarb
tung der WHILE-WEND-Sequenz die gewählte Bedingung auch logisch fals
werden kann, sonst hat man es mit einer Endlosschleife zu tun …
Der Vorteil der WHILE-WEND-Sequenz gegenüber der FOR-TO-NEXT-S
quenz besteht darin, daß man nicht wissen muß, wie viele „Durchläufe"
zum Erreichen der Abbruchbedingung erforderlich sind. Man kann sich
Wirkungsweise der WHILE-WEND-Sequenz auch so vorstellen, daß eine
fehlsgruppe so oft durchlaufen wird, wie zum Erreichen eines bestimmt
Zustandes erforderlich ist.

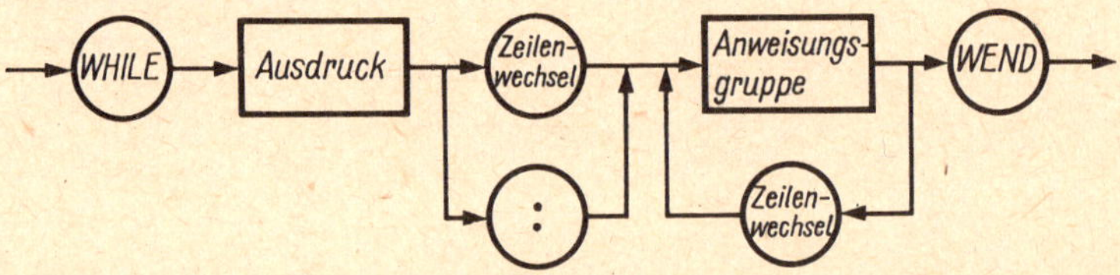

WIDTH (Befehl)

Der Befehl WIDTH stellt die Zeilenlänge der Bildschirmdarstellung ein.

■

```
WIDTH 20
```

stellt die Zeilenlänge einer Bildschirmzeile auf 20 Zeichen ein, das he
nach jedem 20sten auf einer Bildschirmzeile ausgegebenen Zeichen fü
der Computer automatisch einen Wechsel in die nächste Zeile durch

Hinweis: Informieren Sie sich über die minimal und maximal einstellb
Zeichenanzahl je Zeile!

'RITE (Befehl)

Der Befehl WRITE dient zur Ausgabe auf den Bildschirm. Im Gegensatz zum Befehl PRINT (siehe dort) werden beim Befehl WRITE als Trennzeichen Kommata ausgegeben und Strings in Anführungszeichen eingeschlossen.

```
100 A = 11.23
110 C$ = "Tante Anna"
120 B = -1.2E-33
130 WRITE A,C$,B
140 WRITE
150 WRITE "Ich bin",38,"Jahre alt."
```

ergibt

```
11.23,"Tante Anna",-1.2E-33

"Ich bin",38,"Jahre alt."
```

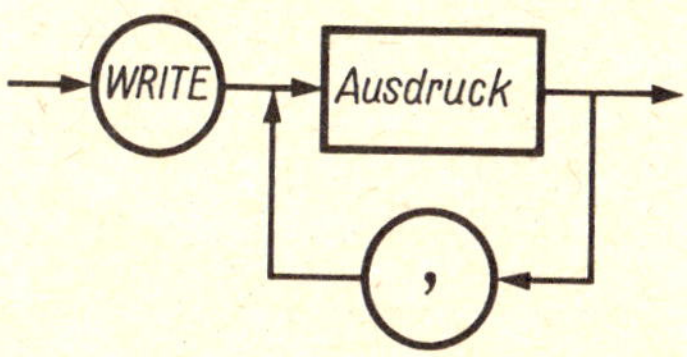

'R (Operator)

Der logische Operator XOR führt eine Exklusiv-ODER-Verknüpfung von zwei Operanden durch.

→ 5

■

```
     10010
XOR  01011     ergibt:
     -----
     11001
```

Auch anzutreffende Schreibweise
XRA

" (Sonderzeichen)

Die Sonderzeichen Anführungszeichen " umschließen alle Strings verbindlich.

■

```
A$ = "Tante Anna"

B$ = "3.14"
```

Auch B$ ist eine Zeichenkette.

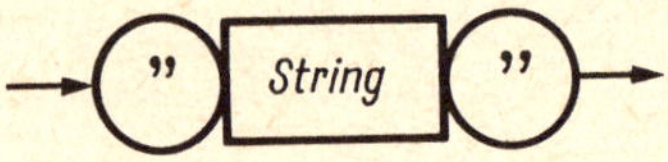

$ (Bezeichner)

Wird ein Konstanten- oder Variablenbezeichner vom Zeichen $ gefolgt, so kennzeichnet dieses die Konstante oder Variable als Stringkonstante oder -variable.

■

```
A = 3
```

bezeichnet den numerischen Wert 3 mit dem Bezeichner A

```
B$ = "Tante Anna"
```

bezeichnet den String „Tante Anna" als B$

(Sonderzeichen)

Das Sonderzeichen Apostroph ' wird als Abkürzung des Befehls REM (siehe dort) benutzt.

```
100 REM Das ist eine Bemerkung.
110 ' das auch.
```

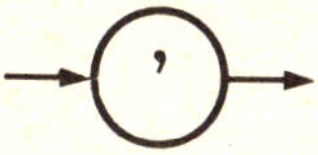

Auch anzutreffende Schreibweise
siehe REM

(Operator)

Der Operator * ist der Multiplikationsoperator.

```
PRINT 33 * 55
```

ergibt

```
1815
```

(Operator)

Der Operator Plus + ist der Additionsoperator.

```
PRINT 33 + 22
```

→ 5

ergibt

```
55
```

, (Trennzeichen)

Das Sonderzeichen Komma , wird als Trennzeichen in DATA-Aufzählungen verwendet.
Als Formatsteuerzeichen wird es im Befehl PRINT benutzt (siehe DATA und PRINT).

– (Operator)

Der Operator Minus – ist der Subtraktionsoperator.

■
```
PRINT 55 - 33
```

ergibt

```
22
```

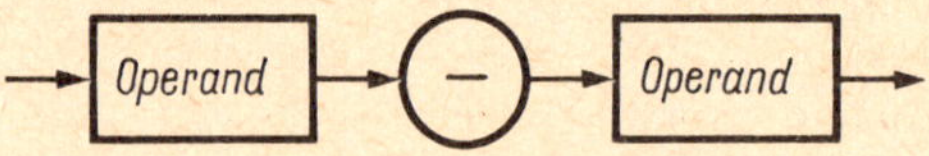

. (Sonderzeichen)

Das Sonderzeichen Punkt . wird als Dezimalpunkt gemäß der angelsächsischen Notation verwendet.

■
```
11.3
```

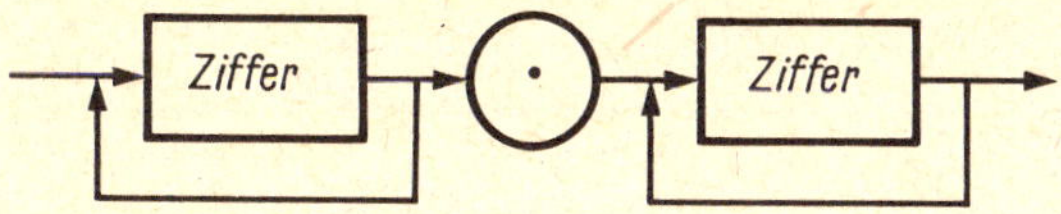

/ (Operator)

Der Operator Schrägstrich / ist der Divisionsoperator.

```
PRINT 355 / 113
```

ergibt

```
3.141592
```

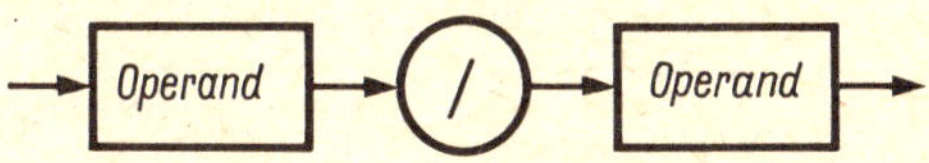

: (Sonderzeichen)

Das Sonderzeichen Doppelpunkt : wird benutzt, um mehrere Anweisungen innerhalb einer Zeile zu trennen.

```
1ØØ FOR I = 1 TO 1Ø : PRINT SIN(I) : NEXT I
```

bringt eine ganze FOR- TO- NEXT-Schleife in einer Zeile unter

Hinweis: Ein solches Vorgehen widerspricht zwar einem guten Programmierstil; spart andererseits aber Speicherplatz und Programmlaufzeit, da nicht jedesmal die Zeilennummer mitverarbeitet werden muß.

Aber Achtung:
Die Konstruktion:

```
1ØØ IF A = 3 THEN C = 8 : B = 5
```

arbeitet wie folgt:

→ 5

Wenn A gleich 3, dann C = 8 und B = 5.
Wenn A ungleich 3, dann nächste Zeile (!) und nicht wie erwartet der nächste Befehl (hier B = 5).
Also aufgepaßt bei derartigen „Gebilden". Am besten, man verzichtet auf den Doppelpunkt.

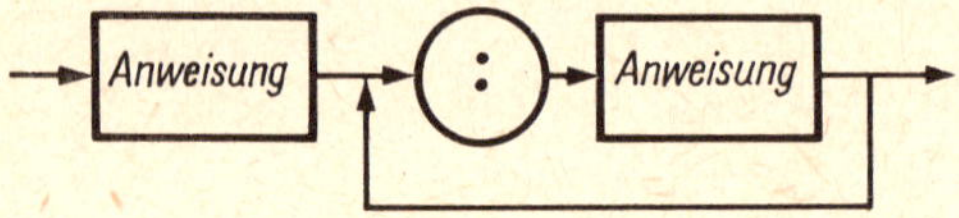

; (Sonderzeichen)

Das Sonderzeichen Semikolon ; wird als Formatsteuerzeichen beim Befehl PRINT (siehe dort) verwendet.

< (Operator)

Der Operator < ist ein relationaler Operator, der die Operanden auf „kleiner als" prüft (siehe auch LT).

<= (Operator)

Der Operator <= ist ein relationaler Operator und vergleicht seine Operanden auf „kleiner gleich" (siehe auch LE).

<> (Operator)

Der Operator <> ist ein relationaler Operator, der die Operanden auf Ungleichheit prüft (siehe auch NE).

= (Operator)

Der Operator Gleichheitszeichen = kann zwei Bedeutungen haben.

Der Operator = wird als Zuweisungsoperator benutzt.

```
1ØØ A = 3
```

weist der Variablen A den Wert 3 zu

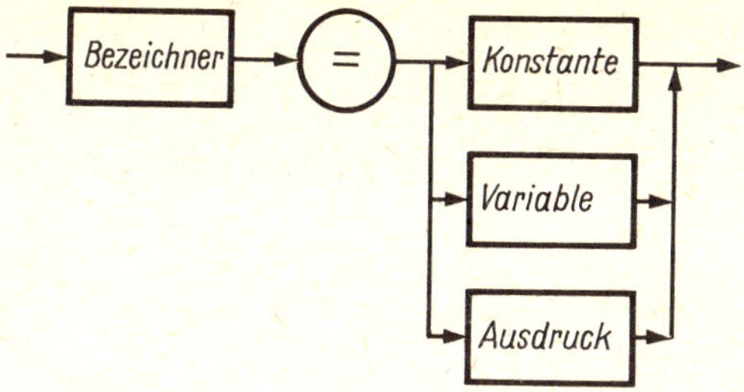

Der Operator = wird als relationaler Operator benutzt und vergleicht seine Operanden auf Gleichheit (siehe auch EQ).

> (Operator)

Der Operator > ist ein relationaler Operator, der die Operanden auf „größer als" prüft (siehe auch GT).

>= (Operator)

Der Operator >= ist ein relationaler Operator, der die Operanden auf „größer gleich" prüft (siehe auch GE).

? (Sonderzeichen)

Das Sonderzeichen Fragezeichen ? ist die Abkürzung des Befehls PRINT (siehe dort). Beide Befehle sind identisch.

```
PRINT "Tante Anna"
? "Tante Anna"
```

Auch anzutreffende Schreibweise
PRINT

(Operator)

Der Operator \ führt eine Integerdivision zweier Operanden durch.

➞ 5

```
PRINT 355\113
```

ergibt

```
3
```

aber

```
355/113
```

ergibt

```
3.141592
```

^ (Operator)

Der Operator ^ ist der Exponentialoperator.

```
100 FOR I = 1 TO 10
110  PRINT I,I ^ I
120 NEXT I
```

Dieses Programm führt die Berechnung von I ^ I im Bereich von 1 bis 10 durch.

Auch anzutreffende Schreibweise
↑

Einige ausgewählte Anwendungsbeispiele 6

Die nachstehenden Anwendungsbeispiele erheben keinen Anspruch auf Originalität. Sie sollen lediglich dem Zweck dienen, Denkanstöße zu vermitteln und anregende Vorlagen zum eigenen, kreativen Arbeiten zu liefern.
Jedem Beispielprogramm folgt ein Testlauf mit Zahlenwerten. Die dabei ausgegebenen Ergebnisse sind absichtlich **nicht** auf ihre signifikante Stellenzahl gerundet. Das verbleibt dem aufmerksamen Leser.

6.1. Mathematik

Ein sehr computerfreundliches Anwendungsbeispiel aus der Mathematik ist zweifelsohne die Ermittlung von Primzahlen. Das nachstehende Programm errechnet Primzahlen aus einem beliebigen, frei wählbaren Testbereich. Die Laufzeit dieses kleinen Programms hängt ausschließlich aufgrund des gewählten Verfahrens von der zu testenden Zahlenmenge ab.

```
10 REM Programm zur Ermittlung von Primzahlen
20 REM
30 PRINT "Primzahlenermittlung"
40 INPUT "Maximaler Testbereich =";Z
50 FOR N = 2 TO Z
60   FOR K = 2 TO Z/2
70     M = N/K
80     L = INT(M)
90     IF L = 0 THEN 140
100      IF L = 1 THEN 130
110      IF M > L THEN 130
```

→ 6/1

```
12Ø     IF M = L THEN 15Ø
13Ø    NEXT K
14Ø     PRINT N;
15Ø  NEXT N
16Ø  PRINT
17Ø  PRINT "Ende des Testbereiches."
18Ø  END
```

Nachstehend einige Primzahlen aus einem Testbereich von 10 000, wobei hier die Laufzeit des Programms schon bis zu einigen Stunden betragen kann.

```
RUN
Maximaler Testbereich = ? 1ØØØØ
  2    3    5    7   11   13   17   19   23   29
 31   37   41   43   47   53   59   61   67   71
 73   79   83   89   97  1Ø1  1Ø3  1Ø7  1Ø9  113
127  131  137  139  149  151  157  163  167  173
179  181  191  193  197  199  211  223  227  229
233  239  241  251  257  263  269  271  277  281
283  293  3Ø7  311  313  317  331  337  347  349
353  359  367  373  379  383  389  397  4Ø1  4Ø9
...
419  421  431  433  439  443  449  457  461  463
467  479  487  491  499  5Ø3  5Ø9  521  523  541
```

```
547  557  563  569  571  577  587  593  599  601
...
2221 2237 2239 2243 2251 2267 2269 2273 2281 2287
2293 2297 2309 2311 2333 2339 2341 2347 2351 2357
2371 2377 2381 2383 2389 2393 2399 2411 2417 2423
...
3823 3833 3847 3851 3853 3863 3877 3881 3889 3907
3911 3917 3919 3923 3929 3931 3943 3947 3967 3989
4001 4003 4007 4013 4019 4021 4027 4049 4051 4057
...
4943 4951 4957 4967 4969 4973 4987 4993 4999 5003
5009 5011 5021 5023 5039 5051 5059 5077 5081 5087
5099 5101 5107 5113 5119 5147 5153 5167 5171 5179
...
7109 7121 7127 7129 7151 7159 7177 7187 7193 7207
7211 7213 7219 7229 7237 7243 7247 7253 7283 7297
7307 7309 7321 7331 7333 7349 7351 7369 7393 7411
7417 7433 7451 7457 7459 7477 7481 7487 7489 7499
...
9739 9743 9749 9767 9769 9781 9787 9791 9803 9811
9817 9829 9833 9839 9851 9857 9859 9871 9883 9887
9901 9907 9923 9929 9931 9941 9949 9967 9973
Ende des Testbereiches.
```

→ 6/2

6.2. Physik

Ein durchaus interessantes und lehrreiches Programmbeispiel veranschaulicht die bei einem frontalen Aufprall eines Autos auf ein Hindernis auf die Insassen wirkenden Kräfte. Wer da immer noch glaubt, ihm könne unangeschnallt bei einem Aufprall mit 45 km/h kaum etwas passieren, sei an dieser Stelle eines besseren belehrt, denn ob er den damit vergleichbaren Sturz aus einem dritten Stockwerk genauso belächeln würde, steht in Frage.

Programm von Heblik, S.: „Gurtmuffel"

```
10 REM Programm: GURTMUFFEL
20 REM ===============
30 REM Copyright: S.Heblik
40 REM Datum der Erstellung: April '85
50 REM Programmierer: P.Heblik
60 REM Quelle: S.Heblik, (PASCAL-Programm)
70 REM Letzte Modifikation: Mai '85/P.Heblik
80 REM Eingabe der Werte
100 PRINT
110 PRINT "Programm :   Gurtmuffel"
120 PRINT "-------------------"
130 PRINT "Copyright: Stefan Heblik"
140 PRINT
150 PRINT "Eingabe:"
160 INPUT "Geschw. des Fahrzeugs [km/h] = ";V
170 REM Berechnung der Werte
180 IF V = 0 THEN 280
190 VS = V * 1000 / 3600
```

```
200 H = 0.5 * VS * VS / 9.81

210 REM Annahme: Hoehe eines Stockwerkes = 2.8 m

220 ST = INT( H / 2.8 + 0.5)

230 REM Ausgabe der Werte

240 PRINT "Aufprall entspricht einem Sprung aus"

250 PRINT "          ";INT (100 * H) / 100;"
    "Metern Hoehe"

260 PRINT "bzw. aus der "; ST ; ". Etage."

270 GOTO 140

280 PRINT

290 PRINT "Ende des Programms GURTMUFFEL"

300 END
```

```
RUN

Programm :     Gurtmuffel

-----------------------

Copyright: Stefan Heblik


Eingabe:

Geschw. des Fahrzeugs [km/h] = 20

Aufprall entspricht einem Sprung aus

          1.57 Metern Hoehe

bzw. aus der 1 . Etage.


Eingabe:
```

```
Geschw. des Fahrzeugs [km/h] =   5Ø

Aufprall entspricht einem Sprung aus

          9.83 Metern Hoehe

bzw. aus der 4 . Etage


Eingabe:

Geschw. des Fahrzeugs [km/h] =   1ØØ

Aufprall entspricht einem Sprung aus

          39.32 Metern Hoehe

bzw. aus der 14 . Etage

Eingabe:

Geschw. des Fahrzeugs [km/h] =   Ø

Ende des Programms GURTMUFFEL
```

6.3. Chemie

Eine Plage für denjenigen von uns, der nicht täglich mit dem Mischungskreuz umgeht, ist – genau wie die Prozentrechnung – das Mischen von Lösungen. Dafür lassen wir das nachstehende Programm für uns arbeiten.

Achtung! Das Programm ermittelt die Verhältnisse in prozentualen Volumenanteilen!

Programm von Heblik,P.: „Mischungskreuz"

```
1Ø REM Programm: Mischung mit Wasser

2Ø REM ===============

3Ø REM Copyright: P.Heblik
```

```
4Ø REM Datum der Erstellung: Mai '82

5Ø REM Programmierer: P.Heblik

6Ø REM

7Ø Dateninhalt: Konz.gegebene Loesung,Konz.
   gesuchte

8Ø REM        Loesung,Menge gesuchte Loesung

9Ø REM Letzte Modifikation: Juni '82 / P.Heblik

1ØØ REM Eingabe der Werte

11Ø INPUT "Konzentration vorhandene Loesung [%] ";V

12Ø INPUT "Konzentration  gesuchte Loesung   [%] ";G

13Ø INPUT "Menge gesuchte  Loesung           [ml] ";M

2ØØ REM Berechnung

21Ø L = M * G / V

22Ø REM Ausgabe der Werte

23Ø PRINT "Es sind ";L;"ml der vorhandenen Loesung"

24Ø PRINT " mit ";M-L;"ml Wasser zu verduennen."

25Ø END
```

```
RUN

Konzentration vorhandene Loesung  [%] ? 67.5

Konzentration   gesuchte Loesung  [%] ? 17.25

Menge           gesuchte Loesung [ml] ? 8.75

Es sind 2.23611 ml der vorhandenen Loesung

mit     6.51389 ml Wasser zu verduennen.
```

6.4. Elektronik

Eine oft angewandte Berechnung ist die Dimensionierung eines selektiven Filters mit Mehrfachgegenkopplung. Das Bild [12] zeigt dafür die Schaltung.

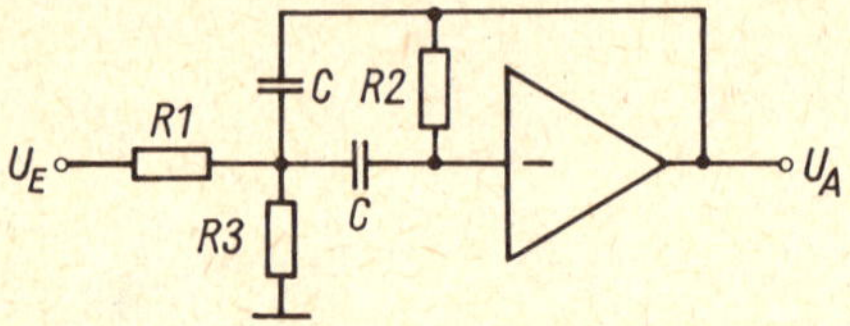

Programm von Heblik, P.: „Selektives Filter mit Mehrfachgegenkopplung"

```
1Ø REM Programm: Selektives Filter m.
   Mehrfachgegenkopplung
2Ø REM ==============
3Ø REM Copyright: P. Heblik
4Ø REM Datum der Erstellung: Jan. '82
5Ø REM Programmierer: P. Heblik
6Ø REM Quelle: (Schaltung) [12]
7Ø REM Dateninhalt: Guete, Resonanzfrequenz,
   Kondensator,
8Ø REM  Verst. i. Resonanzfall,
   Leerl.-Verst.
9Ø REM Letzte Modifikation des Programms:
   Sept. '82 / P. Heblik
1ØØ REM Definition der Zahl PI
11Ø PI = 3.14159
12Ø REM Eingabe der Schaltungsparameter
13Ø INPUT "Guete Q als Faktor :";Q
14Ø INPUT "Resonanzfrequenz in Hertz :";VØ
```

```
150 INPUT "Verstaerkung im Resonanzfall :";VR
160 INPUT "Leerlaufverst. des OPV :";VL
170 INPUT "Kondensator in Farad :";C
200 REM Berechnung der Widerstandswerte
210 R2 = Q/(PI * V0 * C)
220 R1 = R2/(2 * VR)
230 R3 = R1/((4 * PI * PI * C * C * V0 * V0 *
    R1 * R2)-1)
240 REM Test, ob Leerlaufverstaerkung
    ausreichend...
250 IF VL < (5 * Q * Q) THEN 400
300 REM Ausgabe der errechneten Werte
310 PRINT "R1 = ";R1
320 PRINT "R2 = ";R2
330 PRINT "R3 = ";R3
340 PRINT "Alle Widerstandswerte in Ohm."
350 END
400 REM Behandlung: Leerlaufverstaerkung
410 PRINT "Leerlaufverstaerkung fuer geforderte"
420 PRINT "Guete nicht ausreichend!"
430 Q = SQR(VL/5)
440 PRINT"Maximal erreichbare Guete :";Q
450 REM erneute Eingabe anfordern:
460 GOTO 120
```

→ 6/5

```
RUN

Guete Q als Faktor :? 17

Resonanzfrequenz in Hertz :? 1297

Verstaerkung im Resonanzfall :? 22

Leerlaufverst. des OPV :? 10000

Kondensator in Farad :? 1E-6

R1 = 94.8214

R2 = 4172.14

R3 = 3.75193

Alle Widerstandswerte in Ohm.
```

6.5. Statistik

Eine wahre Fundgrube für statistische Berechnungen stellt das nachfolgend Programmpaket dar.
Das Gesamtprogramm bietet in Menü-Technik eine Auswahl statistische Verfahren zum Prüfen von Unterschieden nominal skalierter Daten. Zur Ar wendung des Programms sind beim Anwender lediglich einige elementar Grundkenntnisse auf dem Gebiet der mathematischen Prüf-Statistik erforde lich. Im Programm sind entsprechende Literaturhinweise aufgeführt worder Etwas mehr Aufmerksamkeit erfordert die von den genannten Autoren be nutzte `PRINT AT` -Konstruktion. Diese, ab der Zeile 10000 folgende Kor struktion ist vom Leser auf seine speziellen Computerbefehle umzuschre ben.

Programm von Boeck, H.; Boeck, D.: Programme für den Heimcompute Z 9001 zur Anwendung in der unterrichtsmethodischen Forschung. In: Wi senschaftliche Zeitschrift der Pädagogischen Hochschule „Dr. Theodor Ne bauer", Mathematisch-Naturwissenschaftliche Reihe, **21** (1985) 2. [13]
(Vom Autor dieses Buches wurden – dem Anliegen der Publikation Rec nung tragend – Kürzungen sowie Anpassungen an das Standard-BASIC vo genommen.)

```
10 REM ================================

20 REM Programm: Statistische Pruefverfahren

30 REM ================================

40 REM Copyright: Prof. Dr. H. Boeck & D. Boeck

50 REM Datum der Erstellung: Januar '85

60 REM Programmierer: Boeck

70 REM Quelle: Auszug aus Publikation [13]

80 REM Inhalt: X2-Verfahren (2*),t-,G-,Verfahren,

90 REM         Wilcoxon- und Friedman-Test

100 REM Letzte Modifikation der Daten:
    Maerz '85 / P. Heblik

110 REM -----------------------------

120 REM Hauptmodul: Auswahl der Verfahren

130 REM -----------------------------

140 PRINT

150 PRINT " ================= "

160 PRINT "Programm: PRUEFSTATISTIK"

170 PRINT " ================= "

180 PRINT "Copyright by H. Boeck & D. Boeck"

190 PRINT

200 PRINT "Dieses Programm eignet sich
    ausschliesslich"

210 PRINT "zum Pruefen von Unterschieden zwischen
    Stichproben-"

220 PRINT "gruppen nominal skalierter Daten"
```

```
230 PRINT "Beobachtungsdaten,Haeufigkeiten,
    Punktwerte usw. )"

240 PRINT "Fuer alle anderen Faelle schlagen Sie
    bitte"

250 PRINT "in der Literatur nach; zu empfehlen
    sind:"

260 PRINT "Clauss;Ebner: Grundlagen der
    Statistik"

270 PRINT "Lohse;Ludwig;Roehr: Statistische
    Verfahren"

280 PRINT "Lohse;Ludwig: Pruefstatistik"

290 PRINT "(ein programmierter Lehrgang)"

300 PRINT

310 PRINT

320 INPUT "Wollen Sie im Programm fortfahren
    (J/N)";E$

330 IF LEFT$(E$,1) <> "J" THEN 750

340 PRINT

350 PRINT "Wie liegen die Stichproben vor ?"

360 PRINT " 1   =   unabhaengig"

370 PRINT " 2   =   abhaengig  "

380 INPUT " Eingabe (1/2) ";C

390 IF C < 1 OR C > 2 THEN 340

400 PRINT

410 PRINT "Welcher Stichproben-Fall liegt vor ?"

420 PRINT "  2   =   zwei - Stichproben-Fall"

430 PRINT "  3   =   drei - Stichproben-Fall"
```

```
44∅ INPUT "  Eingabe (2/3) ";X

45∅ IF X < 2 OR X > 3 THEN 4∅∅

46∅ PRINT

47∅ PRINT "Die fuer Ihren Fall geeigneten
    Verfahren sind:"

48∅ IF C = 1 AND X = 2 THEN 55∅

49∅ IF C = 1 AND X = 3 THEN 62∅

5∅∅ IF C = 2 AND X = 2 THEN 65∅

51∅ REM es bleibt C = 2 AND X = 3

52∅ PRINT "* Friedman-Test:"

53∅ PRINT"Vergleich der Verteilung von Punkten"

54∅ GOTO 69∅

55∅ PRINT "* X2-Verfahren nach V.D.Waerden:"

56∅ PRINT "  Vergleich von zwei %-Zahlen"

57∅ PRINT "* X2-Verfahren (Brandt-Snedecor):"

58∅ PRINT "  Vergleich der Verteilung von
    Haeufigkeiten"

59∅ PRINT "* t-Verfahren f.unabh. Stichproben:"

6∅∅ PRINT "  Vergleich von zwei Haeufigkeiten"

61∅ GOTO 69∅

62∅ PRINT "* G-Verfahren:"

63∅ PRINT "  Vergleich der Verteilung von
    Haeufigkeiten"

64∅ GOTO 69∅

65∅ PRINT "* Wilcoxon-Test:"
```

```
660 PRINT "   Vergleich von Beobachtungsdaten"
670 PRINT "* t-Verfahren f. abhaengige
    Stichproben:"
680 PRINT "   Vergleich von Beobachtungsdaten"
690 PRINT
700 PRINT
710 INPUT "Wollen Sie Berechnungen ausfuehren
    (J/N) ";E$
720 IF LEFT$(E$,1) <> "J" THEN 750
730 REM Untermodule Pruefverfahren
740 GOTO 1000
750 PRINT "Ende des Programms PRUEFSTATISTIK"
760 END
1000 REM ------------------------------------
1010 REM Untermodul:Pruefverfahren (Selektion &
     Ausfuehrung)
1020 REM ------------------------------------
1030 REM Ruf Untermodul Menue & Selektion
1040 GOSUB 2000
1050 REM selektive Ausfuehrung
1060 ON X GOTO 3000,4000,6000
2000 REM ---------------------------
2010 REM Untermodul Menue & Selektion
2020 REM ---------------------------
2030 PRINT
2040 PRINT "Welches Verfahren wuenschen Sie ?"
```

```
2050 PRINT "1 = X2-Verfahren (V.D. Waerden)"
2060 PRINT "2 = X2-Verfahren (Brandt-Snedecor)"
2070 PRINT "3 = t-Verfahren (unabh. Stichproben)"
2080 INPUT "Bitte waehlen Sie (1 / 2 / 3 ) ";X
2090 IF X < 1 OR X > 3 THEN 2030
2100 RETURN
3000 REM --------------------------------------
3010 REM Untermodul X2-Verfahren nach V.D.
     Waerden
3020 REM --------------------------------------
3030 PRINT
3040 PRINT "X2-Verfahren nach V.D. Waerden"
3050 PRINT "------------------------------"
3060 PRINT "Geeignet zum Vergleich zweier
     %-Zahlen"
3070 PRINT "Benoetigt werden folgende Angaben:"
3080 PRINT "Umfang der Stichproben N1 und N2"
3090 PRINT "Haeufigkeiten Z1 und Z2 in beiden"
3100 PRINT "Stichproben."
3110 INPUT "Eingabe: N1 = ";N1
3120 INPUT "         N2 = ";N2
3130 INPUT "         Z1 = ";Z1
3140 INPUT "         Z2 = ";Z2
3150 REM Berechnung der Werte
```

```
3160 P1 = Z1 / N1 * 100

3170 P2 = Z2 / N2 * 100

3180 PRINT "Ergebnisse:"

3190 PRINT "========"

3200 PRINT "P1 = ";P1;" %"

3210 PRINT "P2 = ";P2;" %"

3220 Z = (Z1 / N1 - Z2 / N2) ^ 2 * N1 * N2 *
     (N1 + N2 - 1)
3230 N3 = (Z1 + Z2) * ((N1 + N2) - (Z1 + Z2))

3240 X2 = Z / N3

3250 PRINT "X2 = ";X2

3260 PRINT "Freiheitsgrad f = 1"

3270 INPUT "Wollen Sie weitere Berechnungen
     ausfuehren (J/N) ";E$

3280 IF LEFT$(E$,1) = "J" THEN 3030

3290 PRINT

3300 GOTO 750

4000 REM -------------------------------------

4010 REM Untermodul: X2-Verfahren nach Brandt-
     Snedecor

4020 REM -------------------------------------

4030 CLEAR

4040 PRINT

4050 PRINT "X2-Verfahren nach Brandt-Snedecor"

4060 PRINT "-------------------------------"

4070 PRINT "Geeignet zum Vergleich der Verteilung"
```

```
4080 PRINT "Benoetigt werden folgende Angaben:"
4090 PRINT "Anzahl der Spalten (Kategorien):    S"
4100 PRINT "Absolute Haeufigkeiten je
     Kategorie: E"
4110 INPUT "Eingabe: S = ";S
4120 DIM A(2,S)
4130 FOR I = 1 TO 2
4140   FOR J = 1 TO S
4150     PRINT "    (";I;",";J;") = ";
4160     INPUT A(I,J)
4170   NEXT J
4180 NEXT I
4190 PRINT
4200 REM Schirm loeschen
4205 FOR I = 1 TO 24
4210   PRINT
4220 NEXT I
4230 REM Berechnung der Werte
4240 FOR J = 1 TO S
4250   FOR I = 1 TO 2
4260     W = W + A(I,J)
4270   NEXT I
4280   I = 2
4290   R = A(I,J)^2/W
```

```
4300   W = 0
4310   Z = Z + R
4320 NEXT J
4330 I = 1
4340 FOR J = 1 TO S
4350   U = U + A(I,J)
4360 NEXT J
4370 R = 15
4380 ZW = U
4390 FOR J = 1 TO S
4400   T = J * 5 - 5
4410   X = INT(1000 * A(I,J) / ZW) / 10
4420   REM positionierte Ausgabe aufrufen
4430     RO = R
4440     CO = T
4450     VL = X
4460     VL$ = ""
4470     GOSUB 10010
4480 NEXT J
4490 R = R + 1
4500 T = 0
4510 FOR J = 1 TO S
4520   I = 2
4530   P = P + A(I,J)
```

```
4540 NEXT J
4550 ZW = P
4560 FOR J = 1 TO S
4570   T = J * 5 - 5
4580   X = INT(1000 * A(I,J) / ZW) / 10
4590   REM positionierte Ausgabe aufrufen
4600   RO = R
4610   CO = T
4620   VL = X
4630   GOSUB 10130
4640 NEXT J
4650 R = R + 1
4660 T = 0
4670 D = U + P
4680 X2 = (Z - P^ 2 / D) * D^ 2 / (U * P)
4690 F = S - 1
4700 REM positionierte Ausgabe aufrufen
4710 RO = 2
4720 CO = 0
4730 VL = D
4740 VL$ = "Gesamtsumme = "
4750 GOSUB 10010
4760 RO = 3
4770 VL = X2
```

```
478Ø VL$ = "X2 = ";
479Ø GOSUB 1ØØ1Ø
48ØØ RO = 4
481Ø VL = F
482Ø VL$ = "Freiheitsgrad f = "
483Ø GOSUB 1ØØ1Ø
484Ø RO = 6
485Ø VL$ = "Absolute Haeufigkeiten :"
486Ø GOSUB 1Ø11Ø
487Ø RO = 13
488Ø VL$ = "Relative Haeufigkeiten in %"
489Ø GOSUB 1Ø11Ø
49ØØ O1 = 2
491Ø FOR J = 1 TO S
492Ø   FOR I = 1 TO 2
493Ø     RO = 7 + I
494Ø     CO = O1
495Ø     VL = A(I,J)
496Ø     GOSUB 1Ø13Ø
497Ø   NEXT I
498Ø   O1 = O1 + 5
499Ø NEXT J
5ØØØ PRINT
```

```
5Ø1Ø INPUT "Wollen Sie weitere Berechnungen
     ausfuehren (J/N) ";E$

5Ø2Ø IF LEFT$(E$,1) = "J" THEN 4ØØØ

5Ø3Ø PRINT

5Ø4Ø GOTO 75Ø

6ØØØ REM ----------------------

6Ø1Ø REM Untermodul: t-Verfahren

6Ø2Ø REM ----------------------

6Ø3Ø PRINT

6Ø4Ø PRINT "t-Verfahren f. unabh. Stichproben"

6Ø5Ø PRINT "---------------------------------"

6Ø6Ø PRINT "Geeignet zur Pruefung der Differenz"

6Ø7Ø PRINT "zweier Haeufigkeiten."

6Ø8Ø PRINT "Benoetigt werden folgende Angaben:"

6Ø9Ø PRINT "Umfang der Stichproben N1 und N2"

61ØØ PRINT "Haeufigkeiten Z1 und Z2 in beiden "

611Ø PRINT "Stichproben."

612Ø INPUT "Eingabe: N1 = ";N1

613Ø INPUT "          N2 = ";N2

614Ø INPUT "          Z1 = ";Z1

615Ø INPUT "          Z2 = ";Z2

616Ø REM Berechnung der Werte

617Ø Z = Z1 / N1 - Z2 / N2

618Ø O2 = (Z1 + Z2) / (N1 + N2)
```

```
6190 N = SQR((02 - 02^2) * (1 / N1 + 1/ N2))

6200 T = ABS(Z / N)

6210 PRINT

6220 PRINT "Ergebnisse:"

6230 PRINT "=========="

6240 PRINT "          t                          = ";T

6250 F = N1 + N2 - 1

6260 PRINT "Freiheitsgrad (zweiseitig) f = ";F

6270 INPUT "Wollen Sie weitere Berechnungen
     ausfuehren (J/N) ";E$

6280 IF LEFT$(E$,1) = "J" THEN 6000

6290 PRINT

6300 GOTO 750

10000 REM --------------------------------

10010 REM Bildschirmausgabe ueber Kursor-
      Positionierung

10020 REM --------------------------------

10030 REM Eingabe: RO  = Zeilennummer

10040 REM          CO  = Spaltennummer

10050 REM          VL  = Ausgabewert

10060 REM          VL$ = Ausgabestring

10070 REM Modul muss auf jeweiligen Computer
      angepasst werden !!

10080 REM ----------------------------------

10090 PRINT AT (RO,CO);VL$,VL
```

```
10100 RETURN
10110 PRINT AT (RO,CO);VL$
10120 RETURN
10130 PRINT AT (RO,CO);VL
10140 RETURN
```

```
RUN
===================
Programm: PRUEFSTATISTIK
===================
Copyright by H. Boeck & D. Boeck

Dieses Programm eignet sich ausschliesslich
zum Pruefen von Unterschieden zwischen Stich-
probengruppen nominal skalierter Daten (Be-
obachtungsdaten, Haeufigkeiten, Punktwerten usw.)
Fuer alle anderen Faelle schlagen Sie bitte
in der Literatur nach; zu empfehlen sind:
Clauss;Ebner:             Grundlagen der Statistik
Lohse;Ludwig;Roehr:          Statistische Verfahren
Lohse;Ludwig:         Pruefstatistik
(ein programmierter Lehrgang)
Wollen Sie im Programm fortfahren (J/N) ? J
Wie liegen die Stichproben vor ?
  1 = unabhaengig
```

```
  2 = abhaengig
  Eingabe (1/2) ? 1
Welcher Stichproben-Fall liegt vor ?
  2 = zwei - Stichproben-Fall
  3 = drei - Stichproben-Fall
  Eingabe (2/3) ? 2
Die fuer Ihren Fall geeigneten Verfahren sind:
* X2-Verfahren nach V.D.Waerden:
  Vergleich von zwei %-Zahlen
* X2-Verfahren (Brandt-Snedecor):
  Vergleich der Verteilung von Haeufigkeiten
* t-Verfahren f.unabh. Stichproben:
  Vergleich von zwei Haeufigkeiten
Wollen Sie Berechnungen ausfuehren (J/N) ? J
Welches Verfahren wuenschen Sie ?
  1 = X2-Verfahren (V.D.Waerden)
  2 = X2-Verfahren (Brandt-Snedecor)
  3 = t-Verfahren (unabh.Stichproben)
Bitte waehlen Sie ( 1 / 2 / 3 ) ? 1
X2 - Verfahren nach V.D. Waerden
--------------------------------
Geeignet zum Vergleich zweier %-Zahlen
Benoetigt werden folgende Angaben:
Umfang der Stichproben N1 und N2
```

```
Haeufigkeiten Z1 und Z2 in beiden

Stichproben.

Eingabe: N1 =

         N2 =

         Z1 =

         Z2 =

                          ............. u s w.
```

6.6. Organisation

An dieser Stelle folgt das Programm „Adressbuch", welches schon im Kapitel 3 als Beispiel Verwendung fand.
(Zur Substitution des in diesem Programmbeispiel verwendeten nicht standardgemäßen Befehls INSTR siehe dort!)

Programm von Heblik, P.: „Adressbuch"

```
10 REM Programm: Adressbuch

20 REM ===============

30 REM Copyright: P.Heblik

40 REM Datum der Erstellung: Mai '85

50 REM Programmierer: Lehmann

60 REM Quelle: Heblik: Wissensspeicher BASIC

70 REM Dateninhalt: Name,Vorname,PLZ,Stadt,

80 REM Strasse, Hausnummer, Tel.-Nr., Geburtstag

90 REM Letzte Modifikation der Daten: Juni
    '85 / Lehmann
```

```
100 REM =========
110 REM Hauptprogramm
120 REM =========
130 REM Aufruf Initialisierung Parameter
140 GOSUB 1010
150 REM Aufruf Programmkopf & Menue
160 GOSUB 2000
170 REM Wahl der Betriebsart
180 GOSUB 3000
190 REM Anwahl der Betriebsart
200 IF B = 1 THEN 310
210 IF B = 2 THEN 270
220 REM  Es bleibt Betriebsart 3
230 REM Aufruf der Betriebsart 3
240 GOSUB 5000
250 REM zurueck zum Menue
260 GOTO 150
270 REM Aufruf der Betriebsart 2
280 GOSUB 4000
290 REM zurueck zum Menue
300 GOTO 150
310 REM Meldung des Programm-Endes
320 PRINT
330 PRINT„Ende des Programms ADRESSBUCH"
```

```
340 END

1000 REM ----------------------------------

1010 REM Erstes Untermodul: Initialisierung
     der Parameter

1020 REM ----------------------------------

1030 REM Anzahl der Personen

1040 RESTORE

1050 READ P

1060 REM Dimensionieren der Arrays

1070 REM Array fuer Namen

1080 DIM N$(P)

1090 REM Array fuer Vornamen

1100 DIM V$(P)

1110 REM Array fuer Postleitzahl

1120 DIM P$(P)

1130 REM Array fuer Stadt

1140 DIM S$(P)

1150 REM Array fuer Strasse

1160 DIM R$(P)

1170 REM Array fuer Hausnummer

1180 DIM H$(P)

1190 REM Array fuer Tel.-Nr.

1200 DIM T$(P)

1210 REM Array fuer Geburtstag
```

```
1220 DIM G$(P)
1230 REM Lesen der Daten in die Arrays
1240 FOR I = 1 TO P
1250 READ N$(I),V$(I),P$(I),S$(I),R$(I),H$(I)
1260 READ T$(I),G$(I)
1270 NEXT I
1280 RETURN
2000 REM ------------------------------------
2010 REM Zweites Untermodul: Bildschirmausgabe
     Programmkopf
2020 REM ------------------------------------
2030 PRINT
2040 PRINT"=============="
2050 PRINT"A d r e s s b u c h"
2060 PRINT"=============="
2070 PRINT"Hauptmenue:"
2080 PRINT"-------------"
2090 PRINT" 1 = ENDE des Programms"
2100 PRINT" 2 = Alphabetisch anzeigen"
2110 PRINT" 3 = Eintrag suchen"
2120 REM Anzahl der Eingabemoeglichkeiten
2130 BE = 3
2140 RETURN
3000 REM ------------------------------------
```

```
3010 REM Drittes Untermodul: Wahl der Betriebsart
3020 REM ----------------------------------------
3030 REM Modul benoetigt die numerische
     Variable BE
3040 REM als maximale Zahl der korrekten Eingaben
3050 PRINT
3060 INPUT"Welche Betriebsart bitte ";B
3070 REM Jetzt ganz schlaue Leute ausblenden:
3080 IF B < 1 OR B > BE THEN 3100
3090 RETURN
3100 PRINT"Falsche Eingabe !"
3110 GOTO 3050
3120 REM Modul zu Ende
4000 REM ---------------------------------
4010 REM Viertes Untermodul: Betriebsart 2
4020 REM ---------------------------------
4030 REM Betriebsart: Alphabetische Ausgabe
4040 REM Meldung der Betriebsart
4050 PRINT
4060 PRINT"Menue:  Alphabetische Ausgabe"
4070 PRINT"----------------------------"
4080 PRINT"  1   = zurueck z. Hauptmenue"
4090 PRINT"  2   = nach Namen"
4100 PRINT"  3   = nach Vornamen"
```

```
4110 PRINT"  4   = nach Staedten"
4120 PRINT"  5   = nach Strassen"
4130 REM Anzahl der Eingabemoeglichkeiten
4140 BE = 5
4150 REM Korrekte Eingabe holen...
4160 GOSUB 3000
4170 IF B = 1 THEN 4580
4180 F$ = "zzzzzz"
4190 FOR J = 1 TO P
4200   FOR I = 1 TO P
4210     IF B = 2 THEN 4370
4220     IF B = 3 THEN 4330
4230     IF B = 4 THEN 4290
4240     REM es bleibt B = 5
4250       IF R$(I) = "0" THEN 4400
4260       IF F$  > R$(I) THEN F$ = R$(I)
4270       IF F$  = R$(I) THEN F  = I
4280       GOTO 4380
4290       IF S$(I) = "0" THEN 4400
4300       IF F$  > S$(I) THEN F$ = S$(I)
4310       IF F$  = S$(I) THEN F  = I
4320       GOTO 4380
4330       IF V$(I) = "0" THEN 4400
4340       IF F$  > V$(I) THEN F$ = V$(I)
```

```
4350        IF F$  = V$(I) THEN F  = I
4360        GOTO 4380
4370        IF N$(I) =  "0" THEN 4400
4380        IF F$  > N$(I) THEN F$ = N$(I)
4390        IF F$  = N$(I) THEN F  = I
4400    NEXT I
4410    REM Ausgabe des momentan kleinsten
        Eintrages
4420    I = F
4430    GOSUB 6000
4440    REM Loeschen d. momentan kleinsten
        Eintrages
4450    IF B = 2 THEN N$(I) = "0"
4460    IF B = 3 THEN V$(I) = "0"
4470    IF B = 4 THEN S$(I) = "0"
4480    IF B = 5 THEN R$(I) = "0"
4490    F$ = "zzzzzz"
4500 NEXT J
4510 REM Neuladen der Arrays , da zerstoert
4520 RESTORE
4530 READ P
4540 FOR I = 1 TO P
4550   READ N$(I),V$(I),P$(I),S$(I),R$(I),H$(I)
4560   READ T$(I),G$(I)
4570 NEXT I
```

→ **6/6**

```
4580 RETURN
5000 REM ----------------------------------
5010 REM Fuenftes Untermodul: Betriebsart 3
5020 REM ----------------------------------
5030 REM Betriebsart: Eintrag suchen
5040 REM Meldung Betriebsart
5050 PRINT
5060 PRINT"Menue: Eintrag suchen"
5070 PRINT"- - - - - - - - - - - - - - -"
5080 PRINT"  1 = zurueck z. Hauptmenue"
5090 PRINT"  2 = nach Namen"
5100 PRINT"  3 = nach Vornamen"
5110 PRINT"  4 = nach Staedten"
5120 PRINT"  5 = nach Strassen"
5130 PRINT"  6 = nach Tel.-Nr."
5140 REM Anzahl der Eingabemoeglichkeiten
5150 BE = 6
5160 REM Korrekte Eingabe holen...
5170 GOSUB 3000
5180 IF B = 1 THEN RETURN
5190 REM Holen des Vergleichsstrings
5200 GOSUB 8000
5210 REM Aufruf zum Vergleich
5220 GOSUB 7000
```

```
5230 RETURN
6000 REM ----------------------------------
6010 REM  Sechstes Untermodul: Ausgabe Person
6020 REM ----------------------------------
6030 REM Modul benoetigt die Index-Variable I
6040 REM zur Selektion der betreffenden Person
6050 PRINT
6060 PRINT"* "; N$(I);" , ";V$(I)
6070 PRINT"     "; P$(I);" ";S$(I)
6080 PRINT"     "; R$(I);"  ";H$(I)
6090 REM Test auf Telefonanschluss
6100 IF T$(I) <> "0" THEN 6130
6110 PRINT"     kein Telefonanschluss"
6120 GOTO 6140
6130 PRINT"     Telefon: ";T$(I)
6140 REM Test auf Geburtstag
6150 IF G$(I) <> "0" THEN 6180
6160 PRINT"     Geburtstag nicht bekannt"
6170 GOTO 6190
6180 PRINT"     Geburtstag: ";G$(I)
6190 PRINT
6200 INPUT"          <RETURN> = weiter ";D$
6210 RETURN
7000 REM ---------------------------------
```

```
7010 REM Siebentes Untermodul: Finde String
7020 REM ---------------------------------
7030 REM Modul benoetigt Such-String  F$ ,
7040 REM sucht damit im ebenfalls zu ueber-
7050 REM gebenen Array (B=Betriebsart).
7060 REM Wenn gefunden,wird Person vollst.
7070 REM auf Schirm gegeben,wenn nicht -
7080 REM eine Fehlmeldung.
7090 F = 0
7100 FOR I = 1 TO P
7110   IF B = 6 THEN 7340
7120   IF B = 5 THEN 7300
7130   IF B = 4 THEN 7260
7140   IF B = 3 THEN 7220
7150   REM es bleibt B = 2
7160   IF INSTR(N$(I),F$) = 0 THEN 7370
7170     REM drucken der gefundenen Person
7180     GOSUB 6000
7190     REM merken,dass gefunden
7200     F = 1
7210     GOTO 7370
7220   IF INSTR(V$(I),F$) = 0 THEN 7370
7230     GOSUB 6000
7240     F = 1
```

```
7250      GOTO 7370
7260    IF INSTR(S$(I),F$) = 0 THEN 7370
7270      GOSUB 6000
7280      F = 1
7290      GOTO 7370
7300    IF INSTR(R$(I),F$) = 0 THEN 7370
7310      GOSUB 6000
7320      F = 1
7330      GOTO 7370
7340    IF INSTR(T$(I),F$) = 0 THEN 7370
7350      GOSUB 6000
7360      F = 1
7370 NEXT I
7380 REM Wenn nichts gefunden...
7390 IF F = 1 THEN 7410
7400    PRINT"Keine Uebereinstimmung gefunden!"
7410 RETURN
8000 REM -----------------------------------
8010 REM Achtes Untermodul: Holen Suchstring
8020 REM -----------------------------------
8030 REM Modul benoetigt die Variable B ,
8040 REM Betriebsart , um demgemaess einen
8050 REM korrekten Suchstring F$ anzufordern.
8060 IF B = 2 THEN Q$ = "einen Namen"
```

```
8Ø7Ø IF B = 3 THEN Q$ = "einen Vornamen"

8Ø8Ø IF B = 4 THEN Q$ = "eine Stadt"

8Ø9Ø IF B = 5 THEN Q$ = "eine Strasse"

81ØØ IF B = 6 THEN Q$ = "eine Tel.-Nr."

811Ø PRINT"Bitte ";Q$;" zum Suchen eingeben :";

812Ø INPUT F$

813Ø REM fuer ganz schlaue Leute:

814Ø IF LEN(F$) = Ø THEN 811Ø

815Ø RETURN

6ØØØØ REM -------

6ØØ1Ø Datenfelder

6ØØ2Ø REM -------

6ØØ3Ø REM Anzahl der erfassten Personen

6ØØ4Ø DATA 6

6ØØ5Ø REM Daten der Personen in Reihenfolge:

6ØØ6Ø REM Name,Vorname,Postleitzahl,Stadt,Strasse

6ØØ7Ø REM Hausnummer, Tel.-Nr., Geburtstag

6ØØ8Ø DATA "Schulz","Erich","8212","Freital",
      „Johannis-Str."

6ØØ9Ø DATA "23","231344","25.Ø3.194Ø"

6Ø1ØØ DATA "Schulze","Klaus","1Ø35","Berlin",
      „Moosstrasse"

6Ø11Ø DATA "112","Ø","Ø"

6Ø12Ø DATA "Meier","Elfriede","75ØØ","Cottbus",
      "Saegeweg"
```

```
6Ø13Ø DATA "2","421633","17.11.1933"

6Ø14Ø DATA "Schmidt","Inge","45ØØ","Dessau",
      "Bachstrasse"

6Ø15Ø DATA "44","7211","Ø"

6Ø16Ø DATA "Lehmann","Otto","8142","Radeberg",
      "Am Markt"

6Ø17Ø DATA „2",„Ø",„Ø"

6Ø18Ø DATA "Hoffmann","Anna","1199","Berlin",
      "Agastrasse"

6Ø19Ø DATA "15","674ØØ7","15.1Ø.19Ø3"

6Ø2ØØ REM Ende der Liste

6Ø21Ø REM Physisches Ende des Programms
```

```
RUN

==============

A d r e s s b u c h

==============

Hauptmenue:

--------------

   1 = ENDE des Programms

   2 = Alphabetisch anzeigen

   3 = Eintrag suchen

Welche Betriebsart bitte ? 5

Falsche Eingabe !

Welche Betriebsart bitte ? 3
```

→ 6/6

```
Menue: Eintrag suchen
- - - - - - - - - - -
   1  =  zurueck z. Hauptmenue
   2  =  nach Namen
   3  =  nach Vornamen
   4  =  nach Staedten
   5  =  nach Strassen
   6  =  nach Tel.-Nr.
Welche Betriebsart bitte ? 4
Bitte eine Stadt zum Suchen eingeben : ? Berlin
* Schulze, Klaus
    1Ø35 Berlin
    Moosstrasse 112
    kein Telefonanschluss
    Geburtstag nicht bekannt
* Hoffmann , Anna
    1199 Berlin
    Agastrasse 15
    Telefon: 674ØØ7
    Geburtstag: 15.1Ø.19Ø3

          <RETURN> = weiter ?
===========
A d r e s s b u c h
===============
```

```
Hauptmenue:
--------------

   1  =  ENDE des Programms

   2  =  Alphabetisch anzeigen

   3  =  Eintrag suchen

Welche Betriebsart bitte ? 1

Ende des Programms ADRESSBUCH
```

6.7. Spiel und Spaß

Spiel und Spaß sind im Computer-Bereich eines der Hauptanwendungsgebiete von BASIC. Nachfolgend ein Beispiel, welches in sehr anschaulicher Art und Weise dieses Metier vertritt. Das intelligente Spiel „Othello" wird auch oft die „dreidimensionale Mühle" genannt, weil dabei auch die Diagonale (als „dritte Dimension") zum Schlagen Verwendung findet.

Programm aus: „Spiele mit dem Heimcomputer Z 9001" In: Radio-Fernsehen-Elektronik, **33** (1984) Seite 592ff.
(Von Herrn K. P. Griese speziell für diese Veröffentlichung aufbereitet.) [14]

```
100 REM ********************************
110 REM *** Strategiespiel Othello        ***
120 REM *** letzte Aenderung :            ***
130 REM ***       06.04.1984              ***
140 REM ********************************
150 REM
160 DIM A(10,10),I4(8),J4(8),C$(8),D$(3)
170 PRINT "OTHELLO wird auf einem 8 × 8"
180 PRINT "Spielfeld gespielt, dessen"
190 PRINT "Zeilen von 1 bis 8 und dessen"
```

```
2ØØ PRINT "Spalten von A bis H bezeich-"
21Ø PRINT "net sind. Ausgangsstellung"
22Ø PRINT "ist: alle Felder leer, ausser"
23Ø PRINT "den mittleren 4 Feldern, welche"
24Ø PRINT "die Form"
25Ø PRINT "         O X"
26Ø PRINT "         X O"
27Ø PRINT "bilden. Versuche Deine Steine so"
28Ø PRINT "zu plazieren, dass sie meine ein-"
29Ø PRINT "schliessen, indem sie eine"
3ØØ PRINT "horizontale, vertikale oder dia-"
31Ø PRINT "gonale Linie bilden. Dann werden"
32Ø PRINT "meine Steine in Deine umgewandelt."
33Ø PRINT "Beachte: Du musst mindestens einen"
34Ø PRINT "   von meinen Steinen schlagen,"
35Ø PRINT "   wann immer es moeglich ist."
36Ø PRINT "   Wenn es nicht moeglich ist,"
37Ø PRINT "   dann gib Ø,Ø fuer Deinen"
38Ø PRINT "   Zug ein."
39Ø INPUT "weiter ----> ";WE$
4ØØ IF WE$<>"" THEN GOTO 17Ø
41Ø REM *** Initialisierung ***
42Ø PRINT "Soll ich warten, bevor ich"
43Ø PRINT "meinen Zug ausfuehre (J oder N)";
```

```
440 LET F2=0
450 INPUT X$
460 IF X$="N" THEN 520
470 IF X$<>"J" THEN 450
480 LET F2=1
490 PRINT
500 PRINT "Wenn Du 'ENTER' drueckst, mache"
510 PRINT "ich weiter."
520 PRINT
530 PRINT "Soll ich meine beste Strate-"
540 PRINT "gie spielen (J oder N)";
550 LET S2=0
560 INPUT X$
570 IF X$="N" THEN 600
580 IF X$<>"J" THEN 560
590 LET S2=2
600 LET B=-1
610 LET W=1
620 LET D$(B+2)="X"
630 LET D$(0+2)="."
640 LET D$(W+2)="O"
650 FOR K=1 TO 8
660 READ I4(K)
670 NEXT K
```

```
680 DATA 0,-1,-1,-1,0,1,1,1
690 FOR K=1 TO 8
700 READ J4(K)
710 NEXT K
720 DATA 1,1,0,-1,-1,-1,0,1
730 FOR K=1 TO 8
740 READ C$(K)
750 NEXT K
760 DATA "A","B","C","D","E","F","G","H"
770 REM *** neues Spiel ***
780 FOR I=1 TO 10
790 FOR J=1 TO 10
800 LET A(I,J)=0
810 NEXT J
820 NEXT I
830 LET A(5,5)=W
840 LET A(6,6)=W
850 LET A(5,6)=B
860 LET A(6,5)=B
870 LET C1=2
880 LET H1=2
890 LET N1=4
900 LET Z=0
910 REM *** Auswahl ***
```

```
92∅ PRINT
93∅ PRINT "Willst Du mit X oder O spielen ";
94∅ LET C=W
95∅ LET H=B
96∅ INPUT X$
97∅ IF X$="X" THEN 1∅1∅
98∅ IF X$<>"O" THEN 96∅
99∅ LET C=B
1∅∅∅ LET H=W
1∅1∅ PRINT
1∅2∅ PRINT "Willst Du anfangen (J oder N) ";
1∅3∅ INPUT X$
1∅4∅ IF X$="N" THEN 112∅
1∅5∅ IF X$<>"J" THEN 1∅3∅
1∅6∅ REM *** Ausgangsstellung anzeigen ***
1∅7∅ GOSUB 328∅
1∅8∅ GOTO 183∅
1∅9∅ REM *** Computerzug ***
11∅∅ IF F2=∅ THEN 112∅
111∅ INPUT X$
112∅ LET B1=-1
113∅ LET I3=∅
114∅ LET J3=∅
115∅ LET T1=C
```

```
1160 LET T2=H
1170 REM
1180 REM *** freies Feld suchen ***
1190 FOR I=2 TO 9
1200 FOR J=2 TO 9
1210 IF A(I,J)<>0 THEN 1520
1220 REM *** freies Feld gefunden ***
1230 REM *** gegnerischer Nachbar ? ***
1240 GOSUB 2850
1250 IF F1=0 THEN 1520
1260 REM *** gegnerischer Nachbar gefunden ***
1270 REM *** Wie viele Steine werden
     ,geflippt' ? ***
1280 REM *** Zug noch nicht ausfuehren ***
1290 LET U=-1
1300 GOSUB 2980
1310 REM *** Extrapunkt fuer Kantenposition ***
1320 IF S1=0 THEN 1520
1330 IF (I-2)*(I-9)<>0 THEN 1350
1340 LET S1=S1+S2
1350 IF (J-2)*(J-9)<>0 THEN 1380
1360 LET S1=S1+S2
1370 REM *** besser als der Vorhergehende? ***
1380 IF S1<B1 THEN 1520
```

```
1390 IF S1>B1 THEN 1480
1400 REM *** gleich, Zufallsentscheidung ***
1410 REM *** Die zwei nächsten
     ausfuehrbaren ***
1420 REM *** Anweisungen koennen geloescht ***
1430 REM *** werden, bei BASIC-Versionen ***
1440 REM *** ohne Zufallszahlen. ***
1450 LET R=RND
1460 IF R>.5 THEN 1520
1470 REM *** JA ***
1480 LET B1=S1
1490 LET I3=I
1500 LET J3=J
1510 REM *** Ende der Suchschleife ***
1520 NEXT J
1530 NEXT I
1540 REM *** Koennen wir ziehen ? ***
1550 IF B1>0 THEN 1620
1560 REM *** nein ***
1570 PRINT "Ich setze einen Zug aus."
1580 IF Z=1 THEN 2400
1590 LET Z=1
1600 GOTO 1830
1610 REM *** Zug ausfuehren ***
```

```
162Ø LET Z=Ø
163Ø PRINT "Ich ziehe nach ";
164Ø PRINT I3-1;
165Ø PRINT ",";
166Ø PRINT C$(J3-1)
167Ø LET I=I3
168Ø LET J=J3
169Ø LET U=1
17ØØ GOSUB 298Ø
171Ø LET C1=C1+S1+1
172Ø LET H1=H1-S1
173Ø LET N1=N1+1
174Ø PRINT "Ich bekomme ";
175Ø PRINT S1;
176Ø PRINT "von Deinen Steinen."
177Ø REM *** Spielfeld ausgeben ***
178Ø GOSUB 328Ø
179Ø REM *** Test auf Spielende ***
18ØØ IF H1=0 THEN 24ØØ
181Ø IF N1=64 THEN 24ØØ
182Ø REM *** Bedienerzug ***
183Ø LET T1=H
184Ø LET T2=C
185Ø PRINT "Dein Zug -- (Zeile,Spalte)"
```

```
1860 INPUT I,X$
1870 IF I<0 THEN 1860
1880 IF I>8 THEN 1860
1890 IF I<>0 THEN 1960
1900 PRINT "Willst Du aussetzen (J oder N) ";
1910 INPUT X$
1920 IF X$<>"J" THEN 1850
1930 IF Z=1 THEN 2400
1940 LET Z=1
1950 GOTO 1100
1960 FOR Q=1 TO 8
1970 IF C$(Q)=X$ THEN 2010
1980 NEXT Q
1990 GOTO 1860
2000 REM *** Test auf freien Platz ***
2010 LET J=Q
2020 LET I=I+1
2030 LET J=J+1
2040 IF A(I,J)=0 THEN 2090
2050 PRINT "Dieser Platz ist besetzt. "
2060 PRINT "Neuer Versuch!"
2070 GOTO 1860
2080 REM *** Test auf richtigen Platz ***
2090 GOSUB 2850
```

```
2100 IF F1=1 THEN 2160
2110 PRINT "Achtung !!! Du bist nicht in"
2120 PRINT "der Naehe meiner Steine. "
2130 PRINT "Neuer Versuch."
2140 GOTO 1860
2150 REM *** Test auf richtigen Zug ***
2160 LET U=-1
2170 GOSUB 2980
2180 IF S1>0 THEN 2240
2190 PRINT "ACHTUNG !!! Das bildet keine"
2200 PRINT "Reihe. Neuer Versuch."
2210 GOTO 1860
2220 REM *** alles richtig ***
2230 REM *** Bedienerzug ausfuehren ***
2240 LET Z=0
2250 PRINT "Du bekommst ";
2260 PRINT S1;
2270 PRINT "von meinen Steinen."
2280 LET U=1
2290 GOSUB 2980
2300 LET H1=H1+S1+1
2310 LET C1=C1-S1
2320 LET N1=N1+1
2330 REM *** Spielfeldausgabe ***
```

```
2340 GOSUB 3280
2350 REM *** Test auf Spielende ***
2360 IF C1=0 THEN 2400
2370 IF N1=64 THEN 2400
2380 GOTO  1100
2390 REM *** Ende des Spiels ***
2400 PRINT
2410 PRINT "Du hast";
2420 PRINT H1;
2430 PRINT "und ich habe ";
2440 PRINT C1;
2450 PRINT "Steine."
2460 IF H1=C1 THEN 2500
2470 IF H1>C1 THEN 2520
2480 PRINT "Ich habe gewonnen."
2490 GOTO 2530
2500 PRINT "Unentschieden."
2510 GOTO 2530
2520 PRINT "Du hast gewonnen."
2530 LET C1=C1-H1
2540 IF C1>0 THEN 2560
2550 LET C1=-C1
2560 LET C1=(64*C1)/N1
2570 PRINT "Das war ein ";
```

```
258Ø IF C1<11 THEN 27ØØ
259Ø IF C1<25 THEN 268Ø
26ØØ IF C1<39 THEN 266Ø
261Ø IF C1<53 THEN 264Ø
262Ø PRINT "perfektes Spiel."
263Ø GOTO 271Ø
264Ø PRINT "ueberlegener Sieg."
265Ø GOTO 271Ø
266Ø PRINT "Kampf."
267Ø GOTO 271Ø
268Ø PRINT "heisses Spiel."
269Ø GOTO 271Ø
27ØØ PRINT "Mistspiel."
271Ø PRINT
272Ø PRINT "Willst Du ein anderes Spiel
     (J oder N)";
273Ø INPUT X$
274Ø IF X$="J" THEN  78Ø
275Ø IF X$<>"N" THEN 273Ø
276Ø PRINT "Vielen Dank fuer das Spiel !"
277Ø STOP
278Ø END
279Ø REM
28ØØ REM ******************************
```

```
281∅ REM *** UP: Test auf richtigen Nachbarn ***
282∅ REM *** enthaelt: ***
283∅ REM ***    I,J freier Platz ***
284∅ REM ********************************
285∅ LET F1=∅
286∅ FOR I1=-1 TO 1
287∅ FOR J1=-1 TO 1
288∅ IF A(I+I1,J+J1)=T2 THEN LET F1=1
289∅ REM *** wenn F1=1 dann Erfolg ***
29∅∅ NEXT J1
291∅ NEXT I1
292∅ REM *** wenn F1=∅ dann falsch ***
293∅ RETURN
294∅ REM
295∅ REM ********************************
296∅ REM *** UP: Rechnen und Aktualisieren ***
297∅ REM ***
298∅ LET S1=∅
299∅ FOR K=1 TO 8
3∅∅∅ LET I5=I4(K)
3∅1∅ LET J5=J4(K)
3∅2∅ LET I6=I+I5
3∅3∅ LET J6=J+J5
3∅4∅ LET S3=∅
```

```
3050 IF A(I6,J6)<>T2 THEN 3230
3060 REM *** Schleife durch den Zug ***
3070 LET S3=S3+1
3080 LET I6=I6+I5
3090 LET J6=J6+J5
3100 IF A(I6,J6)=T1 THEN 3130
3110 IF A(I6,J6)=0 THEN 3230
3120 GOTO 3070
3130 LET S1=S1+S3
3140 IF U<>1 THEN 3230
3150 REM *** Aktualisierung Brett ***
3160 LET I6=I
3170 LET J6=J
3180 FOR K1=0 TO S3
3190 LET A(I6,J6)=T1
3200 LET I6=I6+I5
3210 LET J6=J6+J5
3220 NEXT K1
3230 NEXT K
3240 RETURN
3250 REM
3260 REM *******************************
3270 REM *** UP: Brettausgabe ***
3280 PRINT
3290 PRINT "     A  B  C  D  E  F  G  H"
```

```
3300 FOR I=2 TO 9
3310 PRINT I-1;
3320 FOR J=2 TO 9
3330 PRINT " ";
3340 PRINT D$(A(I,J)+2);
3350 NEXT J
3360 PRINT
3370 NEXT I
3380 PRINT
3390 RETURN
3400 REM ***
3410 REM *** physisches Ende ***
```

```
RUN

OTHELLO wird auf einem 8 × 8
Spielfeld gespielt, dessen
Zeilen von 1 bis 8 und dessen
Spalten von A bis H bezeich-
net sind. Ausgangsstellung
ist: alle Felder leer, ausser
den mittleren 4 Feldern, welche
die Form
          O X
          X O
bilden. Versuche Deine Steine so
zu plazieren, dass sie meine ein-
schliessen, indem sie eine
horizontale, vertikale oder dia-
gonale Linie bilden. Dann werden
meine Steine in Deine umgewandelt.
Beachte: Du musst mindestens einen
   von meinen Steinen schlagen,
```

```
    wann immer es moeglich ist.
    Wenn es nicht moeglich ist,
    dann gib Ø,Ø fuer Deinen
    Zug ein.
weiter -----> J

Soll ich warten, bevor ich
meinen Zug ausfuehre (J oder N)
? N

Wenn Du 'ENTER' drueckst, mache
ich weiter.

Soll ich meine beste Strate-
gie spielen (J oder N)
? N

Willst Du mit X oder O spielen
? X

Willst du anfangen (J oder N)
? J

  A B C D E F G H
1 . . . . . . . .
2 . . . . . . . .
3 . . . . . . . .
4 . . . O X . . .
5 . . . X O . . .
6 . . . . . . . .
7 . . . . . . . .
8 . . . . . . . .

Dein Zug -- (Zeile, Spalte)
?4,C

  A B C D E F G H
1 . . . . . . . .
2 . . . . . . . .
3 . . . . . . . .
4 . . X X X . . .
5 . . . X O . . .
6 . . . . . . . .
7 . . . . . . . .
8 . . . . . . . .

Du bekommst 1 von meinen Steinen.
```

```
Ich ziehe nach 5,C

  A B C D E F G H
1 . . . . . . . .
2 . . . . . . . .
3 . . . . . . . .
4 . . X X X . . .
5 . . O O O . . .
6 . . . . . . . .
7 . . . . . . . .
8 . . . . . . . .

Ich bekomme 1 von Deinen Steinen.
```

Literatur

1 Kurtz, Th.: On the way to standard BASIC. In: BYTE, Byte Publications Mc Graw-Hill Peterborough NH03458 USA, (1982) 6, S. 182ff.

2 Harle, J.: The proposed Standard for BASIC. In: SIGPLAN Notices. 1 (1983) 5, S. 25ff.

3 Draft proposed Standard for BASIC. ANSI-Dokument-Numme X3]2/82-17

4 Klein, R.-D.: BASIC-Interpreter. Franzis Verlag, München 1981

5 Woo, K.-Ch.; Klepaski, C.: BASIC-Program solves complex equation In: Electronics. (1983) September 8, S. 134ff.

6 Stadler, E.; Hambsch, R.: Smith-Diagramm per Software. In: Elektroni München, (1983) 12, 71ff.

7 Floegel, E.: Fourier-Analyse in BASIC. In: Elektronik. München, (197 23, S. 56ff.

8 Breymann, U.: Schnelle Fouriertransformation in BASIC. In: Elektroni München, (1981) 8, S. 82ff.

9 Demars, C.: Transformée de Fourier rapide. In: Micro-Systems. (198 Sept-Oct, S. 155ff.

10 Sarnow, K.: Fourier-Analyse und Synthese. In: MC. München, (1984) S. 82ff.

11 Dapkunas, S. A.; Rannev, K. N.: Über einige grundlegende Sprachmög lichkeiten zum Routinen-Aufruf und zum Unterstützen des strukturierte Programmierens in BASIC. In: Vychisl. Tekh. i Vopr. Kibern. (UdSSR (1984) 20, S. 45ff.

12 Tietze, U.; Schenk, Ch.: Halbleiter-Schaltungstechnik. Springer-Verla Berlin, Heidelberg, New York 1971, S. 275ff.

13 Boeck, H.; Boeck, D.: Programme für den Heimcomputer Z 9001 zur Ar wendung in der unterrichtsmethodischen Forschung. In: Wissenschaftl che Zeitschrift der Pädagogischen Hochschule „Dr. Theodor Neubauer Erfurt/Mühlhausen, Mathematisch-naturwissenschaftliche Reihe, 2 (1985) 2

14 Spiele mit Heimcomputer Z 9001. In: Radio-Fernsehen-Elektronik, 3 (1984)9, 592ff.

Register

R

H

I

K

L

M

N

S

T

Anhang synonymer Befehle

Hinweis: Es ist zu beachten, daß aufgrund gerätetechnischer Spezifika nicht immer eine direkte Übertragbarkeit der Befehle gewährleistet ist.

A

A.	für	ABS 87
A.	für	AND 88
A.	für	AT 91
AC.	für	ASC 88
ARCOS.	für	ACS 88
ARCSIN	für	ASN 90
ARCTAN	für	ATN 92
AS.	für	ASN 90
ASCII	für	ASC 89
ATAN	für	ATN 92

B

BYE	für	SYSTEM 218

In der Wissensspeicher-Reihe des Verlages erschienen weiterhin:

Wissensspeicher Physik

336 Seiten mit 520 Abbildungen, Pappband zellophaniert
DDR 8,50 M, Ausland 12,00 DM
Bestell-Nr. 707 799 6, Kurzwort: 02 17 08 Wissenssp. Physik

Wissensspeicher Biologie

416 Seiten mit 500 Abbildungen, Pappband zellophaniert
DDR 12,80 M, Ausland 16,80 DM
Bestell-Nr. 707 055 9, Kurzwort: 01 17 12 Wissenssp. Biologie

Wissensspeicher Mathematik

216 Seiten mit 250 Abbildungen, Pappband zellophaniert
DDR 6,00 M, Ausland 10,50 DM
Bestell-Nr. 706 975 0, Kurzwort: 00 17 13 Wissenssp. Mathe.

Volk und Wissen Volkseigener Verlag Berlin

Volk und Wissen Volkseigener Verlag Berlin

Code		Zeichen	Code		Zeichen	Code		Zeichen
1	2		1	2		1	2	
32	20	Leerzeichen	64	40	@	96	60	´
33	21	!	65	41	A	97	61	a
34	22	"	66	42	B	98	62	b
35	23	#	67	43	C	99	63	c
36	24	$	68	44	D	100	64	d
37	25	%	69	45	E	101	65	e
38	26	&	70	46	F	102	66	f
39	27	'	71	47	G	103	67	g
40	28	(	72	48	H	104	68	h
41	29	)	73	49	I	105	69	i
42	2A	*	74	4A	J	106	6A	j
43	2B	+	75	4B	K	107	6B	k
44	2C	,	76	4C	L	108	6C	l
45	2D	–	77	4D	M	109	6D	m
46	2E	.	78	4E	N	110	6E	n
47	2F	/	79	4F	O	111	6F	o
48	30	0	80	50	P	112	70	p
49	31	1	81	51	Q	113	71	q
50	32	2	82	52	R	114	72	r
51	33	3	83	53	S	115	73	s
52	34	4	84	54	T	116	74	t
53	35	5	85	55	U	117	75	u
54	36	6	86	56	V	118	76	v
55	37	7	87	57	W	119	77	w
56	38	8	88	58	X	120	78	x
57	39	9	89	59	Y	121	79	y
58	3A	:	90	5A	Z	122	7A	z
59	3B	;	91	5B	[	123	7B	{
60	3C	<	92	5C	\	124	7C	|
61	3D	=	93	5D	]	125	7D	}
62	3E	>	94	5E	^	126	7E	~
63	3F	?	95	5F	_	127	7F	

ASC II – Code   1 dezimal   2 hexadezimal